La démocratie à l'épreuve du régionalisme en Afrique noire

Études africaines

Collection dirigée par Denis Pryen et François Manga Akoa

Dernières parutions

Abou-Bakr Abélard MASHIMANGO, *La bellicité dans la Corne de l'Afrique (1961-2006). Transnationalisme ethnique, États et conflits armés*, 2013.

Joseph DOMO, *Les relations entre frontaliers. Cameroun-Tchad*, 2013.

Idrissa BARRY, *Migrations, ONG et développement en Guinée*, 2013.

Windpagnangdé Dominique KABRE, *La conclusion des contrats électroniques. Étude de droits africains et européens*, 2013.

Yafradou Adam TAIROU, *Préoccupations environnementales et droit de l'entreprise dans l'espace OHADA*, 2013.

Gabin KORBEOGO, *Pouvoir et accès aux ressources naturelles au Burkina Faso. La topographie du pouvoir*, 2013.

Jean-Claude MASHINI, *Le développement régional en République démocratique du Congo de 1960 à 1997*, 2013.

Kouamé René ALLOU, *Les Nzema, un peuple akan de Côte d'Ivoire et du Ghana*, 2013.

Emmanuel NKUNZUMWAMI, *Le partenariat Europe-Afrique dans la mondialisation*, 2013.

Lang Fafa DAMPHA, *Nationalism and reparation*, 2013.

Jean-François BARLUET, *Un drame colonial en Côte d'Ivoire : l'affaire Quiquerez Segonzac (1891-1893),* 2013.

Gervais MUBERANKIKO, *La protection du locataire-gérant en droit OHADA*, 2013.

Gervais MUBERANKIKO, *La contribution de la décentralisation au développement local*, 2013.

Alain COURNANEL, *Economie politique de la Guinée (1958-2010). Des dictatures contre le développement*, 2012.

Amadou OUMAR DIA, *Peuls et paysans. Les Halay□e de Mauritanie,* 2012.

Sous la direction de Bruno DUJARDIN, *Renforcement des systèmes de santé. Capitalisation des interventions de la Coopération Belge au Burundi, en République Démocratique du Congo et au Rwanda, 2012.*

Essè AMOUZOU

La démocratie à l'épreuve du régionalisme en Afrique noire

L'HARMATTAN

Du même auteur

à L'Harmattan

L'Afrique 50 ans après les indépendances, 2009

Aide et dépendance de l'Afrique noire, 2011

Le développement de l'Afrique à l'épreuve des réalités mystiques et de la sorcellerie, 2010

Gilchrist Olympio et la lutte pour la libération du Togo, 2010

Les handicaps à la scolarisation de la jeune fille en Afrique noire, 2008

Histoire critique de la sociologie, 2011

L'impact de la culture occidentale sur les cultures africaines, 2009

L'influence de la culture sur le développement en Afrique noire, 2009

Le mythe du développement durable en Afrique noire, 2010

Pauvreté, chômage et émigration des jeunes Africains quelles alternatives ?, 2009

Pourquoi la pauvreté s'aggrave-t-elle en Afrique noire ?, 2009

Pouvoir et société : les masses populaires et leurs aspirations politiques pour le développement en Afrique noire, 2009

La sociologie de ses origines à nos jours, 2008

Sous le poids de la corruption - état de la situation au Togo, 2005

5-7, rue de l'École-Polytechnique, 75005 Paris

http://www.librairieharmattan.com
diffusion.harmattan@wanadoo.fr
harmattan1@wanadoo.fr

ISBN : 978-2-336-00267-5
EAN : 9782336002675

AVANT-PROPOS

L'histoire contemporaine de l'Afrique noire s'articule autour du phénomène de pratiques endogènes avec une tendance nettement axée sur la mondialisation. La rencontre coloniale avait jeté les bases de l'intégration du continent noir dans les dynamiques évolutives du monde global. Ces dynamiques sont caractérisées par des chocs sociétaux majeurs dont la gestion permet aux communautés de réaliser des transitions indispensables à la construction de leur identité collective. De cela participèrent la colonisation et surtout les indépendances qui constituent des phénomènes historiques intervenant dans l'édification d'une psychologie politique noire arrimée à la modernité.

Le dernier stade de cette évolution se rapporte aux processus de démocratisation qui marquent des stations essentielles dans la marche des peuples noirs vers le stade suprême de la sacralisation de l'individu. Mais, cette marche semble souvent freinée par des élans conservateurs qui tiennent à maintenir la primauté des transcendances collectives sur les attributions de l'individu. Le choc entre le libéralisme politique inspiré de la souveraineté du sujet et une perception communautariste de la personne a rendu difficile l'assimilation du libéralisme politique. Ce libéralisme se heurte non seulement à ces contingences ethnologiques et culturelles, mais surtout à la résistance de forces conservatrices peu enclines à perdre les positions acquises au sein de l'appareil sociétal. La présente étude dresse un bilan analytique des processus démocratiques de l'Afrique noire en mettant en relief le point d'achoppement fondamental : l'ethnie.

L'auteur

INTRODUCTION

L'histoire des peuples est construite autour de dynamiques orientées par les aspirations des populations. Celles-ci s'inscrivent généralement dans une marche globale de la civilisation universelle qui alimente les mouvements politiques, sociaux et culturels. Pour l'Afrique subsaharienne dont l'histoire est largement tributaire de grands mouvements politico-culturels mondiaux, les grandes stations historiques et politiques se répartissent sur ses expériences avec le monde extérieur. Pour cette raison, les populations africaines ont souvent aspiré à accompagner les grandes dynamiques internationales, veillant surtout à ce que leur société ne reste pas en marge des nouveautés idéologiques et politiques. Ayant été atteint par les premiers mouvements de globalisation politique du 19ème siècle européen, le continent noir restera toujours un peu en marge des grands bouleversements géopolitiques dont les répercussions auront juste un écho secondaire sur le continent. Ainsi, épargnées par les grandes confrontations militaires qui accompagnèrent les mouvements nationalistes européens du 19ème siècle, les nations africaines vont prendre en marche le processus de globalisation politique.

Les choses vont s'accélérer lorsque les mouvements nationalistes d'Europe en quête de prestige et de rayonnement vont déborder l'espace européen pour se cristalliser vers les côtes africaines. Loin de se résumer en une rencontre fructueuse et constructive, l'irruption des pendants nationalistes occidentaux va introduire le continent dans une longue période d'assujettissement dont le déclin résultera de la maturation politique des élites africaines. Les luttes pour les indépendances qui en découlèrent étaient centrées sur des instances situées hors du continent. De ce fait, la lutte pour l'accession à la souveraineté internationale constituait un repère essentiel pour l'histoire récente de l'Afrique, mais demeurait peu ancrée dans l'inconscient collectif comme une donnée endogène. Puisqu'elle impliquait essentiellement des facteurs externes comme l'administration coloniale, son caractère exogène est d'autant plus prononcé que les argumentations des élites africaines contre l'arbitraire colonial procédaient d'idéaux distillés par les structures éducatives de l'appareil colonial. A cela s'ajoutent des dynamiques historiques comme les deux guerres mondiales, géostratégiques comme la lutte idéologique entre les blocs capitalistes et communistes. De ce fait, même si les indépendances marquaient sans conteste le point de départ d'une orientation politico historique propre au continent, il convient de relativiser l'ampleur des nouvelles dynamiques en tenant compte des velléités de réappropriation latente des espaces politiques et économiques par le biais d'intrigues militaro-politiques et de mécanismes de noyautage des gouvernements postcoloniaux. La marche de l'Afrique subsaharienne vers son devenir politique dut prendre un axe diachronique. L'avènement au pouvoir d'élites fortement empreintes de la conscience nationaliste se heurtera au processus de reconstitution des zones d'influence économique et politique servant de couloir pour la fourniture des matières premières agricoles et minières aux industries occidentales et l'écoulement des produits industriels européens. Les grands enjeux géostratégiques de l'Afrique postcoloniale conservaient pour toile de fond les principes régissant les relations économiques entre la métropole et ses colonies. L'acuité des enjeux sera déterminante dans les grands drames qui vont secouer l'Afrique subsaharienne au lendemain des indépendances. Ceux-ci varient de simples renversements de pouvoir issus de la lutte pour l'indépendance et ayant une légitimité populaire à des manœuvres de déstabilisation qui seront un présage funeste pour l'histoire de l'Afrique postcoloniale. Le décor de ce drame avait été savamment planté par les élites africaines et leurs anciens dominateurs qui avaient rendu acceptable l'idée d'une maturation politique avant toute démocratisation de la vie politique. Et pourtant, la lutte pour les indépendances avait vu éclore une démocratisation de la lutte politique qui avait même conféré une grande visibilité idéologique aux populations devant la multiplicité des différents pôles de la lutte anticoloniale.

Délaissant la culture politique qui a dominé l'émergence des partis politiques en Afrique pendant la période coloniale, les premières élites au pouvoir vont introduire une forme de gouvernance assez proche des idéaux marxistes avec un Etat central et fort qui régule les dynamiques politiques et sociales. Il faudra souligner que le contexte des indépendances africaines était dominé par l'expansion des courants de pensée révolutionnaires dont s'inspireront les orientations politiques ultérieures. Mais le marxisme dont s'étaient réclamées de nombreuses élites africaines requerrait une déontologie minimale qui devait faire passer l'intérêt collectif au devant des appétits individuels. L'adoption d'une forme gouvernementale marxisante ne présageait nullement la déchéance future des édifices socioéconomiques et politiques d'Afrique subsaharienne. La Chine a pu s'appuyer sur un tel ressort idéologique pour se porter aux avant-postes de la lutte pour la suprématie économique et politique au niveau international. Pour les nations d'Afrique subsaharienne fraîchement libérées du joug colonial, la pensée marxiste s'était avérée comme un simple ornement idéologique sans contenu pragmatique consistant. C'est dire que l'essence des premières républiques d'Afrique subsaharienne relevait foncièrement d'un mimétisme institutionnel régissant un appareil d'Etat qui devait faire face dans un avenir proche à des dissonances internes graves. Au demeurant, l'interruption de la démocratisation des mécanismes d'accès aux postes politiques sous prétexte de la construction nationale sera un des moteurs de nouvelles formes de percée politique. Combinée à la rigidité des appareils d'Etat, à l'inexpérience de nombreuses élites, à l'appétit des anciens valets des armées coloniales, la fragilité structurelle des édifices étatiques postcoloniaux va faire échoir le gouvernail de la destinée des nations africaines entre les mains de réseaux économiques, politiques et géostratégiques dont les ressorts les plus profonds interfèrent avec les relents de la Guerre Froide. Pour nombre de dirigeants politiques, le contexte global des luttes idéologiques constituera un des leviers essentiels de leur maintien ou de leur éviction du pouvoir. Des décennies durant, les populations d'Afrique subsaharienne ont vu se succéder au sommet de leur Etat des personnages dont la légitimité émane non du peuple, mais plutôt de contingences idéologiques, géopolitiques ou purement économiques. La conscience politique éveillée par la prolixité des formations politiques impliquées dans la lutte pour la libération politique va se confronter à un recul brutal.

L'appareil du pouvoir se trouve confiné entre les mains d'un chef et de son entourage et change de tutelle au gré des intrigues politiques, des coups d'Etat et des assassinats politiques. Ceux-ci mettent toujours au-devant de la lutte politique, les dominances identitaires alimentées par des perceptions communautaires. La hiérarchisation de l'appareil politique obéit à une pyramide au sommet de laquelle trône royalement l'ethnie du chef de l'Etat sortant. Elle émet vers la base de la pyramide occupée par des groupes ethniques marginalisés, une autorité arbitraire qui est en même temps un instrument de conservation du pouvoir.

Même si on a pu noter l'irruption citoyenne dans la dévolution du pouvoir, celle-ci est demeurée juste une action ponctuelle ou plus souvent un paravent sous lequel sont dissimulées des manœuvres autocratiques.

Tout comme l'Afrique précoloniale avait été bouleversée par des événements internes, de même l'Afrique postcoloniale ne restera pas en marge des dynamiques universelles. Non pas que les peuples africains seraient une masse apathique ballottée au gré des vagues idéologiques et géostratégiques, mais l'Afrique, autant que l'Europe et l'Asie est partie intégrante d'un ensemble global interagissant selon des contingences historiques et politiques. Ces contingences conduiront encore une fois à mettre les peuples de l'Afrique subsaharienne devant leur destinée grâce au vent de la liberté venu des nations soviétiques. L'ouragan de la réforme initié par le président de l'Union Soviétique, Michael Gorbatchev ne manquera pas d'alimenter et d'inspirer surtout les peuples d'Afrique noire longtemps bridés par des mécanismes politiques et militaires en qui ils ont du mal à se reconnaître. De ce fait, la perestroïka et la glasnost soviétiques toucheront les édifices politiques africains tout en provoquant de grandes vagues sociopolitiques et même culturelles. Le vent de la réforme a ainsi ébranlé les fondements du monolithisme politique pour faire prévaloir une logique de décentralisation politique, économique et administrative. En découlèrent les processus de démocratisation dans la plupart des pays de l'Afrique subsaharienne. Même tributaires de contingences externes, ces processus sont portés par les aspirations profondes des peuples d'Afrique noire à une équité politique, économique et sociale.

Autant, ils avaient su saisir les opportunités offertes par les grands événements militaro-politiques comme les deux guerres mondiales pour influencer leurs propres destinées, autant ils étaient habiles à se servir du vent global de la réforme pour une révision de la gestion des affaires politiques de leur pays. En Afrique noire, la perestroïka s'est cristallisée en une révolution essentiellement politique qui déborda ensuite dans les autres domaines de la vie publique. Mais bien plus qu'un mouvement purement contestataire de l'arbitraire politique, il s'agit de dynamiques endogènes suscitées par une tendance globale.

Plus de deux décennies après les tempêtes politico-sociales suscitées par le vent de l'Est en Afrique, il convient de réfléchir sur les péripéties de ces événements historiques afin d'en saisir l'essence, la portée et les contingences. A priori, le vecteur identitaire demeure la dominance de cette dynamique qu'il n'a cessé d'influencer. Aujourd'hui, la distance historique permet de mesurer avec acuité les circonstances, les péripéties et les retombées des processus de démocratisation en Afrique subsaharienne. Sans perdre de vue le fait que ces nouvelles dynamiques reflètent pour la première fois les velléités des peuples africains à se rendre maître des mécanismes modernes de dévolution du pouvoir dans leur pays, le cadre de la psychologie collective de ce renouveau renvoie à l'élément identitaire dont la percussion continue de régenter de manière plus ou moins contrôlée les péripéties, les circonstances et les prolongements politico-culturels de la perestroïka négro-africaine. Mais pour cerner objectivement la portée du vecteur ethnique ou tribal dans les révolutions démocratiques, il convient d'en déceler le moteur historique et idéal ainsi que sa trajectoire politique telle qu'il se greffe sur l'inconscient collectif des peuples d'Afrique subsaharienne.

CHAPITRE 1

Démocratie et gouvernance en Afrique précoloniale

L'arrimage du continent noir au processus de globalisation enclenchée dès le 19ème siècle par la construction des nations européennes sera le point de départ de nouvelles dynamiques en Afrique. Alors que le vieux continent voyait arriver à leur terme les mécanismes de constitution des équilibres structurels et ethnologiques, des ambitions militaro-stratégiques allaient lancer ses troupes à l'assaut des territoires dont les structures administratives et politiques n'étaient pas à la hauteur des performances techniques acquises dans la révolution industrielle. Il convient de rappeler que l'irruption de nouvelles forces politico-militaires sur le continent noir intervenait à une époque où le Moyen Age africain faisait place à des formes d'états moins expansifs. Des mouvements de populations s'opéraient ici et là, permettant de ressouder des liens historiques et ethnologiques entre des groupes de peuples et de tribus occupant des espaces situés au voisinage. La suprématie technique occidentale se répercute au plan militaire et les forces militaires locales seront rapidement subjuguées par les puissances externes. Très bientôt, les autorités militaro-politiques qui géraient l'espace continental se trouvèrent dans l'obligation de céder leurs prérogatives aux nouvelles instances politiques. Celles-ci, au mépris de toute contrainte juridique, s'étaient arrogé de vastes zones politiques et économiques qu'ils ont commencées par exploiter sans rendre de compte à personne. C'est à cette période que remontent les premières tentatives des puissances extérieures, d'ériger sur le continent noir des mécanismes de gestion qui n'émanent pas des populations locales. Sous des prétextes d'expansion de la culture et de la civilisation, des puissances extérieures s'étaient approprié les zones d'influence économique qu'elles gèrent à leur propre profit. L'introduction de l'Afrique subsaharienne dans la culture du moderne ne fut pas l'expérience de rencontres techniques et de maturation pragmatique susceptibles de permettre au continent d'accroître ses performances productives. Bien au contraire, la transposition de la civilisation moderne au contexte africain se déroula sous le profil de la domination : domination culturelle par l'imposition des langues et du style de vie occidental, domination politique par la mise en place d'une police coloniale usant de l'arbitraire contre les populations indigènes.

L'arrivée de l'administration coloniale va remettre en cause toutes les autres formes d'organisation existantes. Or comme le montre l'histoire, tout schéma d'organisation dont les racines ne remontent pas dans la conscience historique dégénère souvent en des chocs violents résultant de problèmes d'adaptation. Il est d'ailleurs établi que le contact entre tout peuple avec des idéaux étrangers produit presque toujours une réaction négative qui est ensuite canalisée vers une assimilation intelligente de la nouveauté. Pour l'Afrique, les effets de cette dialectique d'un progrès dont les composantes procèdent de mécanismes coercitifs vont se ressentir pendant la période coloniale et de façon plus dramatique dans la période postcoloniale. Dans l'immédiat, la rencontre des cultures prit la forme d'un conflit entre deux échelles de valeurs. Le système de valeurs locales va progressivement céder le champ à des normes sociales et culturelles qui vont servir de profilage pour l'accès aux positions sociales et culturelles. Le bouleversement des mécanismes socio-économiques va de pair avec un remodelage des espaces professionnels, ce qui va rendre indispensable la mise en contact avec l'école occidentale. Dès lors, la mutation sociale emportera dans son sillage les dernières réserves des populations désirant préserver les liens séculaires qui les unissaient avec le terreau culturel et anthropologique ayant sous-tendu leur évolution. La nuit se fit en conséquence sur les valeurs qui sous-tendaient la vie économique des sociétés précoloniales. Un jour nouveau se levait riche d'incertitudes et de drames qui allaient plonger l'Afrique subsaharienne dans l'ombre des grands événements. Des hommes et des femmes du continent allaient expérimenter une rupture avec le cours historique au long duquel avaient marché les peuples noirs des siècles durant. Cette rupture va se répercuter sur les structures politico-sociales existantes. Pour cerner le destin de l'Afrique noire subsaharienne devant les grands processus mondiaux, il convient d'interroger les mécanismes politiques précoloniaux.

Mythes coloniaux face à la démocratie africaine

Toute entreprise de domination commence d'abord par une dépréciation intentionnelle de l'image de l'autre. A cela succède une légitimation des manœuvres tendant à lui conférer un statut inférieur par rapport au sien. Les instruments de ces mécanismes sont des clichés et des stéréotypes savamment conçus et subrepticement introduits dans la mémoire des opinions publiques afin que celles-ci l'insèrent même jusque dans leur inconscient collectif. Dès lors, les réserves pouvant freiner l'entreprise d'assujettissement auront du mal à faire le poids devant les arguments moraux réfutant l'idée de la domination de l'autre. Dans cette perspective, les valets de l'entreprise coloniale passent sous silence les retombées lucratives de l'initiative coloniale et brandissent dans les discours officiels la nécessité de libérer l'autre des dédales de l'obscurantisme. Même dans l'opinion occidentale, les massacres orchestrés dans le cadre du projet colonial ne vont pas faire douter les opinions publiques de la noblesse des expéditions militaires. La mission civilisatrice pouvait à leurs yeux justifier l'anéantissement des Incas d'Amérique latine ou encore des Hereros d'Afrique Australe. Les attributs rationalistes du sujet comme être souverain et autonome dans ses orientations pendant le siècle des Lumières ne dépassaient pas le cadre géographique de l'Occident. Les peuples autochtones passaient dans l'imagologie européenne comme des êtres inférieurs à qui on ne pouvait reconnaître les compétences du sujet rationnel. Partant de cette dépréciation de la personne, les ethnologues occidentaux vont jeter les bases d'une dénégation des mécanismes politiques existant sur le continent. Ils eurent tôt fait d'assimiler la différence entre leur approche du pouvoir et celle des peuples africains en une existence des formes du pouvoir moderne en Afrique précoloniale. S'ils en reconnaissaient l'existence, ils dépeignaient les leaders politiques africains comme des potentats sanguinaires aux yeux de leur opinion publique. De manière tendancieuse et avec des manipulations même de la vérité scientifique, les défenseurs de la politique coloniale parvinrent à rendre acceptable et légitime l'idée de l'installation d'un arbitraire politique économique et social au sein des communautés humaines vivant autour des valeurs intrinsèquement liées à la fois à leur histoire et à leur devenir. Mais, alors que les nouveaux maîtres du continent noir faisaient sortir des édifices devant servir de support à la colonisation, et bien plus à l'exploitation des ressources minières et agricoles de l'Afrique subsaharienne, ils ne sentirent nullement la nécessité d'introduire les retombées des Lumières européennes dans les relations interindividuelles connues dans l'espace de la métropole. C'est en fait que le rationalisme européen, support d'innovations techniques fulgurantes mises au service de la conquête coloniale était dans son essence même opposée au principe de la domination des peuples. Pour vaincre cette contradiction, l'intelligence européenne favorable à l'expansion coloniale usera d'une catégorisation subjective des races et des peuples à la surface du globe. Pour des raisons d'équilibre, le siècle du rationalisme verra la production d'idéaux types devant servir à satisfaire les appétits démesurés des pendants économiques et politiques des nouveaux systèmes de pensée.

Du point de vue politique, la souveraineté de l'individu qui se répercute au niveau macroscopique dans la souveraineté du peuple par une délégation des prérogatives de chaque citoyen ne fut pas introduite sur le continent. Ce principe était par ailleurs négateur du fait colonial dont il rendait les mécanismes et les légitimations caduques. En conséquence, la colonisation ne se risqua pas à initier une transposition des modèles républicains africains sur le continent. Certes, les adeptes de la hiérarchisation des races et de la psychologie des peuples pouvaient se justifier en arguant que la colonisation devait former des élites destinées plus tard à porter la culture démocratique. Bref, le processus de démocratisation de l'Afrique enclenchée dès les années 90 ne fut pas un processus exogène dont les racines se situeraient dans l'héritage colonial. Celui-ci procède plutôt d'une dynamique complexe qui n'est nullement étrangère à l'Afrique précoloniale.

Même si les ressorts des structures politiques africaines ne répondaient pas à des idéaux démocratiques modernes dont l'archétype se trouve dans les grandes démocraties libérales occidentales, il convient de rappeler que l'Afrique précoloniale disposait d'une culture démocratique dont les mécanismes répondaient aux schémas politiques et ethnologiques en cours au sein des édifices sociétaux précoloniaux. Contre la prétention des troupes coloniales d'occuper des zones qui, du point de vue juridique, ne relevaient d'aucune juridiction administrative, s'érigent rapidement des chefs politico-militaires locaux qui vont opposer à l'arbitraire de l'occupation coloniale des forces militaires africaines. L'escalade entre troupes locales et armées coloniales européennes fit passer au second plan l'aspect juridique du partage de l'Afrique. Il faut reconnaître que le partage de l'Afrique entre les nations européennes procédait de catégories juridiques à deux vitesses : la première fixait les règles du partage entre les nations occidentales comme à la Conférence de Berlin entre 1884 et 1885, alors que la deuxième refusait de reconnaître aux pouvoirs indigènes des attributions juridiques sur des espaces géographiques en leur possession. Ces attributions pouvaient se retourner contre l'entreprise coloniale si les pouvoirs locaux les attaquaient au sein des appareils législatifs régissant leur pays. Pour des raisons stratégiques et de commodité, la rencontre coloniale démit donc la dominance du droit moral régissant les relations entre les peuples. Contre toute morale politique, les hommes politiques occidentaux mobilisèrent les ressources des nations européennes en faveur des armées coloniales pour la conquête d'espaces économiques et politiques situés à des milliers de kilomètres du territoire national.

Au-delà des enjeux économiques qui constituent le point focal de l'entreprise coloniale, ses pendants politiques sont indispensables pour cerner les orientations politiques ultérieures en Afrique subsaharienne. En effet, le foisonnement des partis politiques induits par la liberté d'association octroyée aux colonisés pendant les débuts du processus de décolonisation sera mis entre parenthèses dès que l'issue de la lutte fut concluante. De ce fait, on ne saurait même parler d'une libéralisation de la vie politique à la faveur des concessions faites aux peuples colonisés dans le cadre des lois menant au démantèlement des empires coloniaux occidentaux. Car la vie politique était très canalisée par l'appareil administratif colonial qui édictait d'une façon ou d'une autre la constellation des formations politiques devant composer le paysage politique de la colonie. En outre, l'audience de ces partis pouvait être occultée ou favorisée en fonction de leurs accointances avec l'administration coloniale. Les avatars de cette libéralisation se retrouveront dans des pays d'Afrique subsaharienne pendant les ouvertures démocratiques. L'héritage d'un multipartisme rigidement canalisé par les rouages de la machine administrative coloniale ne correspondit plus aux exigences des premiers gouvernements postcoloniaux. De même, quelques décennies plus tard, la pratique du libéralisme politique en Afrique subsaharienne va se heurter à des obstacles comme si la rupture historique de l'expérience démocratique l'avait totalement effacée de la mémoire des peuples africains. Contre cette amnésie, s'élève une foule de réalités historiques et politiques qui insistent sur l'essence démocratique du pouvoir en Afrique précoloniale. Le débat sur les expériences démocratiques en Afrique subsaharienne resterait superficiel si on ne tenait pas compte de la mémoire politique des peuples noirs dont les schémas gouvernementaux laissent voir l'enracinement d'un habitus non basé sur l'autarcie.

La constitution des empires coloniaux en Afrique subsaharienne avait vu la substitution aux régimes locaux de nouveaux appareils de gouvernance dont les ressorts anthropologiques et historiques se trouvent dans les projections clichéistes de la pensée occidentale sur l'autre. Ces projections dans le cas de la colonisation vont très vite assimiler la supériorité technique et matérielle de l'Europe à une éminence raciale qui servira de base à l'imposition de mécanismes sociopolitiques et culturels sur des territoires conquis par la force des armes. Mais la domination matérielle n'était qu'un instrument d'une oppression durable qui finira par affecter la personnalité profonde du colonisé. Le nouveau système éducatif, le nouveau système de valeur, la religion sont les pendants immatériels d'une domination se perpétuant même après la ruine des empires coloniaux. L'appareil administratif et policier était juste la force persuasive de cette entreprise dont les effets sont lisibles dans l'inconscient collectif des populations africaines. Cet appareil était une alternative aux modèles politiques locaux qui, contrairement aux préjugés colonialistes, ne constituaient pas un épouvantail pour les sociétés. L'absence de scrutins au suffrage universel se justifiait par la rigide hiérarchisation caractéristique des nombreuses sociétés d'Afrique subsaharienne. Mais l'inégalité induite pas la catégorisation institutionnelle des composantes sociales est compensée par la présence de mécanismes de contrôle dans les cercles du pouvoir. Par ailleurs, le mode de succession pouvait procéder de l'influence des électeurs choisis au sein des familles plus ou moins proches de la lignée royale. Les Etats précoloniaux n'étaient donc pas dirigés par un régime archaïque dont la descendance s'arrogeait automatiquement le pouvoir et exerçait une autorité absolutiste sur ses sujets. Maurice Delafosse souligne :

« En général, le pouvoir se transmet, pour chaque Etat, dans une famille donnée, mais il n'est pas héréditaire à proprement parler, en ce sens que ce

n'est pas nécessairement l'héritier naturel et direct du chef défunt qui succède à celui-ci. A côté de la famille qui a le privilège de fournir le roi, il en existe le plus souvent deux autres, dont l'une fournit le ou les électeurs du roi et l'autre le ou les intronisateurs. Le choix des électeurs ne peut s'exercer que dans des membres de la famille royale, mais sous cette réserve et compte tenu de l'opinion publique exprimée par les anciens, ce choix s'opère librement ; il faut notamment d'autre part que le successeur du roi défunt ait été désigné par le ou les électeurs pour être investi de l'autorité. Non seulement, les intronisateurs et les électeurs détiennent la faculté de faire ou de ne pas faire les rois, mais ils possèdent aussi celle de les défaire, en sorte que leur influence est considérable et qu'elle suffirait, à elle seule, à constituer un important contrepoids aux velléités de tyrannie et à l'omnipotence du souverain. L'autorité de ce dernier est encore contrebalancée par l'obligation que lui impose l'usage, d'en déléguer une partie à des ministres, dont chacun a des attributions définies, et qu'il n'est pas toujours maître de nommer ou révoquer à son gré, la coutume conférant le plus souvent chaque charge ministérielle à une famille déterminée, aussi bien que la dignité royale et que la fonction d'électeur ou d'intronisateur. Nous sommes donc bien loin du système de monarchie absolue dont on est parfois enclin à supposer l'existence en pays noir ».

Or, l'argumentation qui servait à la légitimation des expéditions militaires contre les organes du pouvoir précoloniaux évoquait le dessein de lutter contre des chefs locaux africains qu'on accusait de tyranniser leurs sujets. Pour rendre acceptables aux opinions publiques occidentales, des campagnes militaires menées contre des autorités qui ne nuisaient en rien aux intérêts occidentaux, il a fallu donc inventer des prétextes. A la différence des représentations impérialistes, le pouvoir en Afrique s'exerçait avec des leviers institutionnels destinés à contrôler l'action du souverain. Il n'était pas question que ces leviers institutionnels de contrôle soient identiques aux organes législatifs des Républiques européennes, puisque le schéma du pouvoir colonial procédait d'une logique largement en déphasage avec la démocratie athénienne, archétype des démocraties occidentales ultérieures. Le monarque africain de la période précoloniale, loin de se réduire à un maniaque du pouvoir exerçant une autorité implacable et incontrôlable sur ses sujets, reconnaissait en son peuple, l'émanation de son pouvoir. Celui-ci est, bien au contraire, canalisé par des structures de représentation émanant du peuple, bien même si le modèle moderne de sélection électorale des représentants n'existait pas. Le rôle de représentation populaire échut généralement aux ministres, au conseil des anciens qui disposaient entre autres de la compétence de réprouver le chef ou de le destituer dans les situations où ce dernier enfreignait les normes sociales ou les règles régissant l'exercice du pouvoir. L'organisation sociopolitique défaillante que certains explorateurs ou colonisateurs avouaient avoir rencontré en Afrique n'était que le fruit d'une imagination impérialiste mue par l'appât que constituaient les ressources humaines et minières du continent. Il convient de noter par ailleurs, qu'à l'époque de la ruée coloniale vers les terres africaines, les idéaux démocratiques en Occident étaient loin d'avoir atteint un stade de maturation acceptable. Peu après les vagues de révolution successives qui firent de la France une République, l'empire colonial français avait commencé par germer en Afrique Occidentale réduisant les régimes politiques locaux. De même, la mission civilisatrice européenne fut aussi le fait de régimes occidentaux célèbres pour leur mépris des droits et de la valeur humaine. Ainsi, l'Allemagne de Bismarck se lancera-t-elle aussi dans l'audacieuse entreprise de civilisation des peuples noirs avant que ses voisins occidentaux ne la contraignent à y renoncer au lendemain de la première guerre mondiale. Des régimes peu fréquentables comme celui de Salazar au Portugal, de Franco en Espagne ou encore de Mussolini en Italie, en dépit de leur caractère foncièrement antidémocratique, avaient aux yeux de leurs voisins européens, toute légitimité pour soumettre des peuples noirs à leurs appareils de domination. Cette faillite morale de l'entreprise coloniale se répercute au plan politique. Le concept des droits de l'homme qui émerge du siècle des Lumières européen sera évoqué sur le continent seulement après le départ des administrations coloniales. Dès lors, on peut aisément se représenter l'aisance coupable des régimes postcoloniaux qui resteront sourds aux sollicitations des institutions internationales concernant le respect des droits de leur citoyen. Même émanant dans certains cas de la volonté populaire, ces régimes vont se saisir des instruments arbitraires de conservation du pouvoir dont usaient les anciennes administrations coloniales. Puisque la plupart des pays africains, même après les indépendances avaient gardé des conseillers politiques, militaires, juridiques et économiques opérant dans l'ancien système ou encore formés dans une logique d'assujettissement des peuples noirs, leurs responsables céderont facilement à la tentation de perpétuer les vices du système colonial sur leurs propres populations. Le bilan de la transposition de la modernité politique européenne en Afrique précoloniale révèle un échec incontestable, entendu que cet idéal n'était que le paravent d'une entreprise sournoise de domination du continent noir et de pillage de ses ressources. Dans les discours postmodernes, l'objectivité intellectuelle inscrit le débat sur les retombées fastes et néfastes de la colonisation dans une imposture argumentative, puisque la privation de la liberté et les énormes exactions des fonctionnaires coloniaux ne sauraient être placées sur la même balance, entendu qu'il ne peut se trouver un équilibre compensatoire entre la liberté et les lignes de chemin de fer, les écoles et les hôpitaux construits à la sueur des dominés. Plus que la modernité politique, la colonisation introduisait l'Afrique subsaharienne dans un processus de globalisation économique, la rendant de plus en plus sensible aux conjonctures économiques mondiales.

Pour revenir au volet politique, la logique coloniale avait interrompu sans doute, pour les peuples noirs les plus organisés, des mécanismes politiques qui devaient progressivement déboucher peut-être sur un affinement des modes de dévolution du pouvoir et un perfectionnement du mode de gestion démocratique. En instituant un régime colonial méprisant les libertés humaines et garant de l'arbitraire, les Lumières européennes avaient couvert les ténèbres, les mécanismes du pouvoir africain que de nombreux témoignages présentent sous un autre jour que celui des discours impérialistes. Olivier Bain reconnaît l'existence dans les sociétés africaines d'

« Un dispositif légal pour empêcher les possibles abus d'un monarque trop puissant. Ce sont les ministres qui aident le souverain en des matières spécialisées et des réunions périodiques d'organes consultatifs, les conseils. Ceux-ci présentent une gamme complète, depuis une réunion de quelques princes ou ministres, jusqu'à l'Assemblée générale de l'ensemble de la tribu, en passant par toutes les nuances possibles, des assemblées parlementaires (représentation des chefs de clans, de prêtres de telle divinité) ».

Ce dispositif de contrôle allait voler en éclat avec l'avènement des administrations coloniales qui doivent rendre compte uniquement aux mécanismes de représentation populaire de leurs pays. Telle était l'incongruité de la relation coloniale que les destinées des peuples colonisés relevaient des décisions prises par des instances représentatives des peuples européens. Même si les colonisés eurent par la suite le droit d'envoyer des représentants au parlement des métropoles, leur nombre était si insignifiant qu'ils ne pouvaient faire adopter des décisions favorables aux colonies. Pour se faire entendre, les députés africains au parlement métropolitain se doivent d'engager des alliances avec des partis progressistes. Cette brèche insignifiante aura des effets limités sur l'ancrage d'une culture démocratique dans la vie politique des peuples colonisés. Par ailleurs, les formes de la démocratisation occidentale impliquaient la présence d'un nombre considérable de citoyens pouvant comprendre les enjeux de la lutte politique et les motivations des différents acteurs. Il n'en était pas du tout ainsi dans les sociétés africaines précoloniales qui disposaient d'un pouvoir régi par des garde-fous institutionnels et des normes sociales. La pratique du pouvoir se déroulait dans les limites des canons sociaux et institutionnels qui rétrécissent les champs d'action du souverain. En dehors des sujets relatifs aux mœurs et aux traditions, le souverain était soumis dans l'orientation de l'action gouvernementale à un certain nombre d'instruments servant à l'équilibre du pouvoir. Pour exemple, les décisions du souverain sont prises après des consultations menées avec les notables, l'assemblée des personnes représentatives des notables et de toutes les couches sociales. Il n'est pas non plus exclu que ces décisions donnent lieu à des palabres permettant de trouver des approches plus consensuelles. Les décisions finales sont transmises discrètement par le chef à des personnes compétentes pour des fonctions de communication.

La particularité des pouvoirs politiques d'Afrique subsaharienne pendant la période précoloniale réside aussi dans les attributions particulières du souverain. Son ascendance politique est doublée d'une notoriété religieuse qui le rapproche de plus en plus de ses administrés. A côté de ses compétences politiques, il joue aussi le rôle d'intermédiaire entre sa communauté et les ancêtres ou encore les forces de la nature, objet de la vénération collective. Il est aussi le garant du bien-être de sa communauté qu'il défend et conforte par sa magie, sa communion avec les ancêtres et son aura auprès des puissances occultes. Le schéma organisationnel ainsi décrit part d'abord d'une base embryonnaire constituée de fragments sociétaux : le noyau patriarcal se compose de personnes rassemblées autour d'un chef ; il est ensuite relié avec d'autres clans qui vont former des ethnies avec des affinités linguistiques et ethnographiques.

La configuration schématique de l'édifice sociétal procédait d'une dominance gérontocratique. Le ressort éducatif culminait avec l'initiation des groupes d'âges qui marquait la distinction psychique et physique entre la jeunesse et les adultes. L'accès à la lignée des adultes ouvre la voie à une implication dans les décisions affectant la vie de la communauté. Cette configuration gérontocratique de l'édifice sociétal doit compter avec la force équilibriste des institutions constituées des personnes représentatives des instances sociales et politiques. Ces instances servaient donc à relayer l'autorité du pouvoir central au sein des espaces situés à la périphérie du pouvoir. Il n'est pas rare de voir intégrée à ce schéma organisationnel une catégorisation sociale attribuant les fonctions économiques, culturelles et politiques selon un étiquetage clanique, tribal ou identitaire.

Les mécanismes d'organisation de la machine politique et sociale étaient le résultat d'une intégration continue des composantes externes, grâce à la maturation des techniques de production, de gestion et de répartition des rôles. L'appareil d'Etat en Afrique précoloniale était très calqué sur la distribution des tâches sociales. Dans les rouages de l'appareil décisionnel, l'essence démocratique du pouvoir est fournie par les activités des Conseils, des Collèges délibératifs, des décisions collectives prises selon des principes de consensus. Et l'absence de dictature majoritaire qui sous-tend les édifices démocratiques modernes, permet dans le contexte des schémas étatiques précoloniaux, de prendre en compte les exigences de toutes les entités populaires. Cette pratique se retrouve autant dans les organisations sociales opérant sur une base anarchique et sans souverain que dans les sociétés sans Etat placées sous un chef (démocratie villageoise des Anuak du Soudan) ou encore dans les monarchies très organisées (comme le royaume d'Abomey, le royaume du Serer, ou encore la confédération Ashanti). Ces formes d'organisation étatique disposaient presque toujours de mécanismes de contrôle émanant des populations, voire des catégories marginales comme les esclaves chez les Serer.

Il est dès lors manifeste que les mécanismes du pouvoir en Afrique précoloniale, sans s'affubler des principes de la démocratie occidentale, marchaient sur des normes qui évitaient une politisation outrageuse des institutions. Celles-ci adhéraient aux attributs professionnels et identitaires des individus, ce qui limitait les tentatives de noyautage des institutions par des pratiques vénales. Décrivant la royauté en Afrique précoloniale, Cheikh Anta Diop souligne que :

« S'il n'est pas un roi légitime, remplissant les conditions régulières de la filiation en vigueur, et nommé selon les rites de la tradition, la nature entière sera stérile, la sécheresse envahira les champs, les femmes n'enfanteront plus, les épidémies s'abattront sur le peuple. [C'est pourquoi la royauté doit échoir à] celui qui a le plus de force vitale dans le royaume. [...] La lutte entre deux rois est, avant tout, une lutte magique, au niveau des forces vitales ; elle se déroule, bien avant le combat physique sur le terrain, autour des canaris et pilons de libations fichés en terre, durant la nuit, les bosquets sacrés. [...] le roi est le garant de l'Ordre ontologique et, partant, terrestre et social. [En conséquence], le Conseil qui se réunissait pour investir le roi (...) examinait en réalité le degré de légitimité des prétendants ».

L'essence constitutionnelle du pouvoir précolonial trouvait ses racines dans la coutume. Elle s'abouchait à des principes religieux qui en faisaient un sacerdoce et le souverain se trouvait ainsi canalisé par des garde-fous institutionnels et métaphysiques. Le pendant religieux tend à conférer à certains souverains en Afrique le statut divin, socle d'un pouvoir absolu. Mais une telle extension qui n'est pas la forme la plus courante de conception du pouvoir est amortie par les attributions du souverain. Celui-ci n'est pas au-dessus de son peuple dont il devient le serviteur. Sa légitimité tient de son aptitude à assurer le bien-être collectif, à assimiler la culture locale et les traditions de son milieu qui sont le creuset incontournable de son autorité. Quel que soit le type de gouvernance, le souverain était tenu de soumettre ses décisions à l'avis d'instances de représentations. Et même si les attributions religieuses du roi ne le mettaient pas à l'abri des tentations absolutistes, il se devait d'avoir égard aux coutumes de sa communauté.

Certes, on ne pouvait avancer l'idée d'une uniformité des types de politique en Afrique précoloniale où de multitudes de cellules autonomes cohabitent avec des formes étatiques géantes dotées d'institutions solides. Il est incontestable que la forme gouvernementale régissant les régimes monarchiques ne pouvait être identique avec la composition institutionnelle des formes claniques de gouvernance. Quelles que soient les différences, Cheikh Anta Diop (1960 :58) note que :

«Là où l'organisation clanique était prédominante, où les frontières sociales étaient encore délimitées par l'aire du clan ou de la tribu, il se

produira une sorte de repli sur soi, une évolution à rebours, une détribalisation renforcée par le nouveau climat d'insécurité ».

Seuls les ensembles claniques encore ancrés dans une perspective totalitaire reconnaissent en leur chef une autorité sans restriction politique ni religieuse. Même si l'histoire écrite dans un dessein impérialiste a du mal à reconnaître l'existence de mécanismes de décentralisation dans les Etats précoloniaux d'Afrique subsaharienne, le caractère des chefferies en est un témoignage vivant. Les grands empires ayant marqué le moyen Age africain et les royaumes ultérieurs n'avaient pas une conception très centralisée du pouvoir. Les édifices sociétaux constitués par les ethnies avaient un mode d'accès au pouvoir basé sur les lignages et les clans. Toutefois, l'accès à l'autorité suprême n'est pas automatiquement donné par l'appartenance à un lignage donné. Des dispositions rigoureuses de sélection sont prises pour limiter les intrigues ou les éventuelles manipulations par des personnes plus ou moins proches des cercles du pouvoir. De même, les personnes de la lignée destinée à élire le souverain devaient obéir à une stricte déontologie pour mettre le pouvoir à l'abri de toute imposture. Le souverain choisi est suffisamment conscient de ses conditions d'accession au pouvoir pour ne pas céder à la tentation de s'arroger un pouvoir sans partage. Oliver Bain précise l'horizon de l'autorité de la chefferie dans les sociétés précoloniales d'Afrique :

« La chefferie occupe une étendue territoriale limitée à un canton ou beaucoup moins. Dans un même peuple existent de nombreuses chefferies indépendantes, organisées sur des modèles semblables [...] la chefferie ne réalise pas un système centralisé mais constitue plutôt une attraction liée à la force. (Yao, Madi), au prestige (Bambara, Mandari) ou aux dimensions (chefferie sans segmentation chez les Bambara, Guro, chefferie avec segmentation chez les Lunda, Somali) ».

Ce type d'organisation se retrouve chez les Mendé de Sierra Léone dont le territoire est quadrillé par des sous-chefs disposant d'une troupe de guerriers pour assurer son autorité. Au sommet du pouvoir se trouve un roi en face duquel les attributions sont distribuées entre des fonctionnaires. Le pouvoir exécutif devait échoir à l'adjoint du roi qui assume aussi le rôle de courroie de transmission entre le roi et la communauté. Il avait une certaine autonomie d'action et accédait à ses tâches soit par mode patrilinéaire ou matrilinéaire.

La chefferie est aussi présente au niveau des Mandingue ou des Malinké du Haut-Niger. Leur chefferie a pris une forme très simple. Le chef dirige un cercle familial restreint installé dans un domaine foncier bien limité qui assume également les relations avec le monde spirituel. Son fils acquiert directement le droit de succession qui lui confèrera le statut de chef territorial. A mesure que ce groupe original s'accroît et que des familles nouvelles apparaissent sur le même site avec l'autorisation du chef territorial, surgissent de nouveaux villages dotés chacun d'un chef et d'un conseil des anciens. Le chef territorial acquiert une autorité cantonale et perçoit un tribut auprès des autres villages. Le chef de canton juge des problèmes les plus délicats, assisté du Conseil des chefs de famille.

Un tel schéma organisationnel était utilisé par les Yoruba, une ethnie constituée de nombreuses chefferies vivant dans un cadre spatial proche et éclatée en noyaux embryonnaires comme le clan. Du point de vue de l'organisation territoriale, la nation yoruba se subdivise en familles, en clans et en lignages occupant l'espace géographique des cantons. Les cantons sont placés sous la responsabilité des chefs au nombre desquels se trouvaient deux personnes dominantes : l'Oni siégeant à Ifè, dépositaire de l'autorité religieuse ; l'Alafin siégeant à Oyo et détenteur du pouvoir politique. L'ensemble avait la configuration d'une confédération étatique. Ces dispositifs de l'organisation territoriale en Afrique noire tranchaient même sur les formes d'Etat obscurantistes, caractéristiques de l'espace politique occidental avant les Lumières et même à la veille de la première Guerre mondiale. La société africaine précoloniale, autant qu'on pourrait la distinguer par une forme homogène, était largement ouverte du point de vue politique. Même si les mécanismes du pouvoir ne pouvaient pas bénéficier d'instruments modernes de représentation du peuple, les dispositions existaient pour leur conférer une forme moins coercitive. Sans que tous les citoyens participent à l'expression d'un suffrage global, des collèges constitués intervenaient dans le choix du souverain pour réguler les circonstances de l'élection et infléchir dans une logique équilibriste le pouvoir du chef. Dans le schéma organisationnel des Yoruba, les grandes cités urbaines abritant une population nombreuse disposaient d'une hiérarchisation sociale. Les étrangers avaient un statut social inférieur alors que la classe des esclaves se trouvait à la fin de l'échelle sociétale. En dehors des stratifications sociales et politiques, les habitants se regroupaient en associations sur des bases socioprofessionnelles ou identitaires. Ces associations peuvent disposer d'une force qui leur confère la puissance de lobbies politiques ou religieux. Au sein de la configuration du pouvoir en pays yoruba, on distinguait des chefs nantis de compétences en fonction de leur importance. Ces chefs dont la personnalité est sacrée ont à leur tête l'Alafin choisi au sein du Conseil des Sept, un corps électoral constitué de sept personnes provenant des familles les plus éminentes de par leur appartenance à la lignée du fondateur. Les chefferies satellites avaient aussi un Conseil dont les membres provenaient de l'aristocratie et étaient impliquées dans les orientations des affaires politiques. Aux côtés de ce pouvoir purement politique, agissait l'association Ogboni qui est une corporation assez puissante pour exercer une certaine pesanteur sur l'autorité locale. Au niveau de la hiérarchie centrale, le Conseil des Sept avait à sa tête un président qui assumait des fonctions religieuses consistant à consulter les forces célestes. Les dispositions de ces forces à l'égard de l'Alafin étaient essentielles ; si elles étaient défavorables, celui-ci devait accepter de se tuer. La gestion des villages échut aux patriarches qui versaient des tributs aux chefs par le moyen des membres de sa lignée ou des familles éminentes. L'Alafin avait la compétence de trancher les affaires extérieures et militaires. Relevant encore d'une manœuvre de restriction de l'autorité centrale, le secteur de la défense avait une procédure particulière. Il n'existait pas d'armée constante, mais les troupes se présentaient volontairement au besoin pour la défense de la communauté. Ainsi, était réduite la tendance d'une confiscation du pouvoir ou d'une influence de l'action politique par la prépondérance des chefs militaires.

Dans une autre perspective, le schéma organisationnel du pouvoir chez les Yoruba est présenté comme gravitant autour d'une série de groupes tribaux constitués en Etat. Ces groupes essaient de perpétuer une mémoire commune par le moyen de mythes originels et religieux dont le centre névralgique est la ville d'Ifè. Autour de ce centre focal, gravitaient des tribus de sorte que l'ensemble constituait une confédération. Ainsi, les Yoruba n'avaient jamais mis en place une forme étatique centralisée. Les différents pôles du pouvoir étaient répartis en une structuration ternaire : les rois, les obas provenaient de la descendance du héros fondateur Odudua. Le roi était sacré non pas en fonction de son envergure politique, mais plutôt du fait qu'il devait mettre en branle le monde spirituel pour en attirer la faveur sur sa communauté. Le roi se contentait d'administrer la capitale, alors que les chefferies d'un rang inférieur géraient les chefs lieux ; la hiérarchie descendait ainsi de manière décroissante aux cantons puis aux villages. Les instances collectives locales avaient alors une large marge d'autonomie. A tous les degrés de l'appareil administratif, les responsables devaient soumettre leurs actions au Conseil composite dont les membres sont issus des chefs des grands lignages et des associations de forte envergure. A Oyo, le basorun, chef suprême Yoruba aux attributions essentiellement religieuses, décidait du prolongement du règne de l'Alafin en consultant les oracles. Tout comme dans les monarchies occidentales, le roi avait une cour nombreuse rassemblant des dignitaires de tout genre dévolus à des tâches administratives, politiques, militaires ou religieuses.

Un peu plus à l'Est de l'espace géographique de la nation yoruba, les Ewé illustrent de manière encore plus flagrante les formes d'organisation ouverte des sociétés précoloniales. Refusant au cours de leur histoire toute forme étatique, les peuples Ewé ont adopté plutôt des modèles de cité-Etats organisés autour de tribus séparés parfois par des nuances linguistiques, et se réunissant à des occasions par des alliances militaires et stratégiques. La cité-Etat de tradition éwé est un centre rassemblant des centaines ou des milliers de personnes disséminés entre la capitale et les zones rurales du voisinage qui peuvent avoir parfois le statut de quartiers gérés sur un mode patrilinéaire. L'accès au poste du souverain est déterminé par le choix des anciens du lignage royal avec l'approbation des anciens des autres lignages. L'élément religieux reste présent au cœur de la machine politique dont les attributions importantes sont confinées entre les mains du souverain. Celui-ci doit toutefois composer la fragmentation de certains domaines du pouvoir. Ceux-ci tendent à limiter le rayon d'action du souverain qui cède des prérogatives aux responsables des autres lignages, aux chefs militaires choisis selon des critères non fixes au sein des résidents des quartiers ou des villages. Les chefs militaires nomment le premier ministre qui exécute ses tâches avec l'assistance d'un collège de personnes choisi par la population. Son domaine d'action se concentre sur la surveillance des marchés, la gestion de la fiscalité et des ressources halieutiques. Le chef prend l'engagement pendant la cérémonie d'investiture de se plier dans tous les cas aux décisions du Conseil constitutionnel qui a la compétence de le révoquer de son poste. Le chef a la responsabilité de garantir la bonne marche de la cité et est dépositaire des pratiques rituelles comme le culte des ancêtres.

Toujours, dans la zone de l'Afrique subsaharienne, les Edo du Bénin ont une conception du pouvoir qui procède des regroupements tribaux. Localisés dans l'espace géographique entre le Delta du Niger et le pays Yoruba, les Edo du Bénin vivent au sein d'une fédération de chefferies entretenant des relations plus ou moins étroites avec la cité-Etat. Le modèle de cité-Etat se trouve incarné dans le royaume du Bénin. Toutes les unités tribales comportent de gros villages, noyaux de la machine sociale dont le schéma sociétal repose sur les classes d'âge. Chaque village bénéficie d'une gestion autonome et articule sa structure sociale autour de trois classes d'âge. Les chefs sont choisis sur un mode gérontocratique, mais certains chefs sont élus sur un principe primo génital dans un lignage. Le pôle du pouvoir politique est la capitale où le palais et la ville sont démarqués par une grande rue. La stratification sociale se faisait par des mécanismes de grades, de titre, d'achat ou encore d'hérédité. Le souverain était perçu comme l'incarnation de son prédécesseur et pérennisait de fait la relation avec les aïeux. Il était donc un être sacré dont les différentes parties du corps renvoyaient à des rituels en faveur des grands domaines de la vie collective : la guerre, la fertilité et la fécondité. A un degré inférieur de la hiérarchie suprême, on trouvait trois catégories d'autorité. La première catégorie concernait les sept héréditaires qui assumaient des tâches rituelles et militaires ; la deuxième catégorie comportait dix-neuf chefs de villes sur lesquels repose la gestion centrale et dont quatre accédaient à leur poste par la descendance. Ce statut leur confère une certaine importance par rapport à leurs collègues de même rang. La dernière catégorie de chefs se rapporte aux vingt-neufs chefs du palais choisis parmi les personnes appartenant aux trois associations du palais. Les associations (les otus) étaient réparties en cinq sous-groupes chargés de la gestion interne du palais. En outre, il y avait quatre ordres secondaires au sein desquels l'on notait deux groupements masculins et un féminin. L'accès à ces associations était uniquement conditionné par le payement des frais d'initiation. Les trois premiers ordres de chefs servaient à contrebalancer l'autorité du chef. Une telle disposition des mécanismes de décision favorisait l'éviction des intriques visant l'accès aux postes éminents.

A partir de cette taxinomie succincte des mécanismes du pouvoir en Afrique précoloniale, on se rend à l'évidence qu'il existe, contrairement aux discours colonialistes une certaine forme d'ouverture politique au sein des édifices sociétaux dans la zone subsaharienne du continent noir. Cette ouverture ne reflète nullement la structuration du pouvoir libéral dans le sens de la machine sociétale occidentale. Au contraire, elle épouse l'essence caractéristique du noyau historique et organisationnel ayant présidé à la gestation de ces constructions étatiques. C'est dire donc que les peuples africains, bien avant la rencontre coloniale avaient vécu des pratiques du pouvoir marquées par une décentralisation plus ou moins profonde des paliers de l'autorité centrale. Et cette décentralisation touchait sous des formes moins modernistes, les entités les plus éloignées de la périphérie du pouvoir. Même si l'association des modes d'accès héréditaires et gérontocratiques jouait un rôle non négligeable, les personnes tirant leur légitimité de ce type organisationnel devaient compter avec des contre-pouvoirs habilement conçus pour prévenir tout dérapage. Certes, le peuple ne prenait pas directement part à l'élection du souverain, mais son implication dans les prises de pouvoir au niveau local constituait une caisse de résonnance dont les échos parvenaient aux plus hautes sphères décisionnelles. En outre, la décentralisation participait déjà d'un libéralisme politique, puisqu'elle donnait aux populations les plus marginales, la capacité de s'impliquer directement dans les décisions affectant leur quotidien. Par ailleurs, la parole démocratique dont une des échelles de mesure est la séparation des pouvoirs législatif, exécutif et judiciaire, trouve sa réalisation dans de nombreux modèles politiques d'Afrique subsaharienne avec une distribution des différentes branches du pouvoir sur les pôles héréditaires, sociopolitiques, associatifs ou encore religieux. La différence structurelle caractérisant ces pôles est un gage sûr de pérennisation d'un pouvoir mis au service de la communauté. Généralement encadrés par des appareils institutionnels et constitutionnels dont l'équilibre plonge dans les racines socioculturelles des édifices sociétaux, les souverains précoloniaux sont loin de correspondre à l'image de potentats sanguinaires et autocrates généreusement servis par les médias des nations impérialistes pour légitimer l'irruption de leurs armées sur le sol africain. La rhétorique coloniale procédait à la fois d'une méconnaissance des structures du pouvoir en Afrique noire précoloniale et d'une ferveur propagandiste qui vise à assimiler le retard technique de l'Afrique sur l'Europe comme une défaillance sur les plans politiques, économiques et culturels. Mais il convient de relever que la démocratisation du pouvoir se présente sous des formes diverses répondant à la sociologie du pouvoir dans chaque organe sociétal. De ce point de vue, il est malaisé de préciser les contours théoriques de la démocratie africaine. Au demeurant, les appréciations hâtives faites par l'opinion européenne sur les modèles africains au niveau de leur opinion pourraient aussi résulter d'une concurrence entre deux pratiques démocratiques différentes. Dans la perspective occidentale, l'archétype de la démocratie découlait de la Grèce antique alors que la mémoire politique des Africains procédait des pratiques politiques en cours dans l'Egypte antique. La proximité géographique et spirituelle entre l'Afrique précoloniale et l'Egypte antique permet de soutenir que la démocratie européenne provenant de la Grèce antique ne serait qu'un héritage de la politique décentralisatrice ayant eu cours dans l'Egypte antique. Une telle corrélation entre l'Egypte antique et le type décentralisateur d'Afrique subsaharienne confère à la démocratie négro-africaine, un caractère endogène remontant à des racines historiques de la culture noire. En définitive, la démocratie n'est nullement étrangère au type politique africain. De ce point de vue, les prétentions discursives de certains milieux politiques et intellectuels occidentaux qui remettent en cause la capacité des populations africaines à maîtriser les rouages de la démocratie moderne sont le symptôme d'un manque de lisibilité historique. La modernité politique dont les instruments se cristallisent dans la libéralisation politique a des racines profondément africaines. Seulement, l'irruption d'un mode de pensée politique basé sur l'expression du suffrage semble peut adhérer aux habitudes politiques africaines dont l'essence tient fondamentalement compte des identités ethniques, religieuses et socioculturelles. Or, l'édifice démocratique européen a commencé par s'ériger après des siècles de vie commune entre les différentes entités nationales. Par contre, l'Afrique subsaharienne après le démantèlement de son espace politique n'eut pas le temps d'affiner ses instruments de décentralisation pour en faire au fil de l'histoire un modèle démocratique. Bien au contraire, on assista à une remise en cause des espaces de liberté dans la mentalité des Africains qu'on essaie de convaincre de l'infériorité de la race noire. L'idée même d'une classification des races est contraire aux idéaux de la modernité politique dont elle sape durablement les fondements. Dans ces conditions, il n'est pas déplacé pour de nombreux Africains de voir dans les mouvements de démocratisation des décennies 1990 des éléments inédits en Afrique. La colonisation et les élites africaines postcoloniales se sont efforcées d'effacer de la mémoire des peuples africains des parenthèses historiques témoignant d'une décentralisation politique et sociale. Aussi, n'est-il pas rare de déceler dans les discours sur la renaissance africaine des allusions à une culture politique ancrée dans la décentralisation politique. Léopold Sédar Senghor, une des rares élites africaines à adopter après les indépendances un mode politique multipartite reconnaît qu'« au demeurant, la démocratie est la forme traditionnelle des sociétés africaines » (Doo-Kingue 1999 :168). Il fait remonter les racines de la participation citoyenne en Afrique noire aux origines mêmes de la Négritude. Pour Senghor, la participation citoyenne est (1999 :169) :

«L'expression du principe fondamental de la démocratie qui veut que dans la communauté, chaque groupe, chaque membre composant, ait son mot à dire : sa part à prendre dans toute décision qui ne peut être que collégiale. [...] Le politique, cela va de soi, est en rapport étroit avec le social. Celui-ci est pour celui-là ce que l'artiste est à son esprit. Il s'agit d'organiser et de perfectionner la Cité : de gouverner et de légiférer. Gouverner exige de l'autorité, légiférer de la sagesse. L'un et l'autre doivent retourner à leurs sources, tendre au bien des communautés et des personnes : la Cité. Or dans les démocraties occidentales d'aujourd'hui, ces exigences sont méconnues. Le législateur est élu, dans les meilleurs des cas, par un parti, qui est un agrégat d'intérêts matériels, et il légifère sous la dictée d'une oligarchie financière et pour cette oligarchie. La législation est doublement inhumaine, parce que viciée doublement. Quant au gouvernement, malgré les forces policières qui ne font que s'accroître, il n'a pas l'autorité ; car l'autorité repose sur une prééminence spirituelle, et le gouvernement est aux mains d'habiles et de pantins, de politiciens au lieu de politiques ».

Autant la démocratie de type négro-africaine régulait le niveau de la participation citoyenne par des instruments d'équilibre historique social et politique autant la démocratie européenne prétend afficher une participation égalitaire et universaliste. Mais ce schéma n'est pas à l'abri des fourberies politiques insidieuses. Dans l'histoire des démocraties européennes, on n'en est pas aujourd'hui à un scandale près : le scandale des caisses noires de la CDU en Allemagne, celui des électeurs fictifs de la Mairie de Paris impliquant l'ancien président français Jacques Chirac, celui encore de l'Affaire Elf, celui des diamants de Bokassa, celui du Water Gate aux Etats-Unis et de Monica Lewinski sous la présidence de Bill Clinton, celui des prétendues armes de destruction massive en Irak sous la présidence de George Walker Bush. Sous des paravents de gestion démocratique, des citoyens de pays occidentaux sont parvenus à tisser des réseaux denses de relations qui les mettent au-dessus de toutes les poursuites judiciaires. Les grands groupes économiques entretiennent des relations étroites avec des hommes politiques sans que rien ne lève le voile sur la nature véritable de ces accointances. Au regard de ces scandales, l'édifice démocratique vanté par les politiciens européens au point de s'arroger le rôle de donneurs de leçons, offre le spectacle d'une construction d'apparence solide et prestigieuse, mais dont l'intérieur reste miné par des vices de toute nature. On se rappelle aussi les turpitudes du président du Conseil italien Silvio Berlusconi dont les relations avec des jeunes filles à peine majeures ont longtemps ému l'opinion publique italienne. Pour autant, les défaillances des personnalités politiques ne sont nullement la preuve des défaillances de la démocratie inspirée du modèle européen. Elles montrent que le type démocratique européen ne peut prétendre à aucune préséance sur les autres modèles démocratiques. Senghor jette un regard parallèle sur les modèles africain et européen de la culture démocratique et parvient à la conclusion suivante (DOO-KINGUE 1999 : 169) :

«Il en va autrement dans un royaume nègre type, comme c'était le cas du royaume sérère du Sine. L'assemblée législative est composée de hauts dignitaires et de notables, chefs de familles claniques. D'où la sagesse qui vient de la connaissance de la tradition, de l'expérience de la vie et du sentiment de ses responsabilités. [Ainsi, l'Afrique noire] a présenté des régimes politiques les plus divers, depuis l'empire qui, théoriquement, englobait tout le Soudan occidental sur une étendue de 2000 km jusqu'à la famille étendue de la forêt tropicale, en passant par le royaume et la tribu. C'est encore le petit royaume, de l'étendue d'une province française, qui me paraît être le typique, tels les royaumes serère du Boal, du Sine ou du Saloum au Sénégal ».

La configuration actuelle de la chefferie en Afrique noire reste le dernier vestige du caractère très ouvert des perspectives politiques en Afrique subsaharienne avant l'avènement des grands empires coloniaux. Que ces chefferies soient largement impliquées dans le processus de démocratisation moderne en Afrique noire contemporaine, témoignent de leur arrimage à un mode politique antérieur constitutif des édifices sociétaux africains. En outre, des aspects essentiels de la démocratie libérale qui se rapporte aux droits fondamentaux de l'homme se trouvent inscrits dans une certaine mesure dans le droit traditionnel africain. Dans la Revue Droit et Culture d'octobre 1983, Raymond Verdier présente l'approche africaine des droits de l'homme du point de vue ontologique et cosmogonique. Dans l'approche politique africaine, les attributions du sujet relèvent de son envergure sociale et politique en dehors des restrictions religieuses ou ethnologiques. Mais ces restrictions répondaient aussi dans une certaine mesure aux modes d'accès aux différentes hiérarchies. Loin de voir dans l'individu une entité isolée en face de la gigantesque machine politique dont il émane aussi, la perspective africaine le perçoit comme participant incontournable d'une construction politique où l'individu vit au travers de sa communauté. Les inconséquences de la machine étatique à son endroit touchent au plus haut point tout son entourage. Raymond Verdier note (DOO-KINGUE 1999 : 1970) :

«Dans maintes sociétés, le pouvoir politique n'est pas constitué en organe spécifique de gouvernement ; il est distribué par les différentes unités sociales dont l'ensemble forme la société politique et est alors exercé par les différents détenteurs de l'autorité sur leurs membres respectifs (chefs de

famille, doyens de lignage, chefs de terre, notables, chefs de confrérie. Les décisions sont prises le plus souvent après une large concertation et l'individu se doit d'obéir aux ordres de ses supérieurs, en qualité de membre du groupe. [...] Quand le politique se constitue en instance spécialisée, il ne met pas généralement fin aux fonctions des groupes particuliers, notamment au plan de la police et de la justice. Les pouvoirs ne sont pas alors concentrés par l'autorité politique, mais coordonnés par elle, en tant qu'elle se surimpose aux autres instances. [...] Quand le pouvoir est centralisé aux mains d'un souverain, il ne s'en suit pas que ce dernier dispose d'un pouvoir absolu ; il est généralement assisté d'un conseil de gouvernement appelé à délibérer sur toutes les questions importantes. Ainsi, dans les royaumes Wolof (le Sénégal actuel), le roi était assisté d'un conseil d'électeurs qui comportait à la fois des membres de l'aristocratie et des chefs de terre, laman représentant les hommes libres, non nobles. Si le roi abusait de son pouvoir (impôts trop lourds, pillage, traite esclavagiste), il suscitait la contestation auprès de son conseil et la révolte du peuple. L'histoire des Wolof nous montre aussi comment des laman d'abord, des marabouts ensuite, ont pu soulever le peuple contre des rois tyranniques et obtenir leur déposition».

Alors que la démocratie moderne européenne procède de toute une série d'indicateurs permettant de déterminer l'essence d'un gouvernement émanant de la volonté populaire, l'autorité traditionnelle africaine était axée sur trois pratiques dominantes qui en garantissaient le caractère démocratique. Ces dominances se réfèrent aux modalités régissant le choix de l'autorité suprême, les principes gouvernant la manifestation de cette autorité envers les citoyens, et enfin aux possibilités conférées au peuple de destituer le souverain au cas où celui-ci allait au-delà du cadre de ses compétences et se rendait coupable de faits répréhensibles. A la différence du libéralisme politique où la manifestation démocratique culmine dans le choix des personnes chargées de gérer les affaires nationales, la structure des entités sociétales d'Afrique précoloniale témoigne d'une culture démocratique ancrée dans l'exercice du pouvoir depuis les embryons de sociétés jusqu'aux formes les plus élaborées de l'Etat précolonial. Cette réalité est confortée par le schéma du pouvoir dans de nombreuses entités étatiques d'Afrique subsaharienne, notamment chez les Makoko du Congo Brazzaville en Afrique centrale. L'historien Ndzale Obenga souligne que (1999 :173) :

« Le royaume de Makoko (dans ce qui est actuellement le Congo Brazzaville) fut une monarchie constitutionnelle [...] le pouvoir global qui est l'état diffus dans le peuple, était remis aux mains d'un individu par l'intermédiaire des canaux suivants : le premier chef de village (ngaa ulla), qui veille aux mânes des ancêtres (mambula ; ancêtres : kulu), convoque celui qui le remplace dans ses fonctions (mbyemo : second chef de village).

Après avoir fait leur choix, ils s'en remettent au chef de terre (ibyali). Ce dernier rend compte de la volonté populaire au chef de clan (mfumu ou mfam kama). Les chefs de clan se réunissent et désignent (swolo) finalement, le candidat à couronner (kila mpu), à élever à la dignité (imfumu) de Makoko ».

A la fin du processus, l'identité du souverain est communiquée aux citoyens avant d'être introduite aux forces de la Nature. Ce modèle n'est pas unique en Afrique centrale et Cornevin se fait l'écho du royaume du Congo entre les 15ème et 16ème siècles. Dans ce territoire dont l'espace territorial est situé au Sud du fleuve Zaïre entre la République Démocratique du Congo et l'Angola, Cornevin souligne que (DOO-KINGUE 1999: 174) :

« L'administration n'était pas très différente de celle du Portugal à la même époque : elle était de type féodal avec des liens de vassalité des chefs de province vis-à-vis du roi ; mais comme souvent en Afrique, le pouvoir du roi, absolu et sans appel, était cependant soumis à certaines restrictions ; lui-même était nommé par élection et les gouverneurs de province, bien qu'investis par lui, devaient être choisis au sein de certaines familles. Le roi était toujours assisté d'un conseil de gouvernement de dix (10) à douze (12) membres ».

Revenant en Afrique occidentale, on trouve l'exemple des Ashanti du Ghana où l'accession au trône est édictée par des mécanismes rigoureux. Le monarque doit provenir des Akwamu, groupe ethnique originaire de Kumasi jouissant d'une prééminence héréditaire. Lorsque la vacance du pouvoir devient une évidence, on amorce les mécanismes conduisant aux choix d'un nouveau monarque. Le Collège des anciens confie au chef du collège des fonctionnaires de mettre la reine-mère au parfum des aspirations du collège. La reine-mère engage des consultations avec les chefs de famille de la lignée royale. Le trône peut alors échoir à l'un des neveux, cousins du monarque défunt disposant des qualités comme le charisme, le courage et la dextérité. Dès que celui-ci est accepté par consensus, la reine-mère en informe le Conseil des anciens. Tout le principe se déroule selon certains principes inviolables qui garantissent le peuple contre d'éventuelles indélicatesses ultérieures. D'abord, tous ceux qui visent le trône et sont de la génération du monarque défunt ont la préséance sur les rivaux de la génération postérieure. Les princesses ont le privilège de proposer l'une après l'autre des candidats au trône et la règle établit que le monarque soit choisi dans la lignée d'une princesse différente de celle du défunt. Enfin, des dispositions sont imposées, qui empêchent que les individus mâles ou femelles détenteurs du pouvoir ne descendent d'une lignée royale identique. Lorsque toutes ces règles sont respectées, le souverain choisi est investi par le Conseil des anciens. Toutefois, le dispositif est si contraignant qu'il n'est pas rare de voir le Conseil des anciens rejeter la personne choisie pour des vices de procédure ou encore lorsque sa personnalité ne correspond pas au profil d'un roi modèle. La reine-mère a deux possibilités pour choisir une personne au profil plus acceptable. Si son deuxième candidat n'est pas accepté, alors il incombe aux délégués de la communauté politique de choisir le nouveau monarque. Lors de son investiture, le monarque est exhorté de la manière suivante :

« Nous ne voulons pas que le roi soit cupide, avide ; qu'il refuse d'écouter des conseils; qu'il considère que le peuple est stupide ou qu'il refuse d'écouter des conseils. Nous voulons qu'il ait toujours du temps pour ses conseillers. Nous ne voulons pas qu'il use de la violence sur les gens, ni qu'il les insulte, ou qu'il se soucie de leur origine tribale ». (Georg B. N., in DOO-KINGUE 1999 :175-176)

Le monarque est élu à vie et ne peut être révoqué qu'en cas de faute grave. Ces dispositions n'ont pas seulement un caractère dissuasif, mais prennent effectivement effet lorsque la situation l'exige. L'histoire du royaume ashanti garde en mémoire les rois Oséi Kwame, Karikari et Mensa Bonsu qui ne sont jamais allés au terme de leur règne en raison d'une procédure de destitution ayant abouti.

En dépit de la multiplicité des cultures d'Afrique subsaharienne, on se rend compte que les mécanismes institutionnels convergent vers une approche uniforme du pouvoir basée sur la distribution des rôles au sein des instances constitutionnelles dans un souci d'équilibre. Les Dogons du Mali ne dérogent pas à cette règle. Bokar N'diaye, dans son ouvrage *Groupes ethniques du Mali* affirme que le pouvoir (Boka Ndiaye : 1970 :249) :

« Etait toujours partagé entre un Conseil des Anciens (Assemblée rassemblant tous les chefs de famille) et les chefs héréditaires ou élus : Hogon, Lagam, Naba-Amirou, Anna-Gara, chargés avec l'assistance de différents auxiliaires de l'exécution des décisions du Conseil des Anciens qui est en principe, à la fois chef spirituel et temporel, élu par les chefs de famille et les vieillards sages, expérimentés et gardiens des traditions ancestrales ».

En Afrique orientale, il existe aussi une structuration du pouvoir traditionnel dans une perspective décentralisatrice. Non pas que la règle du suffrage universel soit présente dans cette société dont les instruments institutionnels sont loin de la modernité politique. Les Gikuyu du Kenya présentent un édifice politique dont le schéma organique est foncièrement démocratique. Ce schéma associait la liberté individuelle avec les prérogatives du cadre sociétal sur les individus. Avec une prééminence gérontocratique associée au mérite personnel, des organes de décisions sont conçus pour œuvrer en tenant compte des aspirations des différentes communautés rassemblées au sein des villes et des villages. Il s'agit d'une autonomie rationnée où le pouvoir est exercé en tenant compte des aspirations dominantes. L'opinion publique acquiert donc une place de choix dans les orientations politiques de la vie socioéconomique et culturelle. Il ne s'agit d'une institutionnalisation des formes démocratiques qui vident l'appareil politique de sa substance humaniste. Placé au cœur de l'appareil gouvernemental, le citoyen y trouve la cristallisation de ses aspirations et celle de sa collectivité. Il vit dans un groupe où l'autorité lui sert d'étoffe et le protège autant contre les dérives extérieures que celles pouvant provenir de lui-même. La réplique d'une telle superstructure régissant l'appareil d'Etat est donnée dans la zone australe de l'Afrique, chez les Bantou d'Afrique du Sud. Au niveau de ce peuple, on remarque la présence d'une autorité monarchique dont les prises de décisions dépendaient de l'approbation du conseil des ministres. Il existait en outre un conseil des anciens qui devait être consulté sur les sujets les plus épineux. Georges B. N. Ayittey esquisse la structure du pouvoir des Bantou d'Afrique du Sud (1990 : 47) :

« C'est une forme de gouvernement qui a, à sa tête, un chef jouissant d'un pouvoir apparemment arbitraire, possédant tout le pouvoir, mais un pouvoir que, dans la pratique, il ne peut exercer réellement que si le peuple y consent. Ce consentement lui est donné par des notables de la tribu. Ces hommes n'ont pas toujours le titre de conseiller, mais ils ont le droit d'assister à ces assemblées du fait de leur influence personnelle, de leur richesse, de leur statut de chef d'une nombreuse famille, ou de leur lignée dans la tribu. Ces notables parlent au nom de leurs administrés ou des gens au-dessous d'eux ».

Vient conforter l'essence démocratique du pouvoir bantou, les bribes de la mémoire de Nelson Mandela projetées sur le passé du peuple bantou en Afrique du Sud (Ayittey 1990: 37) :

« Dans le temps, notre peuple vivait en paix sous le régime démocratique des rois, dans le temps, le pays nous appartenait. Tous les hommes étaient libres et égaux et c'était là le fondement du gouvernement. Le conseil des anciens était si démocratique que tous les membres de la tribu pouvaient prendre part à ses délibérations. Le chef et le sujet, le guerrier et le médecin, tous participaient et s'employaient à influencer ses décisions ».

La polémique autour de la question de la nature démocratique des régimes précoloniaux en Afrique subsaharienne est certainement biaisée par les perspectives politiques et anthropologiques servant à apprécier les genres politiques. La problématique d'une démocratie négro-africaine ne pourrait trouver une évaluation objective et exacte en partant de l'archétype grec du gouvernement du peuple par le peuple. Le modèle libéral occidental qui semble recueillir plus d'autorité dans le monde actuel n'est qu'une des variantes du schéma original mis en place par les citoyens d'Athènes et de Spartes. De ce fait, tout jugement des régimes politiques précoloniaux est symptomatique des appréciations portées sur eux. La rhétorique coloniale a toujours déprécié les valeurs des peuples autochtones pour justifier leur assujettissement. Dans ces conditions, la démocratie d'inspiration négro-africaine a du mal à acquérir l'autorité reconnue aux autres types de démocratie. Surtout que ce modèle démantelé pendant la période coloniale ne sera plus jamais réhabilité par les élites africaines après les indépendances. Tout au plus, purent-elles reconnaître la légitimité des derniers vestiges organisationnels ayant survécu à l'appareil administratif colonial. Les nouvelles formes de gouvernement après les indépendances se placeront parfois dans une logique de confrontation en face des dépositaires du pouvoir traditionnel. Des décennies plus tard, la démocratisation des mécanismes politiques ne fit aucun cas de l'héritage politique légué par les anciens modes politiques. Au lieu d'interroger leur histoire récente pour y puiser les expériences d'une construction politique endogène, les premiers responsables politiques d'Afrique noire vont suivre le courant des grands mouvements idéologiques qui vont accompagner les années 1960. En effet, le processus de gestation des nombreux Etats d'Afrique subsaharienne sera décisif dans les perspectives politiques ultérieures. La forme de l'Etat postcolonial différait fondamentalement des structures politiques des formes de gouvernance traditionnelle.

Pour revenir aux expériences démocratiques enclenchées en Afrique subsaharienne, trois décennies après les indépendances, elles découlent d'une part des aspirations historiques des peuples africains à se défaire de toutes les structures du pouvoir en désaccord avec l'essence politique originale et de l'autre des exigences des partenaires du continent. Le processus démocratique des années 1990 s'appuie sur le programme soviétique de réforme dans la gestion de l'Etat. Aussi, la gouvernance s'est-elle retrouvée au cœur des mouvements de contestation des populations. Pour les peuples d'Afrique, la démocratie se présentait comme une alternative salvatrice devant les dérives criardes des pères de l'indépendance ou des guides des nations africaines. Le fait que la démocratie ne soit pas perçue dans un esprit de retour à une identité politique défaite par les puissances coloniales, se traduira par des errements des milieux politiques. Très vite, la libération de l'espace politique se transformera en une confrontation entre les composantes ethniques de la nation. Ceci n'est rien d'autre que la conséquence de la déperdition des nations sociologiques africaines. Le caractère démocratique de celles-ci résidait dans une distribution des tâches politiques aux différentes composantes de l'Etat et cette répartition finissait par créer un équilibre analogue à celui de la séparation des pouvoirs dans la démocratie moderne. Plus qu'une réforme de la gouvernance, les processus de démocratisation ont donné lieu à des règlements de compte de tout genre. Mais l'héritage colonial et les travers des pouvoirs monolithiques ont constitué de grands obstacles à une application paisible de la démocratie occidentale aux nations d'Afrique subsaharienne. C'est dans cette optique qu'il convient de situer les problèmes inhérents à la démocratisation de l'Afrique. Ce processus se déroule dans un contexte d'arrimage de tout le continent aux grands mouvements mondiaux marqués par la globalisation des mécanismes politiques, culturels et économiques. Dans ce contexte, il n'est pas étonnant de voir le malaise économique existant sur le continent se greffer sur une crise d'orientation politique. Le retour aux sources ne s'est pas opéré par rapport aux formes politiques originales du continent, mais les élites ont préféré une voie balisée par les anciens colonisateurs. Dès lors, la démocratisation de l'Afrique subsaharienne sera parfois une expérience très douloureuse dont les séquelles ne finissent pas de hanter la mémoire politique des peuples noirs. On ne peut passer non plus sous silence le contexte politique et économique antérieur aux grands mouvements démocratiques en Afrique subsaharienne.

CHAPITRE 2

Contexte politique des processus démocratiques

Une analyse objective des mouvements de démocratisation en Afrique postcoloniale doit forcément achopper sur les dominances politiques et économiques ayant présidé à un large mouvement qui sera accepté par les populations africaines comme une alternative inévitable. Cette alternative va se poser en termes d'aspirations nouvelles longtemps bridées par le rétrécissement croissant des espaces des libertés. Les analystes politiques et historiques tendent à distinguer deux périodes essentielles dans l'histoire récente de l'Afrique. La première va de la période des indépendances jusqu'aux années 1990 caractérisée par un monolithisme politique centré sur le dessein d'une construction nationale forte. La seconde période sera celle plus trouble qui fut amorcée en 1990 avec une révolution démocratique. Même si les édifices nationaux africains diffèrent, ils seront à de rares exceptions près, secoués par de terribles vents de révolte cristallisés dans des revendications allant dans le sens d'une plus grande flexibilité des mécanismes politiques et économiques. Echaudés par les résultats peu concluants du monopartisme politique, les revendications de liberté viseront essentiellement le départ des anciennes élites ayant conduit leur pays à des situations qui en 1990, avaient des allures de déchéance sûre et nette.

Pour comprendre les péripéties et les ressorts des dynamiques qui vont se cristalliser dans des vagues de révolutions successives en Afrique, il convient de s'attarder sur des données structurelles de la gouvernance en Afrique subsaharienne au lendemain des indépendances. Même si les échecs au niveau politique et économique étaient encore peu perceptibles pour des citoyens peu associés dans la gestion des affaires politiques et économiques de leur pays, les ouvertures démocratiques vont durablement saper les fondements des anciens régimes dont la crédibilité va progressivement s'effriter à mesure que les conférences nationales font la lumière sur les dérives antérieures des guides providentiels. C'est pourquoi plus qu'une réforme, la démocratisation va prendre progressivement une tournure contestataire, allant même parfois jusqu'à la remise en cause de l'autorité de l'Etat. Cette donnée demeure aussi une constante des mouvements de libéralisation politiques en Afrique subsaharienne, puisque de nombreux gouvernements s'étaient discrédités aux yeux de leurs citoyens en raison d'une faillite politique, économique et morale. L'enthousiasme des populations africaines pour ce mouvement n'était pas étranger à leurs aspirations pour le changement de régime, et la nouvelle donne politique offrait des mécanismes d'alternance au pouvoir par le biais d'instruments institutionnels et constitutionnels. Au demeurant, la violence de la contestation du pouvoir en place sera à l'échelle des dérives dont ils se sont rendus coupables. Pour les pays dont l'emprise de l'Etat sur les instruments sécuritaires et militaires était défaillante, les renouveaux démocratiques vont dégénérer en crise politico-militaire dont le paroxysme sera atteint avec l'implosion des Etats. Ce n'est donc pas un hasard, si la fréquence des guerres civiles africaines s'est accrue avec la libéralisation de l'espace politique. Soit que ces dégénérescences militaires mettaient au grand jour les retombées des frustrations endurées des décennies durant, soit qu'elles étaient perçues comme une alternative dans les situations où le pouvoir sortant avait bouché toutes les voies légitimes d'accès au pouvoir. De même, les coups d'Etat militaires vont s'avérer des éléments déterminants dans la gestion de la démocratisation des couloirs politiques d'Afrique subsaharienne. La conjonction de toutes ces dynamiques a fait de l'irruption de la démocratie moderne sur le continent noir, un phénomène inscrit dans les grandes dynamiques politico historiques. Ceci marqua la fin des mythes politiques qui constituaient le soubassement des régimes à parti unique, alors que les peuples africains se retrouvaient en face de réalités nouvelles. Ils devaient prendre conscience de leur situation véritable sans s'embarrasser des discours propagandistes utilisés pour voiler la déliquescence progressive des structures de l'Etat. Les mouvements démocratiques et leur réception du point de vue politique et économique seront le résultat de l'histoire récente des populations africaines.

Les errements politiques des régimes monopartites

Le cadre politico historique mondial de la lutte pour les indépendances était marqué par une diffusion très rapide des idéologies venant de tous les horizons de la planète. Celles-ci ne laissèrent par les premières élites africaines indifférentes. Bien au contraire, l'anticolonialisme essentiel des puissances communistes sera un support de poids pour les peuples africains dans leur lutte pour les indépendances. Partant d'un nationalisme alimenté par les expériences historiques des deux guerres mondiales, la lutte contre l'arbitraire colonial s'appuya sur des ferments idéologiques externes dans la mesure où ceux-ci s'inscrivaient dans le combat pour la dissolution des empires coloniaux occidentaux. Peu ou prou redevables à ces ferments, des accointances apparaissent rapidement entre le nationalisme africain et des mouvements gauchistes. La guerre froide sera un des terreaux déterminants qui conditionnera les orientations politiques des pays nouvellement indépendants. Quelle que soit la ligne idéologique, force est de reconnaître que la plupart des édifices nationaux issus de la colonisation se démarquent de toute tendance rétrospective pour s'inscrire rapidement dans le flux progressiste des nouvelles idées donnant des formes temporaires aux constructions sociétales. Le pendant culturel de la libération qui prônait le retour aux sources fut rapidement occulté par des perspectives nationalistes inspirées du modèle européen du siècle des Lumières. Si ce modèle fit des grandes guerres européennes des 18ème et 19ème siècles un expédient nécessaire pour construire le socle national sur des expériences de guerres et de souffrances communes, les nouvelles nations africaines crurent voir dans la lutte pour l'indépendance un équilibre psycho politique devant faire converger les affections politiques vers des aspirations conformes. Or, cette lutte pour l'indépendance a tôt fait de mettre à jour la force des perceptions subjectives dans la vision du politique en Afrique. Alors que les nations sociologiques précoloniales d'Afrique subsaharienne avaient conçu des mécanismes de pluralisme politique basés sur la distribution des tâches politiques sur des bases identitaires, l'Etat postcolonial tourna résolument le dos à cet héritage politique qui avait, des décennies durant, garanti les équilibres du pouvoir en Afrique précoloniale. Dès que cette base stratégique fut défaite au profit d'une constellation politique inspirée de l'Occident, les fondements du jeu politique furent viciés. Ceci commença d'abord par les ouvertures politiques induites par le processus de décentralisation. Lorsque fut reconnu aux colonisés le droit d'association, des partis politiques émergèrent rapidement pour s'exercer à occuper l'espace politique. Les premières formations politiques ainsi nées ne mirent pas longtemps à afficher leur dessein aux yeux du colonisateur dont elles espéraient prendre la place dans un avenir proche ou lointain. En raison de la force des liens identitaires en Afrique subsaharienne, il était indéniable que ces formations politiques disposent en plus des appuis politiques de soutiens ethniques probants. Ce dernier pôle de la nature des partis politiques africains sera mis à profit pour débaucher le nationalisme africain. Confrontées à des mouvements nationalistes dont les discours anticolonialistes se faisaient de plus en plus virulents, les administrations coloniales usèrent de subterfuge politique pour réduire leur audience. A côté des mouvements nationalistes africains, apparaissent sur le champ de la lutte pour la libération des peuples africains, des partis politiques se présentant comme des alternatives au mouvement nationaliste. En introduisant un troisième acteur, ou en favorisant la multiplication des foyers de la lutte pour le départ du colonisateur, les administrations coloniales étaient parvenues à placer leurs cartes pour le court et le long terme. Dans l'immédiat, les formations politiques proches de l'administration coloniale tempéraient les ardeurs nationalistes en arguant du fait que le pays n'était pas en mesure de s'assumer seul, si les colons partaient. Ces partis aussi avaient une base ethnique locale et on pouvait aisément deviner que les antagonismes ne se dérouleront pas uniquement sur le champ politique. Puisque la colonisation s'était appuyée sur les peuples entrés premièrement en contact avec le Blanc pour conquérir l'arrière pays. Ces peuples seront aussi les premières élites ayant compris la nécessité de la libération de leur peuple. Et comme le combat pour l'indépendance les plaçait aux avant-postes, le colonisateur cherchera à s'allier avec les peuples de l'arrière pays pour contrebalancer l'influence de leurs premiers partenaires. Aux côtés des mouvements nationalistes, vont se constituer de nouveaux pôles politiques qui militent pour une collaboration durable avec les administrations coloniales. Du combat entre ces deux visions, dépendra le devenir des pays d'Afrique subsaharienne. Le colonisateur affichera sa référence pour les milieux politiques africains dont le discours est largement conciliant avec la métropole. L'administration coloniale favorisera leur audience et leur percée électorale. Même si cet appui ne leur permettait pas de dominer le champ politique pour freiner les tendances nationalistes, les partis antagonistes de mouvements nationalistes ou leurs responsables politiques seront utilisés plus tard dans le processus de reconquête des espaces politiques libérés par les nations impérialistes.

Quel que soit le parti politique sorti vainqueur de la lutte pour la libération politique des peuples africains, la nouvelle donne politique ne variera pas. La plupart des personnalités placées à la tête de leur Etat vont opter pour un rétrécissement de l'espace politique. Imprégné de la pensée marxiste qui trouve les différences de vue destructrices pour le devenir commun, les premiers chefs d'Etat d'Afrique subsaharienne vont dans leur majorité fermer la brèche politique ouverte dans les années 40 et qui avait permis l'émergence d'une dynamique politique basée sur le pluralisme et la différence d'opinion. Ils trouvaient les différences de vue suicidaires pour les nations qu'ils étaient appelés à gérer, et refusaient de revenir aux modes politiques précoloniaux basés sur le consensus. Ce fut les premières inconséquences qui allaient mener leurs pays dans un dédale aventureux de haine, d'intrigues et de violence. Henri Paris schématise la situation où se trouvait empêtrée la classe dirigeante de nombreux pays nouvellement indépendants (2009 : 95) :

« La disparition de l'administration coloniale laissa ainsi le pouvoir aux potentats locaux ou aux dirigeants révolutionnaires sans qu'ils puissent utiliser un personnel administratif et politique compétent et formé par un système scolaire et universitaire professant le droit et la démocratie, au bénéfice de plusieurs générations. Quant à la population, elle stagnait à son niveau d'arriération et n'avait donc aucune chance d'en sortir ».

Le pouvoir traditionnel, garant d'un équilibre politique liant le souverain et ses administrés dans une sorte de pacte inviolable et régi par des règles strictes va être rapidement rejeté à la périphérie des constructions nationales et on voit s'y substituer tout un appareil politique lourd et atone. A la place des mécanismes anthropologiques et ethnologiques de canalisation du pouvoir, les élites africaines installent des mécanismes institutionnels et constitutionnels calqués directement sur le modèle de gouvernance métropolitain. S'ensuit une dénaturation de la chose politique aux yeux des populations encore en majorité analphabètes et peu enclines à percevoir l'intelligence politique des modèles importés auprès de leurs anciens oppresseurs. Le résultat de tous ces atermoiements fut l'absence d'une conscience politique claire et ciblée avant les premiers contacts avec la démocratie occidentale. En ce sens, les formes politiques prévalant sur le continent seront déterminantes dans l'assimilation des pratiques démocratiques en Afrique subsaharienne. Cette assimilation achoppe en grande partie sur le fossé grandissant séparant la machine étatique de la mémoire politique des peuples d'Afrique subsaharienne habitués aux formes démocratiques découlant de la chefferie, mais peu disposés à assumer le jeu parfois pervers de la démocratie libérale qui occulte les coulisses de pratiques peu honnêtes ou probes. La problématique de la distorsion entre mémoire politique et mémoire historique réside dans la dissolution ou dans la complexité des relations liant l'Etat et la chefferie traditionnelle qui était le relais inamovible des aspirations des clans, des tribus ou encore des constructions identitaires.

Le départ des colons était censé laisser un vide politique qui devait rapidement être comblé. On pouvait s'attendre à ce que cet espace échut aux anciennes formes de gouvernance précoloniale dans un processus de réhabilitation de la mémoire politique des peuples d'Afrique subsaharienne. Mais, la chefferie elle-même ne fut nullement épargnée par les travers de la relation coloniale, et au lendemain des indépendances, il existait des chefferies, mais elles avaient besoin d'être réinstallées dans leurs rôles originaux par les politiques africains. Cette réhabilitation n'eut jamais lieu et de nombreuses chefferies gardèrent juste le statut d'autorité traditionnelle placée au service des administrations publiques. Les premiers gouvernements des pays africains n'entendaient nullement remettre la libération politique entre les mains des instances du pouvoir traditionnel restées parfois en marge de la lutte de libération. En Afrique noire, les indépendances ne firent jamais l'occasion d'une rétrospective ; mais les combattants de la liberté africaine regardaient s'ouvrir devant eux l'horizon d'une modernité politique dont les pièges leur étaient dissimulés. De même qu'elles étaient marginalisées ou même manipulées par les administrations coloniales, les chefferies africaines garantes de formes démocratiques du pouvoir traditionnel seront marginalisées dans les orientations politiques postcoloniales. Certes, des pays comme Madagascar s'efforcèrent d'intégrer les instances du pouvoir traditionnel dans l'appareil administratif de l'Etat.

L'autorité traditionnelle comme modulatrice de la vie politique et des aspirations communautaires était reléguée dans l'histoire. Autant que le manque de vision politique des élites africaines, la marginalisation des modes traditionnels du pouvoir relevait aussi de contingences historiques. L'appareil colonial britannique qui procédait essentiellement de l' « indirect rule » laissait aux autorités coutumières une large marge de manœuvre dans l'administration des territoires colonisés. L'approche britannique de la colonisation était axée sur le volet commercial avec une politique destinée à laisser l'évolution des modes de vie et de pensée des peuples colonisés suivre son cours normal. En prenant appui sur les dépositaires locaux du pouvoir, l'administration britannique gardait un regard conséquent sur les coûts de l'entreprise coloniale tout en favorisant une évolution des peuples soumis en fonction de leurs instances endogènes. Par contre, l'administration française concèdera aux chefs locaux une envergure politique seulement dans la mesure où celle-ci servira au maintien et au perfectionnement des rouages de l'exploitation coloniale. Au demeurant, la position des instances coutumières tenait à leur allégeance aux administrations coloniales. Cette procédure va contribuer largement à discréditer les instances du pouvoir traditionnel qui seront mises à profit pour exploiter leurs concitoyens. Ceci ne manqua pas d'alimenter la méfiance des populations et plus largement des pouvoirs postcoloniaux vis-à-vis d'institutions traditionnelles ayant servi d'instrument pour l'oppression coloniale. Le rôle et les attributions des responsables traditionnels du point de vue de l'administration coloniale française sont stipulés dans une circulaire de 1917 émise par le gouverneur Van Vollenhoven :

« Les chefs n'ont aucun pouvoir propre, d'aucune espèce, car il n'y a pas deux autorités dans le cercle, l'autorité française et l'autorité indigène ; il n'y en a qu'une. Le chef indigène n'est qu'un instrument, un auxiliaire. Le recours à la chefferie ne s'inspire pas de l'intérêt des chefs. Ceux-ci ne sont pas d'anciens souverains dont nous voulons ménager les trônes. Ces raisons s'inspirent uniquement de l'intérêt des populations soumises à notre autorité. Entre nous et ces populations, il doit y avoir un truchement. (UNESCO 2005) ». Le statut des autorités coutumières dans les administrations coloniales conditionne leur crédibilité auprès des populations indigènes et plus tard auprès des autorités gouvernementales. Dans l'espace francophone où ces autorités ont été le plus manipulées, on note une marginalisation des instances de décisions coutumières par rapport aux cercles du pouvoir. A l'opposé, les pays libérés de la tutelle coloniale britannique virent un rapprochement graduel des mécanismes du pouvoir traditionnel vers les pôles décisionnels émanant des administrations modernes. Ceci présageait d'une tentative de décentralisation dont l'expérience sera nécessaire pour les mouvements de démocratisation de l'Afrique subsaharienne. La transition démocratique sera mieux assimilée

dans l'espace anglophone que dans l'espace francophone, même si de façon globale, le libéralisme politique donna lieu à des expériences traumatisantes en Afrique noire.

Mais avant même les processus de décentralisation politique favorisés par des dynamiques géopolitiques universelles, les pays anglophones ont su valoriser dans une certaine mesure les anciens modes du pouvoir en associant les autorités traditionnelles à la gestion des affaires nationales. Ce fut les premières tentatives de décentralisation politique où les administrés avaient pour la première fois, depuis des décennies, la possibilité de pouvoir prendre des décisions affectant leur propre quotidien. Cette prise en compte des chefferies imprégna les politiques gouvernementales du Ghana, du Nigéria, de la Zambie et de la Sierra Léone. A une certaine époque, le gouvernement nigérian alla même jusqu'à leur reconnaître un rôle consultatif dans les instances de décentralisation. Dès 1976, fut procédé à la redéfinition des compétences du pouvoir traditionnel.

La même logique fut poursuivie au Ghana avec les District Assembly composés d'élus locaux, et des conseils traditionnels qui forment un collège devant être consulté dans la sélection du tiers des représentants de l'assemblée. Dès les indépendances, le chef suprême des Ashanti acquit des privilèges à lui, conférés par le gouvernement central. Il dispose d'une administration et d'une justice et s'investit dans les actions de développement de la ville de Kumasi. Aux indépendances, il fut pendant un certain moment question de construire au Ghana une monarchie constitutionnelle avant que le père de l'Indépendance Kwame N'krumah ne précise les attributions des chefs traditionnels. Ils ne sont plus portés à la tête de l'appareil politique, mais agissent à travers une maison nationale des chefs. Malgré les bonnes dispositions de certaines autorités politiques africaines vis-à-vis de la chefferie traditionnelle, il faudra attendre les mouvements de démocratisation pour voir la chefferie bénéficier d'une certaine considération auprès des instances politiques. La chefferie acquiert le statut d'institution étatique en Zambie seulement en 1996. Au Niger, ce n'est qu'en 1993 que les instances du pouvoir traditionnel sont intégrées à la machine politique et administrative du pays. On n'était loin de la réhabilitation de la chefferie traditionnelle dans ses attributions précoloniales, puisque les chefferies, si elles étaient acceptées par le pouvoir central, servaient de relais à la machine gouvernementale, elles revenaient au devant de la vie communautaire seulement dans le cadre de la décentralisation des administrations publiques et le transfert de leurs prérogatives vers la périphérie du pouvoir. Bien avant cela, les velléités révolutionnaires dans certains pays d'Afrique subsaharienne ont totalement annihilé la présence des monarchies locales de la vie de la nation. Ces instances locales du pouvoir seront perçues comme contreproductives pour la mobilisation des masses autour d'idéaux révolutionnaires. Il n'est pas rare que les programmes de certains hommes politiques de cette période prônent l'abrogation pure et simple de la chefferie coutumière pour y substituer des groupes révolutionnaires. La substitution d'un mode de pensée révolutionnaire au type ethnologique de l'autorité locale va entraîner une déperdition des instances du pouvoir local. Par ailleurs, certains mécanismes de décentralisation ont plutôt accentué la marginalisation des autorités traditionnelles par une succession d'évènements politiques. Instrumentalisées dans les principes de l'administration directe française, elles ne seront pas à l'abri des intrigues politiques qui se nouent dans les cercles des régimes monopartites de leur pays. La crédibilité du pouvoir traditionnel est mise à rude épreuve par des exigences d'adaptation à la valse des régimes caractérisant le champ politique de leur pays. Leur inconstance sera préjudiciable à leur crédibilité auprès des populations et de leurs communautés. Du côté des autorités politiques, il n'est pas rare de voir dissoudre simplement les mécanismes du pouvoir traditionnel qualifiés de rétrogrades. Certaines structures du pouvoir coutumier ont été systématiquement laminées par les grandes dynamiques politico sociales.

Occultée par les nouveaux enjeux régissant les politiques nationales, l'importance de la chefferie fut trop réduite pour générer en Afrique subsaharienne de nouveaux schémas du pouvoir à la fois progressistes et ancrés dans la conscience politique endogène. En prenant la voie d'une modernité politique inscrite dans la droite ligne des modèles politiques occidentaux, les régimes postcoloniaux se démarquaient résolument d'une ligne évolutive pour verser dans le mimétisme. Que ce soit le dirigisme politique aux fins de la construction d'édifices nationaux solides ou le libéralisme politique, les pays d'Afrique noire devaient disposer d'un certain nombre d'acquis sociaux et humains pour la construction d'une modernité politique. En effet, la modernité politique requiert la présence d'une foule d'instruments institutionnels et constitutionnels et sa lecture par les différentes entités impliquées dans la vie politique. En répartissant les rôles entre des composantes de l'Etat, les approches du pouvoir traditionnel concentraient au sommet des organes décisionnels des personnalités dont la carrure répond parfaitement aux attributions politiques sociales et même historiques de leurs compétences. Au contraire, la modernité politique étend directement le pôle de la décision politique à toutes les composantes de la nation. Dans un contexte où le très faible taux d'alphabétisation des catégories sociales ne leur permet pas de cerner les contours des nouveaux enjeux politiques, les régimes postcoloniaux verront le pouvoir se concentrer généralement entre les mains d'une clique de personnes liées par des intérêts économiques, claniques, militaires ou encore politiques. Les orientations politiques de ces appareils politiques constitueront le terreau politique global sur lequel se grefferont les mouvements de libéralisation de la vie politique.

Les débats autour des enjeux de la démocratisation de l'Afrique subsaharienne ne doivent pas occulter le désir des peuples africains de pouvoir prendre en main les destinées de leur pays. La fin de la période coloniale fit entrevoir la possibilité pour les pays africains de voir leurs populations exercer une certaine influence sur le devenir de leur pays. A l'arbitraire colonial, succédèrent rapidement des modes politiques absolutistes qui vont créer un fossé grandissant entre l'Etat et ses administrés. Les espoirs des populations de se libérer de mécanismes politiques arbitraires vont se heurter à des dispositifs de contrôle installés par les instances gouvernementales. L'espace politique abandonné lors du retrait des puissances impérialistes fut occupé dans la plupart des cas par de nouvelles formes du pouvoir local qui vont toutefois perpétuer les vices et les travers de l'administration coloniale sur leurs propres populations. Le choc résultant des mouvements de libéralisation dans les nombreuses régions du continent est dû en grande partie à la nature des régimes politiques qui dominaient la vie politique après les indépendances. La plupart d'entre eux n'avaient pas de légitimité populaire ou n'entendaient pas la chercher auprès des populations. Bien au contraire, après le départ des colonisateurs s'était installée une culture politique atypique où l'accession au pouvoir était donnée par la dextérité militaire. De nombreuses personnalités politiques africaines garantes de la continuité de l'Etat eurent la charge de faire aboutir les réformes démocratiques, alors que celles-ci étaient parvenues au pouvoir par les armes. Nombre d'entre elles manifestèrent de vives réticences quand il fut question de troquer la légitimité de la force militaire contre un pouvoir émanant du peuple. De là se comprennent les énormes résistances auxquelles fit face la démocratie moderne en Afrique subsaharienne. Les responsables politiques avaient, grâce à des approches totalitaires du pouvoir, acquis de considérables avantages dont ils ne voulurent pas se départir. Ainsi, la lutte pour la conquête du pouvoir dans un cadre démocratique fut largement viciée par les relents économiques et identitaires. Les velléités de démocratisation des structures politiques et sociales se sont vite transformées en luttes pour l'accès aux zones d'influence économique. Devant les mouvements de contestations, les régimes en place vont chercher à s'appuyer sur des bases ethniques et religieuses pour se chercher un équilibre. Il ne fut pas rare de voir la lutte politique dégénérer en conflits ethniques et tribaux dont le ressort le plus dramatique est présenté par les guerres tribales libériennes, sierra léonaises ou encore par le génocide rwandais. Ces conflits qui relèvent des chocs désastreux nés de la rencontre entre deux modes politiques s'inscrivent aussi dans un cadre de recomposition des grands équilibres géopolitiques en Afrique. Ils se différenciaient des guerres classiques en ce sens qu'ils ne constituaient pas des pendants militaro-politiques de la lutte d'influence et capitaliste, mais participaient dans une large mesure d'une dynamique interne, où des ethnies, des groupes politiques et militaires sont en quête d'un équilibre devant créer une symbiose parfaite pour la réhabilitation des Etats-nations d'Afrique subsaharienne. Les retombées du processus de démocratisation sont en grande partie le résultat des circonstances politiques, économiques, et culturelles ayant présidé à l'avènement de ce mouvement. Dès lors, l'expérience accumulée depuis les indépendances s'avère décisive dans la réaction des pouvoirs en place, des groupes de pression, des communautés et des milieux politiques face à la nouvelle donne politique. Le contexte de la démocratisation de l'Afrique subsaharienne fut largement tributaire de l'expérience politique antérieure que fut le monopartisme.

Le clientélisme politique

La réceptivité des différents acteurs de la vie politique et sociale de l'Afrique noire face aux exigences de la démocratie libérale des années 1990 dépendit de la forme du pouvoir existant. Cette forme découlait directement d'un conformisme politique qui conférait au gouvernement le rôle d'instance intouchable en dépit de la gestion scandaleuse des ressources nationales. Dans cette optique, les processus de démocratisation de l'espace du sous-continent noir prirent très vite l'allure de réformes politiques et économiques. En effet, la faillite économique des régimes dirigés par les guides providentiels fut une des raisons principales de leur discrédit en face de leurs populations et même de leurs partenaires extérieurs. Dans l'esprit de la perestroïka soviétique, le libéralisme politique devait consacrer une remise en cause de l'omnipotence étatique à qui est imputée la faute des échecs antérieurs. Ce fut un des arguments qui motivèrent l'engagement massif des populations africaines dans la lutte pour l'avènement d'un cadre politique nouveau dans leur pays. Cette lutte visait d'abord la mise en place d'instruments de contrôle de l'action gouvernementale régis par des principes constitutionnels rigoureux. Mais au-delà du simple contrôle, ce qui sous-tendait la mobilisation des masses populaires africaines, c'est le désir d'une alternance politique devant la désillusion criarde des indépendances. Leur mémoire demeure résolument hantée par l'irruption inconséquente des réduits identitaires au sommet de l'Etat. Fanon le décrit si bien (Fanon 1968 :122) :

« [...] Le parti, au lieu de favoriser l'expression des doléances populaires, au lieu de se donner comme mission fondamentale la libre circulation des idées du peuple vers la direction, forme écran et interdit. Les dirigeants du parti se comportent comme de vulgaires adjudants et rappellent constamment au peuple qu'il faut « faire silence dans les rangs ». Ce parti qui s'affirmait le serviteur du peuple, qui prétendait travailler à l'épanouissement du peuple, dès que le pouvoir colonial lui a remis le pays,

se dépêche de renvoyer le peuple dans sa caverne. Sur le plan de l'unité nationale, le parti va multiplier les erreurs. C'est ainsi que le parti dit national se comporte en parti ethnique. C'est une véritable tribu constituée en parti. Ce parti qui se proclame volontiers national, qui affirme parler au nom du peuple global, secrètement et même ouvertement organise une authentique victoire ethnique. Nous assistons non plus à une dictature bourgeoise, mais à une dictature tribale. Les ministres, les ambassadeurs, les préfets sont choisis dans l'ethnie du leader, quelquefois même directement dans sa famille. Ces régimes de type familial semblent reprendre les vieilles lois de l'endogamie et on éprouve non de la colère, mais de la honte en face de cette bêtise, de cette imposture, de cette misère intellectuelle et spirituelle. Ces chefs de gouvernement sont les véritables traîtres de l'Afrique car ils vendent au plus terrible de ses ennemis : la bêtise. Cette tribalisation du pouvoir entraîne, on s'en doute l'esprit régionaliste, le séparatisme ».

Une des pesanteurs qui mina le projet des élites postcoloniales fut une donnée anthropologique africaine dont les contours épousent difficilement la conception occidentale de l'Etat. Les Etats occidentaux ont pu ériger leur modernité politique dans le contexte du rationalisme avec la sacralisation de l'individu. Ensuite, les attributions du sujet furent transposées à une échelle macroscopique où la souveraineté de l'individu fut transférée au niveau des constructions étatiques. Ensuite, les chocs inévitables devant résulter de ces dynamiques se cristallisèrent en conflits militaires qui constituèrent le creuset commun autour duquel s'articula la mémoire commune des composantes de la nation. Ce processus avait abouti à la construction d'édifices étatiques dont la maturation se fit au fil d'événements historiques, politiques et institutionnels. Les régimes postcoloniaux entreprirent d'escamoter ce long processus par une transposition de ces superstructures presque achevées à l'espace africain. Or, les schémas sociétaux d'Afrique subsaharienne se singularisent par une conception du sujet en tant qu'élément d'une nébuleuse sociale dont la transcendance modèle son libre arbitre. Ce libre arbitre trouve son accomplissement dans une perception des enjeux, des atouts et des intérêts au travers du groupe. Même si la colonisation a considérablement laminé les structures traditionnelles des constructions sociétales en Afrique, l'horizon psychique des populations africaines reste tributaire d'un communautarisme ancré dans la nature profonde de l'être. Les premières élites africaines ne pourraient se soustraire à ces réalités qui modèleront leurs actions à la tête des Etats.

En conséquence, personne ne peut honnêtement se voiler aujourd'hui la face sur le bilan de la gestion des régimes monopartites. En dehors des problèmes liés aux pesanteurs socioculturelles, et à la compétence des élites africaines, le monopartisme en tant que mode politique va empêcher l'épanouissement de la conscience politique et confiner le peuple dans les réduits de partis uniques préjudiciables à l'ouverture d'une intelligence politique fructueuse. Dans son ouvrage, *La longue marche de la démocratie gabonaise*, J.C. Daddy Bouchard stigmatise le monopartisme (DOO-KINGUE 1999: 104) :

« Le dogme du parti unique a fini par engendrer la paralysie de la conscience populaire. En définitive, ne pas faire partie du parti au pouvoir vous plaçait en marge de la société active. Des cadres compétents et des idées évolutives ont été repoussés pour rien. L'ouverture que nous connaissons aujourd'hui [1992] va faire en sorte de libérer les intelligences, la création va s'amplifier, la peur va s'éloigner, les idées vont croître. L'opinion publique qui va désormais forger sa conscience, va s'intégrer dans la nouvelle donne avec le sentiment de participer pleinement à l'évolution de la société. Il ne s'agit pas de mystifier l'ignorant, de dominer les minorités, de flageller les consciences de ceux qui ne pensent pas comme la majorité. Il va s'agir plutôt de réagir quand une injustice est causée, quand un tort n'a pas été réparé, quand une vérité n'a pas été dite, quand un mensonge a été érigé avec la complicité d'une tierce personne. L'opinion publique, si elle est éduquée, va participer à l'aboutissement d'un corps social à même de préserver de la contagion dictatoriale. Plus rien ne sera sans l'assentiment de cette opinion qui réagira avec énergie à chaque fois que la liberté, la vérité et la démocratie seront en danger ».

Le musellement des citoyens ne répond pas d'une démarche principale des chefs de parti unique, mais participe d'une stratégie d'intimidation des populations devant les dérives successives des acteurs agissant dans les cercles du pouvoir. Ces dérives se manifestent par un décalage croissant entre les discours politiques et les actes posés. En fait, de construction nationale, les élites au pouvoir vont chercher à consolider leurs positions par des alliances ethniques. Profitant de la puissance affective des liens parentaux, les responsables des régimes de parti unique s'entourent de personnalités de leurs clans ou ethnies, alors que les autres composantes de la nation sont rejetées à la périphérie de l'action gouvernementale. Pour comprendre cette quête fébrile d'appui et de légitimité auprès des bases tribales, il est important de rappeler que l'Afrique postcoloniale, dès les premières années de sa libération politique connut une récurrente instabilité politique induite par des putschs à répétition. Comme l'accession au pouvoir et sa conservation résultaient de la force des armes, les dirigeants recourent systématiquement aux lobbies ethniques et identitaires dont l'efficacité repose sur des liens séculaires de loyauté et de fidélité. Pour alimenter les pendants matériels de ses liens et motiver les membres de son groupe ethnique dans une fidélité à toute épreuve, il importait de faciliter leur émergence du point de vue socioprofessionnel.

Au fil du temps s'était constitué un lobby politique et ethnique dont le lien est maintenu par la répartition préférentielle des ressources économiques entre un certain pôle. Pour maintenir les rouages de ce réseau économico-politique, le pouvoir utilisa aussi des accointances extérieures. Pour garder les rennes du pouvoir, les régimes autocratiques en quête de soutien vont se servir des ressources de leurs pays pour s'assurer des appuis stratégiques externes. A l'intérieur des Etats, la base du pouvoir procédait de relations tribales et claniques. La solidarité alimenta des accès de corruption. Les positions occupées par chaque groupe lui confèrent des atouts qu'ils mettent au service des différents pôles du pouvoir en contrepartie des redevances matérielles, morales ou professionnelles. Dans ces superstructures ethniques, la relation familiale est sacrée et a une prééminence sur les principes régissant la machine étatique. Dans l'entendement de ces groupes dominants et placés aux différentes zones d'accès aux sphères politiques, économiques et sociales, les ressources nationales sont gérées comme un héritage qui aurait échu entre leurs mains. Même, si les responsables politiques parviennent à prendre conscience des dérives, ils se retrouvent pris en otage par la pression exercée par leurs communautés. Ils se retrouvent pris dans les mailles d'une mécanique identitaire qu'ils ne maîtrisent pas mais qui leur imposent des actions de plus en plus coupables. Du moment où le gouvernement cède aux tentations tribalistes, il ne peut garantir aucun contrôle contre ses partisans qui vont se constituer en une bourgeoisie nationale. Les travers de cette bourgeoisie apparaissent au grand jour dans les *Damnés de la terre* de Frantz Fanon (108 : 1968) :

« Or les bourgeoisies nationales, qui se dépêchent région après région, de constituer leur propre magot et de mettre en place un système national d'exploitation, multiplient les obstacles à la réalisation de « cette utopie ». Les bourgeoisies nationales parfaitement éclairées sur leurs objectifs sont décidées à barrer la route à cette unité, à cet effort coordonné de deux cinquante millions d'hommes pour triompher à la fois de la bêtise, de la faim et de l'inhumanité [...]

Sur le plan intérieur, et dans le cadre institutionnel, la bourgeoisie nationale va également faire la preuve de son incapacité. Dans un certain nombre de pays développés le jeu parlementaire est fondamentalement faussé. Economiquement impuissante, ne pouvant mettre à jour des relations sociales cohérentes, fondée sur le principe de sa domination en tant que classe, la bourgeoisie choisit la solution qui lui semble la plus facile, celle du parti unique. Elle ne possède pas encore une bonne conscience et cette tranquillité que seules la puissance économique et la prise en main du système étatique pourraient lui conférer. Elle ne crée pas un Etat qui rassure le citoyen, mais qui l'inquiète.

L'Etat qui, par sa robustesse et en même temps sa discrétion, devrait donner confiance, désarmer, endormir, s'impose au contraire spectaculairement, s'exhibe, bouscule, brutalise, signifiant ainsi au citoyen qu'il est en danger permanent. Le parti unique est la forme moderne de la dictature bourgeoise sans masque, sans fard, sans scrupule, cynique ».

Il se crée un déséquilibre croissant entre les populations et les autorités. Loin de se poser comme le garant de la sécurité matérielle et mentale des citoyens, les régimes monopartites se contentent de mobiliser leurs ressources nationales pour la pérennité de leur pouvoir. Laissés à eux-mêmes, les citoyens recourent à des solidarités classiques pour se protéger des excès de l'appareil étatique. Dans ces conditions, l'idéal de construction de la nation autour d'aspirations communes s'avéra un échec. Les divergences ethniques vont plutôt ressurgir aux devants de la conscience politique et en l'absence de creuset où peut se cristalliser le désir nationaliste, personne ne se porte garant de l'intérêt de la nation.

L'édifice national en construction montre des signes tangibles de fragilité. Ses composantes, loin de mobiliser leurs énergies pour un meilleur devenir communautaire, entretiennent des rivalités en s'appuyant sur des partenaires externes. La conséquence fut qu'au lendemain des indépendances, de nombreux leaders africains devront leur ascension et leur maintien au pouvoir à un bradage des richesses de leur pays en faveur des pays ou de sociétés capitalistes étrangères.

Au demeurant, il convient de noter que le processus de libéralisation en Afrique viendra se greffer sur des antagonismes tribaux. Il n'est pas rare de voir la lutte pour l'introduction d'un mode de gouvernance démocratique se dérouler dans un contexte de tensions entre les identités dominantes. Les ethnies proches du pouvoir affichent une réticence à céder les positions acquises et qui leur garantissaient des situations économiques dominantes. En effet, la mise en place de mécanismes de contrôle de l'action gouvernementale allait contre les intérêts des réseaux économiques et politiques qui monopolisaient les voies d'accès à la hiérarchie sociale. La révolution démocratique fut rendue difficile par le fait qu'elle fut doublée d'une lutte économique et surtout tribale. La rivalité électorale se transforma très vite en conflits ethniques. Les principes devant régir les pratiques politiques volent rapidement en éclat devant les pesanteurs exercées par les constructions identitaires. La réaction à la démocratie sera pilotée par les pouvoirs sortants qui s'appuient sur des bases ethniques et leurs partenaires externes. Peu à peu vont disparaître les conventions libérales établies autour du principe de la bonne gouvernance et des libertés humaines. Mais la nature archaïque des schémas du pouvoir installés par les autorités postcoloniales n'obéissaient à aucune morale politique. Les moyens de dévolution du pouvoir étaient laissés au hasard des intrigues politiques et ceci alimentera une instabilité politique qui sera le germe d'une fragilité politique préjudiciable à la modernisation politique.

Instabilité politique comme handicap aux ouvertures démocratiques

La lecture de l'histoire récente de l'Afrique subsaharienne perçoit à juste titre la démocratisation de l'Etat comme réponse à une anomie politique installée depuis les indépendances. Cette anomie politique découle d'abord de l'abandon du pluralisme politique dans lequel avaient émergé des partis politiques dans le contexte de la lutte pour la souveraineté politique de leurs pays. Du moment où les nouveaux régimes ont préféré installer un monolithisme politique sous le couvert de la construction nationale, les principes d'une alternance au pouvoir deviennent viciés. Or, justement, l'existence de ces principes constitue un gage de sécurité pour les partis sortants puisque leurs contempteurs pouvaient espérer les supplanter auprès de l'électorat. En traçant une voie uniforme excluant la confrontation politique, de nombreux leaders africains ne laissent pas d'issue à leur éviction du pouvoir par des voies politiques morales.

Mais si cette tradition politique s'est installée, ce n'est pas forcément la faute aux pères de l'indépendance. Car il en existe parmi les premières élites coloniales qui entendaient perpétuer l'héritage d'un pluralisme politique dans leur pays, avec toutefois des garde-fous. Mais, même dans ces cas, ces programmes que le premier président sénégalais Senghor ambitionnait pour son pays relevaient d'une gageure dans une zone où tous ses homologues vantaient le mérite du parti unique. Même si les élections trahissaient le signe d'une certaine ouverture politique, elles se tenaient sous la forme des plébiscites dignes des Républiques populaires. Le premier président camerounais Amadou Ahidjo, dans son discours du 5 juillet 1962, reconnaissait à l'avance les mérites du monopartisme (Christian-Tobi 1991:174-175) :

« Le parti national unifié (qui devait voir le jour en 1966) est l'expression politique du génie africain, de nos tendances communautaires. Même à l'échelon national, notre civilisation est une civilisation de la famille, en d'autres termes une civilisation ne portant l'empreinte d'aucun intérêt égoïste, d'aucune manifestation foncièrement individualiste, les conflits, les oppositions d'intérêt susceptibles de diviser, d'opposer irréductiblement, sont chez nous des phénomènes d'importation [...] les responsables politiques africains ont le devoir de mettre les peuples de l'Afrique à l'abri de la lutte des classes, des secousses sociales, origines de la plupart des grands conflits sanglants connus par l'humanité. L'illusion d'une démocratie à étalon universel, ne permet pas aux étrangers, notamment à nos amis européens, de percevoir notre génie, de prendre sainement conscience de nos réalités [...] Le parti national unifié africain n'est pas une innovation. Il est la projection sur la scène politique d'une tendance profonde. Il s'impose d'autant plus que dans la conjoncture actuelle, son

cadre seul est susceptible d'atténuer les difficultés inhérentes à la maison que le peuple camerounais et l'histoire nous ont confiés ».

Ce que semble avoir oublié le premier président de l'Etat du Cameroun, comme la plupart de ses pairs africains de l'époque, c'est que l'image d'une société africaine dépourvue des tares égoïstes était révolue. Au contact des valeurs occidentales et du contexte politique international, la psychologie de l'homme africain avait changé. Il gardait encore l'empreinte d'un libre arbitre forgé par des relents communautaristes, mais l'image idyllique de sociétés dont le ciment tenait à un désintéressement vis-à-vis des choses matérielles n'avait pas survécu à la rencontre coloniale. Et cela, Amadou Ahidjo l'apprendra à ses dépens lorsqu'il verra un de ses collaborateurs, Paul Biya l'évincer du pouvoir, le contraignant à un exil sans fin. Il ne fut pas le seul à expérimenter les effets retors d'une situation politique où les conditions d'accessibilité sont laissées à la force des armes et à la duplicité.

Pour élucider les ressorts véritables de l'instabilité politique, il faudra se référer aux données géostratégiques qui présidèrent à la décolonisation de l'Afrique noire. Le départ des administrations coloniales les privait immédiatement des zones d'influence économique que les métropoles occupaient. Celles-ci ne pouvaient abandonner du jour au lendemain des circuits économiques où les métropoles avaient installé des mécanismes de l'économie de traite. Les industries occidentales, en dépit de la libération des espaces politiques qu'elles occupaient, ne pouvaient se passer du jour au lendemain des matières premières que leur procuraient les territoires colonisés. Pour compenser ce vide, fut orchestré un retour en force des anciennes puissances coloniales qui vont s'employer à noyauter les pouvoirs locaux. Elles faciliteront l'accès au pouvoir par des partis plus flexibles avec les relations néocoloniales. Dans les situations où le pouvoir échut déjà à des personnalités politiques intransigeantes avec l'ancienne métropole, des intrigues se nouent rapidement pour les évincer du pouvoir. Les premières décennies après les indépendances seront ainsi marquées par une foule de successions au pouvoir par des moyens non légalistes. La valse des coups d'Etat va toucher des Etats aussi anglophones que francophones : en Afrique occidentale, le Nigéria se distingue par une série de putschs jusque dans les années 1990 ; le Mali se distingue avec la chute du président Modibo Kéita et son remplacement par Moussa Traoré, Ahmadou Ahidjo fut contraint de céder le pouvoir à Paul Biya, Sylvanus Olympio fut assassiné par l'armée et son successeur Nicolas Grunitzky fut renversé plus tard. La Haute-Volta connut aussi une suite d'instabilité due à des coups d'Etat à répétition. Le Ghana ne dérogea pas à la règle tout comme le Niger qui a perpétué la culture des coups d'Etat, même après les ouvertures démocratiques. Ces bouleversements au sommet des Etats fraîchement indépendants créent une grande psychose chez les responsables politiques. Ils vont mobiliser les ressources nationales pour des besoins sécuritaires. Les armées nationales sont constituées non sur des bases républicaines, mais plutôt en fonction d'une allégeance à la fois mystique et affective à l'égard du chef de l'Etat. Pour consolider cette allégeance, les autorités militaires entretiennent à côté des forces régulières une garde prétorienne au sein de laquelle opèrent essentiellement des agents appartenant à l'ethnie du chef de l'Etat. Cette configuration des armées nationales aura aussi un rôle déterminant dans les expériences de démocratisation des pays africains. Projetées au sommet des instances gouvernementales, les armées nationales africaines appuieront plus tard les régimes sortants en face des contestations populaires. L'irruption du militaire dans le jeu politique devint un héritage lourd à gérer après l'avènement de régimes démocratiques. Les compétences des chefs d'Etat démocratiquement élus rentreront plus tard en conflit avec les militaires habitués à obéir uniquement à des hauts perchés de l'armée. La position des armées africaines dans le jeu démocratique est un héritage complexe dont les racines remontent en effet au monopartisme. Outrepassant leur rôle de garant de la sécurité de l'Etat, les armées africaines firent irruption dans le jeu politique, souvent au mépris des intérêts des populations. Elles surgissaient à tout bout de champ pour installer au pouvoir des personnalités dont la carrure ne répondait pas aux aspirations des populations. C'est également au sein de ces armées que les puissances coloniales vont puiser des personnalités pouvant garantir leur intérêt devant la construction d'une conscience nationaliste des élites africaines. Le fait que de nombreux leaders africains parvenus au sommet des Etats soient des anciens soldats de l'armée coloniale, surtout dans le cas de l'Afrique francophone est significatif. Introduites subrepticement dans l'appareil militaire de leur pays, ces personnes vont défaire les régimes jouissant d'une certaine aura populaire : Eyadéma Gnassingbé du Togo, Moussa Traoré du Mali, Mathieu Kérékou du Bénin...

La succession au hasard des coups d'Etat ne permet pas aux chefs d'Etat de parachever leurs programmes politiques avant d'être déposés. Les coups d'Etat ont facilité en outre l'irruption des puissances occidentales dans les mécanismes du pouvoir en Afrique. Ainsi, le mercenaire français Bob Denard sera un pion essentiel dans le jeu de chaises que la France orchestre à la tête de ses anciennes colonies.

Dans une toute autre perspective, l'échec de la construction de l'Etat-nation africain crée un malaise socio-économique qui se cristallise parfois dans des mouvements de subversion militaire. Qu'elle soit à dynamique interne ou à dynamique externe, la sédition militaire sera aussi une donnée fondamentale dans l'expérience politique réalisée par de nombreux pays d'Afrique subsaharienne. La concentration excessive du pouvoir entre les mains de lobbies ethniques et militaires entraîne la fuite des autres composantes dans des construits identitaires originaux. Persécutées par les pouvoirs en place pour leurs opinions divergentes par rapport aux orientations prises par le gouvernement central, les entités ethniques marginalisées forment parfois des mouvements politico-militaires pour répondre à l'arbitraire du pouvoir central. Dès les années 1960, la région Sud du Nigéria sera le théâtre d'une violente guerre de sécession dont les séquelles sont encore présentes aujourd'hui sous forme d'une instabilité chronique dans la région du Delta du Niger. Dans la bande sahélienne de l'Afrique, de nombreux pays doivent faire face aux séditions successives des mouvements touaregs. Depuis les années 1980, la marginalisation plus ou moins marquée de la région de la Casamance y a fait germer une rébellion qui crée une grande instabilité dans la zone méridionale du Sénégal. L'Angola, pendant plusieurs décennies, fut déchiré par un conflit interne dont les racines ne sont pas étrangères aux rivalités entre les puissances antagonistes de la guerre froide. En Afrique orientale, l'Ouganda connut aussi une confrontation militaire entre les troupes régulières et celles de Idi Amin Dada. Même si ce conflit se termina par l'éviction du pouvoir du dictateur Idi Amin Dada, le régime de Yoweri Museveni subit à son tour une opposition militaire menée par l'Armée de résistance du Seigneur. Les bases idéologiques des mouvements de rébellion sont inexistantes et se confondent généralement avec l'appartenance ethnique. A une logique similaire, répond la guerre du Shaba au Zaïre (actuelle République Démocratique du Congo) dans les années 1980. Ce conflit faisait suite aux turbulences ayant marqué les indépendances de l'ancien Zaïre avec la déchéance et l'assassinat du nationaliste Patrice Lumumba. En conséquence, l'histoire de ce vaste territoire de l'Afrique centrale fut marquée par des chocs militaro-politiques aux retombées incalculables pour toute la sous-région. Au Tchad ou encore en Centrafrique, les appétits suscités par le pouvoir vont engendrer de longues périodes de flottements politiques.

L'absence de codes juridiques régissant l'accession et la cession du pouvoir alimente toute sorte d'appétits. Les grandes multinationales et les compagnies occidentales tissent rapidement des liens peu probes afin de faire main basse sur les ressources nationales. Cela découle d'une entente selon laquelle les revenus tirés par les compagnies occidentales du pillage des mines ou des ressources de pays africains vont servir en partie à gonfler les comptes de leurs complices locaux ou à leur donner les moyens sécuritaires indispensables au maintien de leur pouvoir. Cette entente se traduit par une répartition des tâches pour le bradage des ressources : les leaders politiques garantissent l'ordre nécessaire à l'exploitation des ressources nationales qui grossissent les chiffres d'affaires des multinationales ; les compagnies commerciales occidentales, de par leurs accointances avec les autorités politiques de la métropole leur garantissent en retour la pérennité de leur pouvoir. Chacun y trouve son compte, les commissions reversées sur les comptes des dirigeants sont réparties ensuite entre les différents lobbies locaux qui appuient l'action gouvernementale.

L'enrichissement illicite fut un des moteurs essentiels de l'anomie politique en Afrique postcoloniale.

Le monopole des ressources

L'installation de l'arbitraire au sommet de l'Etat se caractérise au plan économique par la confiscation des ressources disponibles entre les mains de l'appareil du pouvoir qui les distribue sous la forme d'avantages économiques, professionnels ou financiers entre les mains de ses partisans.

Alors que la mobilisation des peuples autour de la lutte pour la souveraineté achoppait sur la nécessité d'une autogestion et d'une répartition équitable des ressources, le noyautage de l'élément politique par un mode de pensée tribal va fausser les données. La construction d'une identité collective se cristallisant autour de l'Etat-nation se heurta à l'arbitraire. Alors que les liens affectifs auraient dû être maintenus par la sollicitude de l'Etat envers ses citoyens dont il se poserait comme le premier garant du bien-être matériel, les autorités ont vite sombré dans la dilapidation des biens publics. Etant donné que la conservation du pouvoir était sous-tendue par la maîtrise des rouages économiques, le pouvoir en place basé sur un centralisme politique opte pour un dirigisme économique inspiré des modèles des démocraties populaires. S'installe dès lors au sommet de l'Etat, une constellation de mécanismes détournant les fonds publics pour le compte de personnalités politiques. En l'absence d'instruments de contrôle de l'action gouvernementale, les responsables politiques gèrent à leur guise les deniers publics, sans rendre compte à personne. Les circuits commerciaux sont unanimement occupés par leurs partenaires qui s'acquittent irrégulièrement des taxes et des impôts. De l'amont à l'aval des circuits économiques, la machine étatique est présente, et gère tout pour le compte de la clique au pouvoir.

Dans la réalité du pouvoir, les nouveaux maîtres du pays sont généralement les garants de la continuation de l'économie de traite. Cette logique économique qui semblait être interrompue après la libération politique des pays africains fut habilement réactivée avec le soutien de nombreuses élites postcoloniales. La reconquête de l'espace économique perdu par les puissances coloniales passait par la création de nouveaux liens et réseaux. Ces réseaux consistaient en une toile politique savamment tissée par les politiciens de la métropole et ses principales icônes étaient les responsables politiques africains. Ces derniers garantissaient à leurs partenaires occidentaux l'accès aux matières premières de leurs pays et leur offraient aussi les voies d'écoulement de leurs produits.

A l'origine de ces déboires lourds de conséquences pour l'Afrique noire, se trouve la fâcheuse tendance du monolithisme à concentrer les pouvoirs entre les mains d'un seul individu. Celui-ci finit par acquérir le statut d'un autocrate invétéré qui s'arroge le droit d'orienter le destin de tout un peuple sans en connaître les aspirations. La position politique des « pères de l'indépendance » leur conféra directement une large dominance sur tous les acteurs de l'appareil économique et politique. Ils cèdent rapidement à toutes les dérives, sans qu'on soit en mesure de les reprendre. La mégalomanie finit par planer sur leurs perceptions du pouvoir au point qu'ils se considèrent comme des « guides » sans lesquels leur peuple retournerait à l'âge des cavernes. Cette situation fut largement répandue en Afrique subsaharienne où les différents pays ont fini par disparaître sous le nom de leur président. Houphouët Boigny de la Côte d'Ivoire, Blaise Compaoré du Burkina Faso, Mathieu Kérékou du Bénin, Mobutu Sésé Séko du Zaïre (actuelle République Démocratique du Congo) Hissène Habré du Tchad, Denis Sassou N'guesso du Congo Brazzaville, Omar Bongo du Gabon, Robert Mugabe du Zimbabwé, Gbadamassi Babanguida du Nigéria... La liste de ces hommes politiques est longue. Ces derniers ont pu créer dans leur pays un mythe autour de leur personnalité en s'appropriant une large part des ressources nationales. En effet, ces personnalités ont constamment usé de leurs attributions politiques pour vicier les rapports administratifs et institutionnels liant l'Etat à l'individu. Ils ont aisément abrogé la frontière séparant la personnalité institutionnelle de ses attributions citoyennes pour subjuguer les rares instances de contrôle de l'action gouvernementale. Aussi n'est-il pas étonnant de voir des personnalités politiques africaines disposer de sommes faramineuses sur leurs comptes personnels. C'est qu'en fait la dégénérescence de la construction nationale en régimes autocratiques relève énormément de considérations économiques. Le pouvoir politique fut rapidement placé au service du pouvoir économique et le rôle des élites chargées de répartir les ressources étatiques entre les différentes composantes de la nation se trouva vicié. Ces élites ont fini par se complaire dans le rôle de propriétaire de l'Etat, s'arrogeant le droit de sanctionner ou de rétribuer les citoyens selon leurs humeurs. L'ascendance que leur confère leur position de chef d'Etat, est utilisée comme pression pour accéder aux zones d'influence économique. L'accès à ces zones offre les ressources nécessaires à la conservation des appuis indispensables. Aussi n'est-il pas rare de voir les chefs d'Etat d'Afrique postcoloniale mener un train de vie princier alors même que leurs pays sont placés sous perfusion financière par les partenaires économiques internationaux.

Le détournement des ressources devant servir à maintenir les liens politiques, affectifs et sociaux autour de l'Etat contribuera pour une large part à l'échec de la construction nationale. Les ressources devant servir à la promotion de l'éducation échouent entre les mains des autorités locales, qui suivent l'exemple de la hiérarchie politique. Celle-ci n'est pas en mesure de réagir puisqu'elle se trouve impliquée en premier lieu dans le pillage des ressources nationales. De cette situation découla l'inexistence d'une classe moyenne en Afrique, même des décennies après les indépendances. La mosaïque sociale est biforme : d'un côté, des citoyens qui se sont considérablement enrichis en confisquant des biens devant être répartis au sein de la communauté, de l'autre des citoyens pauvres marginalisés par les rouages politico-économiques procédant des accointances véreuses. Le résultat fut que les pouvoirs publics ne consacreront pas une forte attention aux secteurs de la vie nationale qui ne participent pas à la consolidation de leur pouvoir ou à la création de ressources pouvant grossir leur compte personnel. Frantz Fanon l'illustre si bien dans *Les damnés de la terre* (1968 :109-110) :

« Les circuits économiques du jeune Etat s'enlisent irrémédiablement dans la structure néo-colonialiste. L'économie nationale, autrefois protégée, est aujourd'hui littéralement dirigée. Le budget est alimenté par des prêts et par des dons. [...]

L'ancienne puissance coloniale multiplie les exigences, accumule concessions et garanties, prenant de moins en moins de précautions pour masquer la sujétion dans laquelle elle tient le pouvoir national. Le peuple stagne lamentablement dans une misère insurmontable et lentement prend conscience de la trahison inqualifiable de ses dirigeants. Cette conscience est d'autant plus aiguë que la bourgeoisie est incapable de se constituer en classe. La répartition des richesses qu'elle organise n'est pas différenciée en secteurs multiples, n'est pas étagée, ne se hiérarchise pas par demi-tons. La nouvelle caste insulte et révolte d'autant plus que l'immense majorité, les neuf dixième de la population continuent à mourir de faim. L'enrichissement scandaleux, rapide, impitoyable de cette caste s'accompagne d'un réveil décisif du peuple, d'une prise de conscience prometteuse de lendemains violents. La caste bourgeoise, cette partie de la nation qui annexe à son profit la totalité des richesses du pays par une sorte de logique, inattendue d'ailleurs, va porter sur les autres nègres ou les autres arabes des jugements péjoratifs qui rappellent à plus d'un titre la doctrine raciste des anciens représentants de la puissance coloniale ».

Dans la perspective de la future démocratisation, l'absence d'une classe moyenne rendra difficile l'assimilation de la libéralisation politique pour les masses citoyennes. Longtemps frustrés par l'arbitraire économique où la misère innommable côtoie une richesse insolente, les mouvements de démocratisation seront parfois perçus non comme un rééquilibrage des pouvoirs, mais plutôt comme une lutte de classes. Or en Afrique postcoloniale, la politique menée pendant le monopartisme a dans une certaine mesure réparti les classes sur des bases claniques. Les tribus alliées au pouvoir sortant sont aussi les grands détenteurs des ressources financières. Les frustrations accumulées des décennies durant vont exploser lorsque survint la possibilité de vilipender le monopartisme. Minoritairement instruites, les masses populaires africaines cherchent à assouvir leur revanche sur les anciens maîtres du pays. Et comme les ressorts du pouvoir sous le monopartisme étaient intimement liés aux groupes d'appartenance ethnique du président, les revendications démocratiques cibleront les positions occupées par ceux-ci. Il est donc inévitable que les ouvertures démocratiques alimentent des rivalités tribales qui vont alourdir le développement de la pensée politique libérale. Longtemps dépositaires d'un pouvoir qui a fini par prendre une connotation ethnique, les groupes tribaux proches du pouvoir mettent aussi en place des mécanismes de réaction à la consolidation du pluralisme politique. Le pouvoir sortant y trouve d'ailleurs son compte ; les énormes sommes détournées avant la mise en place d'institutions démocratiques serviront à saper les fondements du nouvel édifice politique. Toutes les conditions sont donc réunies pour que la démocratisation des structures de la gouvernance et de la gestion se heurte à des approches réactionnaires de la conception du pouvoir.

Les violations des droits de l'homme

La mise en place d'appareils politiques monolithiques dont les pratiques se trouvent en marge des aspirations populaires a rapidement installé une tension considérable entre le gouvernement central et les citoyens. Alors que les premiers se réclament d'une légitimité acquise au fil de la lutte pour l'indépendance, les seconds refusent d'être à nouveau subjugués par des instruments de domination dont ils ont été les supports. Mais, la valeur citoyenne va être irrémédiablement détruite face aux modes d'accès au pouvoir qui ne tiennent nullement compte de la légitimité populaire. Les voix qui osaient contrarier les orientations gouvernementales étaient systématiquement muselées.

Quelques années après les indépendances, la plupart des hommes politiques ayant succédé aux administrations coloniales furent révoqués du pouvoir par la force des armes. Or, ceux-ci jouissaient d'une certaine connivence avec les masses populaires en raison de leur complicité dans la lutte pour les indépendances. Ces acquis de la mémoire collective furent remis en cause par les régimes issus de coups d'Etat. Certes, à l'image de Sékou Touré, les « pères des indépendances africaines » n'ont pas beaucoup brillé par leur honnêteté et leur dextérité politique. Mais, l'histoire reconnaît que dans la majorité des pays africains, les régimes issus de coup d'Etat s'avérèrent les plus tyranniques et les plus despotiques en Afrique subsaharienne. Parvenus au pouvoir par l'arbitraire de la force, ils étaient conscients de leur illégitimité et devaient s'imposer par des subterfuges contraires à toute morale politique. Ils ne correspondaient en rien au profil de l'homme souhaité par les populations africaines pour assumer leurs destinées, Aussi se devaient-ils d'utiliser la force pour imposer leur volonté de puissance aux populations de leur pays. La solution utilisée pour remédier à ce désamour fut le recours à des solidarités de base. Prenant appui sur la sacralisation des relations parentales et tribales en Afrique noire, ils vont tisser la trame de leur pouvoir sur des dominances identitaires dont les icônes sont tenues par une distribution inéquitable des ressources de l'Etat. Loin de s'atteler à la construction nationale, les chefs d'Etat africains, issus pour la plupart de coups d'Etat dès les années 1970, mobilisent les finances du pays pour consolider les ressorts tribaux de leur domination. La focalisation de l'attention gouvernementale sur des ethnies concentrées du point de vue affectif à la périphérie du pouvoir, réveille les anciennes rivalités existantes et nuit à la consolidation des liens entre les composantes de la nation en cours d'édification. Alors surviennent des discordances qui résultent de la partialité du pouvoir central dans la distribution des ressources. La légitimité ethnique réduite à l'espace identitaire du chef de l'Etat ne suffit plus à sécuriser le pouvoir en place. Au sein de la nation, surgissent des contestations que les autorités gouvernementales réprimeront avec une grande animosité. Elles s'enferment dans une logique de transcendance de l'Etat au lieu de remédier à la rupture croissante des relations entre l'Etat et les masses citoyennes. Celles-ci se retirent dans les solidarités de base pour mieux s'organiser devant la prédation de l'appareil étatique. Très vite perçus comme les contempteurs de la construction nationale, elles subirent la violence étatique qui se caractérise par une remise en cause des libertés fondamentales.

Au lendemain des indépendances, les pays africains s'étaient engagés dans la coopération militaire avec les nations les plus avancées. Cette coopération, loin de contribuer à la mise en place d'armées républicaines sur le continent noir était plutôt axée sur les moyens de maintenir les pouvoirs sortants en place. Envoyés dans les pays communistes ou encore dans les anciennes métropoles, les membres des armées nationales vont y apprendre prioritairement des techniques de torture qu'ils utiliseront sur les citoyens de leur pays. Du moment où la logique de la force se trouve être le fondement du pouvoir, les valeurs humaines propres aux cultures africaines explosèrent face à la cruauté des nouvelles instances du pouvoir. Des prisons secrètes sont aménagées grâce aux taxes et aux impôts du citoyen qui en sera la victime. Les mécanismes de répression accompagnent immédiatement les dérives du pouvoir dont les contempteurs sont stigmatisés avec violence. Comme l'individu n'existe pas en Afrique hors de son groupe social, l'appareil répressif s'en prit aussi aux ethnies d'appartenance des oppositions potentielles. Des manœuvres les plus diaboliques sont conçues pour éliminer des citoyens ayant adopté une liberté de parole en face du régime. Des actions de déstabilisation imaginaires sont conçues et imputées à des groupes ethniques indésirables afin de légitimer le déchaînement des instruments de répression. Plus que le pouvoir colonial, les régimes autocratiques ayant pris le pouvoir après les indépendances se sont montrés plus inhumains contre les populations de leurs propres pays. La mémoire collective des peuples noirs garde encore à l'esprit les atrocités commises sous les régimes des hommes d'Etat comme Jean Bedel Bokassa, Hissène Habré, Sékou Touré, Mobutu Sésé Séko, Eyadéma Gnassingbé, Idi Amin Dada ou encore le régime communiste d'Ethiopie dans les années 1980. L'individu perd toute valeur et le pouvoir politique prend rapidement l'allure d'une transcendance implacable qui plane sur les destinées des citoyens. Ces derniers se retrouvent désarmés dans une situation où l'Etat censé les protéger installe l'arbitraire comme norme. La justice est mise au pas et les juges sont contraints de se faire complices des dérives du gouvernement. Les textes régissant l'Etat perdent toute valeur devant l'omnipotence du guide providentiel dont le charisme suffit à dire le droit. L'espace de l'expression est réduit au journal officiel dont les informations sont systématiquement filtrées selon le bon vouloir des instances gouvernementales. Le secret est constamment entretenu autour des arrestations et des détentions arbitraires. Les familles des disparus et des personnes arrêtées sont tenues de garder silence sur les sévices infligés aux membres de leur famille. Ce mépris croissant des valeurs humaines se combine avec une déification du leader politique dont les décisions les plus iniques sont légitimées par ses collaborateurs. Bref tous les appareils, législatif exécutif et judiciaire sont mis au service de la violation des droits les plus élémentaires des citoyens. Au nom d'intérêts économiques et géostratégiques, le drame frappant les populations africaines soumises à la cruauté de despotes parvenus au pouvoir par le hasard des armes fut peu dénoncé. Seuls étaient vilipendés par les puissances occidentales, les régimes qui quittaient leur tutelle politique ou idéologique. Ces régimes opéraient généralement dans des Etats dont les dispositions juridiques adhéraient à la déclaration universelle des droits de l'homme du 10 décembre 1948. Cette déclaration reconnaissait dans son article 21, aux alinéas 1 et 2 que « *toute personne a le droit de prendre part à la direction des affaires publiques de son pays, soit directement, soit par l'intermédiaire de représentants choisis* ».

L'essence même de la plupart des régimes postcoloniaux allait à l'encontre de ces dispositions. Les instruments judiciaires et sécuritaires d'appui aux dictatures africaines s'inscrivent aux antipodes des libertés politiques et civiles. Ils sont conçus pour exprimer la force et la brutalité contre des citoyens livrés à la puissance répressive de l'Etat. Le parti unique dresse son puissant étendard dans toutes les sphères de la vie nationale, forçant les citoyens à rejoindre ses rangs. La logique du parti unique réduit l'envergure des instruments devant contrôler les relations entre l'Etat et ses citoyens. La Cour Constitutionnelle, la Cour Suprême et toutes les instances devant servir à l'action gouvernementale dans une perspective juridique sont vidées de leur substance. Les Assemblées nationales ne sont rien d'autre que le reflet d'un conformisme politique qui châtre les citoyens et les instances institutionnelles de leur clairvoyance habituelle. Les scrutins ne sont juste qu'un paravent utilisé par le régime despotique pour se donner une certaine contenance auprès de la communauté internationale. Pour ce qui est des élections législatives, les listes sont précédemment soumises au chef de l'Etat qui en extirpe les personnes jugées dangereuses pour son régime.

Au regard des tares qui ont marqué les relations entre l'Etat et le sujet, on se rend aisément compte des meurtrissures durables faites à la mémoire des masses populaires dans leurs relations avec l'Etat. De là peut découler la réticence à s'impliquer dans la sphère de la vie nationale même après la démocratisation. Bien plus, des régimes politiques ayant succédé à des pouvoirs monolithiques ont essayé de perpétuer ses dérives qui, à leurs yeux, revêtaient une culture politique valide. Mais pour la plupart des populations d'Afrique subsaharienne, la période du multipartisme politique était placée sous le signe d'une revanche sur l'histoire et sur les potentats de leurs pays.

Au demeurant, la démocratisation des mécanismes du pouvoir basé sur le monopartisme traduit une tentative de correction des grandes orientations politiques qui ont débouché sur un malaise perceptible dans la superstructure socio-politique des Etats sortis fraîchement de la tutelle coloniale. Le malaise n'est pas seulement imputable à l'héritage colonial mais surtout à des innovations politiques peu respectueuses des schémas sociétaux endogènes. A cette inconséquence purement organisationnelle, s'est ajoutée la fâcheuse tendance des élites africaines à reproduire les discordances structurelles de la société indigène où l'élite dirigeante dispose de tous les droits sur les administrés. Le résultat se traduisit par l'échec de la gestation de l'Etat. On voit surgir ici et là au lieu de la machine étatique rompue à toutes les situations conflictuelles, des embryons d'Etats construits autour d'une sommité renfermée sur elle-même, mais totalement coupée du noyau. Ce noyau, c'est la population qui attend encore la réalisation des promesses d'une vie meilleure depuis les indépendances. Elle a encore du mal à réaliser ce qui lui arrive, à se rendre à l'évidence que la modernité politique en Afrique subsaharienne ait pu déboucher sur des situations extrêmes au point d'entacher irrémédiablement la mémoire des peuples noirs. Dès lors, s'explique aisément la méfiance des masses populaires devant les promesses des élites politiques. Echaudées par la désillusion des indépendances, les populations d'Afrique noire cherchent de nouvelles espérances auxquelles s'accrocher. Loin des idéologies politiciennes, elles gardent à l'esprit l'inexpérience des élites politiques qui ont amené leur peuple au bord d'un gouffre économique où leurs efforts les plus méritoires ne suffisent pas à les faire sortir des mécanismes de la précarité. La faillite des régimes autocratiques se manifeste de la manière la plus dramatique dans la stagnation des populations africaines dans la plus criarde des indigences. Cette donne ne restera pas sans effet sur les expériences de démocratisation de l'Afrique subsaharienne.

CHAPITRE 3

Terreau économique et social des processus de démocratisation

L'audience considérable des réformes démocratiques auprès des populations d'Afrique subsaharienne se traduit par la grande lassitude des populations africaines soumises à des mécanismes politiques peu réceptifs à leurs doléances. L'engagement des masses pour le départ des administrations coloniales était sous-tendu par l'espérance de tirer des avantages conséquents de la redistribution des ressources de leurs pays, lorsque celles-ci passeraient entre les mains de leurs concitoyens. Au contraire, le monopole du pouvoir politique donna aux chefs des partis uniques l'occasion de mettre la main sur les ressources économiques disponibles pour les redistribuer entre les groupes ethniques favorables à leur personne. Naquit alors une grande disparité dans la répartition des richesses. Ceci alimenta des déchirements au sein de la nation en gestation.

Le tableau économique de l'Afrique subsaharienne avant les processus de démocratisation était des plus sombres, après que les élites politiques aient passé trois décennies à gaspiller les biens nationaux, à fomenter des intrigues les unes contre les autres pour accéder au pouvoir. L'absence de vision politique qui caractérisa les élites politiques pendant le monopartisme se répercuta aussi dans le domaine économique. Parachutés au sommet de leur Etat dans des circonstances fortuites – surtout pour les auteurs de coup d'Etat – ils sombrèrent rapidement dans l'amateurisme et suivirent systématiquement les injonctions des conseillers économiques dont les orientations n'étaient nullement désintéressées. L'absence de créativité se traduisit par le maintien des rouages économiques dominants pendant la période coloniale : les populations africaines constituaient un marché d'écoulement des produits manufacturés occidentaux, alors que les matières premières agricoles et minières produites au niveau local étaient directement exportées vers la métropole. Les grandes parades discursives sur l'industrialisation sont traduites dans la réalité par la construction d'unités industrielles rudimentaires qui servent à caser professionnellement les adeptes les plus zélés du parti unique. La gestion est essentiellement laissée aux fidèles du parti qui s'en servent comme contrepartie financière de leur soutien au pouvoir en place. Il n'est nullement étonnant de voir ces petites unités industrielles tourner l'une après l'autre à la faillite.

La doctrine économique qui sous-tendait leur programme économique était simple. Les élites géraient les affaires économiques conformément à leurs intérêts et à ceux de leurs partenaires occidentaux qui leur versaient des commissions en retour. Ces commissions grossissaient en partie leur compte personnel ; le reste servait à financer les réseaux indispensables à la conservation du pouvoir. Par ailleurs, les rouages de la machine économique étaient concentrés sur le dirigisme économique. L'Etat contrôle tous les ressorts de l'économie ; les marchés sont répartis entre les personnes ayant de fortes accointances avec le régime pendant que le monopole permet de pressurer au maximum les populations. L'initiative privée est totalement exclue parce que jugée dangereuse pour la maîtrise du jeu économique par l'appareil d'Etat. Du point de vue économique, le monolithisme politique place l'Etat au centre de toutes les actions économiques et permet aux grands dignitaires de gérer le jeu économique réduit à l'importation de biens de consommation et à l'exportation de matières premières. L'imagination des guides providentiels était rompue aux manœuvres corruptrices et de détournement, mais il ne fut jamais venu à l'esprit de concevoir des voies innovantes pour leurs pays en matière de développement économique. Du moment où les schémas économiques classiques basés sur l'économie de traite tournaient normalement, ils pouvaient gérer aisément les mécanismes. Cette simplicité de la pratique économique allait rapidement montrer ses limites lors des bouleversements économiques mondiaux. Les orientations douteuses de l'économie finirent par rendre les pays d'Afrique subsaharienne largement dépendants de leurs anciennes métropoles et des Institutions Financières Internationales. C'est dans ce contexte économique que vont subvenir les dynamiques de libéralisation politique en Afrique noire.

La faillite économique et l'esprit de la révolte

Il est indéniable que la large audience des réformes politiques et économiques est une donnée liée aux résultats économiques enregistrés dans la plupart des pays d'Afrique noire pendant les trois premières décennies des indépendances. Dans cette optique, il convient de ne pas perdre de vue les motivations économiques qui avaient sous-tendu la mobilisation des peuples noirs dans la lutte pour la liberté.

Du point de vue économique, la colonisation procédait de l'exploitation des ressources des espaces conquis au profit de la métropole. La rencontre coloniale avait fini par arrimer l'Afrique subsaharienne à l'économie mondiale et les préoccupations se sont déplacées de la satisfaction pure et simple des besoins pour se focaliser sur les exigences macroéconomiques.

L'introduction de l'espace noir africain dans les circuits économiques mondiaux a accru la dépendance des produits manufacturés européens. Cette dépendance est d'autant plus accrue que les colonisés étaient astreints à s'acquitter des impôts en espèces. Il était donc indispensable de se doter de ressources financières suffisantes pour couvrir les besoins en produits manufacturés provenant des industries occidentales. Les concepts de balance commerciale, d'excédents ou de déficits sont vite apparus dans le concept des premières élites africaines travaillant au sein de l'administration coloniale. Pour cette administration, les excédents de devises dégagés des échanges commerciaux étaient destinés à couvrir les dépenses liées au fonctionnement des structures administratives en charge de la gestion du territoire. Y étaient inclues les prestations sociales comme la construction des hôpitaux, de centres d'éducation ou encore le payement des agents administratifs et des employés de l'administration. Au plan interne, des impôts et des taxes perçus par les fonctionnaires coloniaux étaient destinés à couvrir les fréquents déficits enregistrés par la colonie dans les échanges commerciaux.

Après les indépendances, les dépenses de fonctionnement de l'appareil d'Etat constituèrent une pesanteur considérable pour les finances de l'Etat. En effet, la souveraineté avait ses coûts puisque l'existence d'un chef de l'Etat, de ses ministres, des députés et de tous les dispositifs indispensables à l'effectivité de la présence étatique exigeait la mobilisation de ressources financières conséquentes. Il ne fallait pas en outre passer sous silence l'installation des chancelleries dans les autres Etats, l'achat du matériel d'entretien des locaux administratifs et surtout dans le domaine de l'ordre, de la sécurité. Les preuves de la souveraineté requerraient en outre l'institutionnalisation des forces de défense pour l'intégrité du nouveau territoire et dans ce domaine d'énormes sacrifices financiers durent être consentis. Ces dépenses qui s'imposaient vont certes prendre une portée encore plus significative en raison de la duplicité ou de l'inexpérience de certaines élites qui prendront des options trop coûteuses pour l'économie de leurs pays. Les acquisitions du matériel administratif, technique ou financier furent des occasions rêvées pour des responsables politiques et militaires d'expérimenter leur capacité à surcharger les factures ou à réaliser des achats en se faisant reverser des commissions par le fournisseur. Mais au-delà de ces détails symptomatiques d'une gestion peu rigoureuse des deniers publics, le plus grand problème des nouveaux Etats indépendants fut de se doter de stratégies économiques fiables devant la concurrence grandissante sur les marchés internationaux. Cette concurrence est aggravée par le fait que les pays africains, ayant acquis l'indépendance séparément ne furent jamais capables de constituer un front commun autour de leurs intérêts sur les marchés mondiaux. Bien plus, ils ne craignaient pas de s'affaiblir mutuellement en se concurrençant.

De l'euphorie à la dépendance

Comme la nation se construit toujours autour des expériences collectives, la lutte pour les indépendances et l'avènement de ces indépendances furent une source de mobilisation des énergies citoyennes vers des objectifs communs. L'élan qui avait poussé les colonisés à s'unir contre la présence de l'administration coloniale restait encore dans les cœurs sous la forme d'un enthousiasme vivace motivé par le souci de faire de la nouvelle souveraineté acquise la preuve d'une autogestion efficace. Sous-tendait cet élan, le désir de démentir les prétextes colonialistes qui doutaient que les peuples colonisés soient en mesure de générer un ordre économique, politique et social capable de garantir l'épanouissement du citoyen. L'euphorie de la libération avait donné aux masses citoyennes des envies très fortes de se mettre au service de la nation pour la réalisation de projets indispensables à la construction de l'Etat. Même si des querelles intestines ne manquaient pas de survenir, la dominance de cette période était que les citoyens étaient prêts à consentir tous les sacrifices possibles pour faire réaliser à leurs pays des performances économiques enviables. Pour ce faire, de grands espoirs étaient nourris devant le retrait des grandes puissances impérialistes des espaces économiques du continent. Ce retrait offrait de nouvelles perspectives pour les populations africaines qui pouvaient entrer directement en contact avec les opérateurs économiques et les courtiers sur les marchés internationaux. Celles-ci étaient à même de faire répercuter les coûts de production sur leurs prix mondiaux. La liberté d'action économique ne fut pas étrangère aux performances louables enregistrées par de nombreux pays de l'Afrique subsaharienne pendant les premières décennies des indépendances. Ainsi, la Côte d'Ivoire et le Ghana ont pu se spécialiser dans la production du café et du cacao, le Libéria avait des avantages considérables à tirer de son hévéa. A ces produits agricoles dont la production et la commercialisation avaient des effets directs sur les revenus des citoyens, s'ajoutaient les produits miniers qui permettaient de diversifier les offres de matières premières et d'amorcer l'industrialisation au niveau local. Dans le domaine industriel, le manque de personnel qualifié constituait un handicap de poids. Mais la coopération avec les anciennes métropoles avait permis de suppléer à cet handicap. Par ailleurs, les infrastructures et les moyens techniques indispensables à l'exploitation et à l'acheminement de ces produits avaient déjà été en grande partie installés par les anciennes métropoles. Dans ces conditions, les coûts d'exploitation des matières premières ne constituaient nullement un poids financier pour les économies africaines de l'époque.

Mais cette période faste ne fut pas opportunément exploitée par les autorités nationales du continent. En manque de vision politico-économique, elles refusèrent de se projeter dans le long terme, se contentant d'utiliser les ressources ainsi générées pour des dépenses de conservation du pouvoir. Plus que les dépenses de conservation, la facilité avec laquelle les devises rentraient ne manqua pas de réveiller l'appétit des fonctionnaires et des hommes politiques véreux. Loin de servir au niveau national à la consolidation des liens affectifs par la création d'ouvrages autour desquels se cristallisera le désir d'une destinée commune, les devises engrangées furent investies dans des projets peu productifs, mais servant à rehausser le prestige des hommes politiques. Ce fut la période des éléphants blancs en Afrique subsaharienne avec des projets gigantesques sans emprise positive sur le devenir économique des populations. La motivation des hommes politiques se trouvait ailleurs, notamment dans les possibilités de détourner des fonds par la réalisation de ces projets grandioses. Ainsi furent vendangées les premières opportunités qui s'offrirent aux pays africains après leur accession à la souveraineté internationale.

Il serait sans doute injuste d'imputer les orientations économiques désastreuses à la mauvaise foi des responsables politiques. La plupart des autorités politiques d'Afrique subsaharienne, surtout celles qui furent parachutées au sommet de l'Etat par des coups d'Etat se retrouvaient dans des positions de prééminence sans avoir jamais eu l'occasion de mûrir leur expérience de gestionnaire en occupant des postes intermédiaires. Leur parcours professionnel antérieur se limitait souvent au maniement des armes à feu. De nombreux chefs d'Etat d'Afrique des années soixante dix et quatre vingt étaient des militaires portés au sommet des appareils étatiques par des intrigues néocolonialistes. On ne pouvait attendre d'eux une grande dextérité économique. Dans le but de réduire les impacts de cette carence sur les orientations des économies nationales, la coopération bilatérale et multilatérale va envoyer dans les pays africains de nombreux coopérants. Du nombre de ceux-ci, se trouvaient des conseillers économiques qui avaient pour charge de guider les responsables africains dans leurs orientations économiques. Ce fut un dessein fort louable, mais il serait naïf de voir dans cette assistance une œuvre désintéressée, puisque les conseillers économiques ne pouvaient ignorer entièrement les intérêts de leurs nations d'origine. Quelle que soit la franchise de leurs intentions, les conseillers économiques ne seront pas en mesure de faire des analyses incluant les données endogènes des circuits économiques africains. Privées de tout repère, les élites africaines s'en tiennent exactement aux exhortations des conseillers économiques, dont les vues ne seront pas forcément favorables pour les économies des nations nouvelles d'Afrique. L'expérience de maître Wade avec un conseiller économique français, le père Lebret, est significative (Wade 2008 : 87-88 : 208) :

« [...] La méthode du père Lebret était directement inspirée de la planification française, conçue en termes macroéconomiques. Elle était donc inadaptée à une économie non entièrement monétarisée, où il n'était pas sûr

que les motivations, calculs et anticipations se fassent en termes monétaires. On avait déjà des difficultés à définir le concept de produit national, alors le calculer et en faire des projections....

La méthode consistait à fixer un objectif global de croissance du produit intérieur brut, à en imputer une partie à chacun des secteurs de l'économie et à déterminer les performances que devaient accomplir les productions et les agrégats macroéconomiques pour que l'objectif soit atteint. On déterminait ainsi l'investissement requis, la part que le pays pouvait supporter et celle qu'il fallait attendre de l'extérieur. Donc on manipulait des données monétaires dans un pays où l'économie monétarisée était loin de représenter toute l'économie. Surtout, on présupposait des liaisons qui n'étaient prouvées ni dans leur existence réelle (relation épargne – investissement, multiplicateur), ni dans leur impact quantitatif ».

L'étroite corrélation entre les premières élites africaines et les coopérants techniques a conduit les économies africaines sur des voies occidentales. D'emblée, elles adhéraient à la prééminence des Institutions Financières sur les circuits économiques internationaux. Cette mise sous tutelle fut dramatique en ce sens que ces institutions étaient pour la plupart alliées aux puissances occidentales dont elles défendaient les intérêts. Par ailleurs, les grandes compagnies occidentales se retrouvaient en face d'Etats minuscules incapables de dicter leurs exigences. Ainsi en fut-il de l'expérience togolaise que l'ancien chef du parti unique, le Général Gnassingbé Eyadéma relata dans un discours prononcé en février 1974 (Claude Feuillet 1976 : 141-142) :

« Depuis 1957, l'Etat togolais, je vous l'ai dit, n'avait que 1% dans la CTMB [Compagnie Togolaise des Mines du Bénin], et nos partenaires ne voulaient en aucune manière modifier cet état de choses. Nos partenaires faisaient toujours référence à cette fameuse convention de 1957. Et comme nous sommes un pays sérieux qui respecte sa parole, nous n'avons pris aucune décision. Cette convention, d'abord, a été signée au moment où nous n'étions pas encore indépendants.

Qui avait signé la convention ? Le ministre des Travaux publics et Mines peut vous renseigner sur les signataires. Il s'agissait de Français, de Français qui étaient ministres ici sous la République autonome du Togo, qui l'ont signée avec leurs frères, des Français représentant des intérêts privés.

[...] Après l'augmentation du prix du phosphate sur les marchés mondiaux, nos partenaires ne voulaient pas accepter une telle augmentation. Ils ne nous ont d'ailleurs pas informés en tant qu'Etat. Lorsque nous préparions notre budget, nous avions décidé une taxe de 5% sur les sorties de nos produits. Alors par politesse, j'ai demandé au ministre des Finances de les en informer. Lui-même est ici pour en témoigner. Ils ont refusé de l'entendre. Ils lui ont dit que la convention était là ».

Il était dès lors indéniable que la souveraineté politique des Etats d'Afrique subsaharienne allait bientôt être réduite en raison d'une forte dépendance économique. Cette dépendance commença par la mise en place de modèles économiques exogènes qui furent proposés aux nations africaines. Ces modèles s'articulaient autour de multiples pôles théoriques.

L'aide extérieure

L'avènement sur la scène internationale d'entités étatiques ayant subi le poids de l'histoire suscite une certaine condescendance de la part des puissances occidentales. Même si cette condescendance présentait des relents paternalistes, il convient de souligner que le départ plus ou moins inopiné des stratèges économiques au service des administrations coloniales va mettre les pays africains en face de difficultés importantes. L'incapacité des premières élites coloniales à adopter une gestion économique drastique, à circonscrire les dépenses à l'envergure des revenus nationaux va créer un déséquilibre croissant entre les recettes et les sorties budgétaires. Dépendant constamment de biens et de services européens, l'espace subsaharien du continent noir a du mal à rassembler les fonds nécessaires au financement du décollage économique. De là, va naître la tentation de solliciter des aides et des prêts pour financer la croissance économique.

Le point de départ de cette entreprise qui se transformera bientôt en cycle infernal pour les pays d'Afrique subsaharienne se trouve dans les années 1970. La construction des éléphants blancs était favorisée par les cours élevés des matières premières dans les échanges commerciaux internationaux. Cette tendance fut remise en question par les chocs pétroliers de la décennie 1970. Le monde arabe, et surtout l'Iran, grand exportateur des hydrocarbures indispensables au fonctionnement des industries occidentales suspendirent leur exportation en protestation contre le soutien appuyé des USA et des Occidentaux à l'Etat d'Israël. La rupture des canaux de fournitures en énergie des industries réduisit les capacités de fonctionnement des industries occidentales. Or, celles-ci entretenaient la hausse des prix des matières premières agricoles et minières dont elles étaient très friandes. La réduction de leur capacité de fonctionnement eut pour effet, le ralentissement des activités économiques sur les marchés internationaux. Cela se traduisit par le recul considérable des prix des matières premières. Pour les pays d'Afrique subsaharienne dont les dirigeants n'eurent jamais la présence d'esprit de diversifier les rouages de leur économie, la chute drastique des revenus va constituer un goulot d'étranglement pour les jeunes économies africaines. Les ouvrages gigantesques commencés grâce à l'embellie des matières premières ne pouvaient plus être parachevés, puisque les finances nationales suffisaient à peine à combler les besoins indispensables au fonctionnement de l'Etat. Or, les régimes existant avaient pris des habitudes contraires à l'austérité financière. Les dépenses faramineuses destinées à accroître le prestige des guides providentiels ne purent être réfrénées. Dans ces conditions, les limites financières des budgets nationaux furent rapidement atteintes et des problèmes d'équilibre budgétaires survinrent. Le recours à l'aide extérieure devint donc une exigence incontournable. Les gouvernements africains se mirent à la quête de moyens financiers pour éviter l'intoxication économique de leurs pays. La précarité économique s'installa dans la mesure où les fonds levés auprès des bailleurs (de fonds) internationaux ne servaient pas à financer l'économie, mais à assurer la survie de l'Etat. Une des défaillances de ce mécanisme fut que les Etats stagnaient dans une cuisante dépendance économique, puisque les fonds obtenus auprès des partenaires ne résultaient pas d'une production de ressources.

Or, pour une certaine branche des théoriciens de l'économie de marché, les investissements extérieurs sont une voie incontournable pour la réalisation de l'industrialisation. Telle est la position de Chenéry qui souligne que l'importation des devises est étroitement liée à la croissance. Les investissements devaient permettre l'installation des infrastructures qui rendraient les espaces économiques africains plus attractifs pour les investisseurs internationaux. L'instauration durable des mécanismes d'aide a confiné les élites africaines dans un statisme, sans que des efforts soient entrepris pour briser la spirale de la dépendance économique. Qui plus est, ces mécanismes de l'aide alimentent les circuits de la corruption. Après des décennies de la perfusion financière, le continent reste encore à un stade économique primaire. C'est en fait que les conditions d'octroi de l'aide ne répondent pas aux exigences de la bonne gouvernance avant les années 1990. Les grandes puissances s'en servent pour exercer des pressions politiques ou idéologiques sur les pays africains. L'aide était ainsi un instrument permettant aux pays riches de tenir en laisse leurs partenaires du Sud. Par ailleurs, la plupart des élites africaines ne percevaient pas les nuances des choses, à savoir que les nations occidentales n'avaient aucun intérêt à financer des industries africaines qui vont concurrencer leurs manufactures. C'est dire que le retard affiché par les pays d'Afrique subsaharienne est appelé à se perpétuer si des alternatives ne sont pas trouvées à la méthode classique des investissements. La preuve fut qu'après quelques décennies, les investissements consentis ne changèrent pas grand-chose à la situation économique du continent. L'industrialisation y était encore à l'état embryonnaire et de manière objective, il n'existe pas de dispositifs solides pouvant présager d'une percée industrielle devant relever le niveau des économies africaines. Les infrastructures qui devaient constituer le socle de la politique d'industrialisation sont inexistantes alors que d'énormes prêts ont été consentis depuis des décennies. Après la chute du mur de Berlin, les puissances occidentales ne faisaient plus forcément des aides, une sorte de compensation pour le positionnement idéologique des pays sous-développés. Bien plus, la réduction des antagonismes géostratégiques au plan international ne rend pas l'existence des régimes totalitaires nécessaires aux pays du Nord. En conséquence, se répandent rapidement les notions de gouvernance et de lutte contre la corruption pour accroître la rentabilité des devises injectées dans les pays d'Afrique subsaharienne. La démocratisation des structures politiques offre en conséquence des instruments de contrôle efficaces de l'action gouvernementale, puisque les gouvernements africains ont perdu une grande partie de leur crédibilité auprès des bailleurs de fonds.

Dans la perspective d'un développement basé sur un afflux considérable d'investissements, les dirigeants des pays d'Afrique noire se sont vite laissé séduire par l'approche de développement basée sur l'industrialisation. Telle était du moins la motivation des élites postcoloniales dans les années 1960 et 1970 où les approches théoriques de Hirschman et de Furtado faisaient école. La croissance économique passait aux yeux de plusieurs dirigeants comme un passage incontournable dans la transition des économies sous-développées vers des équilibres économiques plus prometteurs. Ces dirigeants conditionnaient la réalisation de performances économiques au rendement du secteur industriel dont l'installation devra se faire en trois mouvements : l'industrialisation par la substitution d'importation (ISI), l'industrialisation par les industries industrialisantes et enfin l'industrialisation par la substitution des exportations (ISE). Les deux premières stations sont orientées vers le marché intérieur alors que le dernier est axé sur les marchés extérieurs.

Dans une tentative d'application de cette théorie, les régimes monolithiques entreprirent une politique d'industrialisation dès les années 1970. Mais les instruments structurels devant servir de fondement à cette politique n'étaient pas suffisamment solides. C'est pourquoi les efforts d'industrialisation se sont limités aux industries légères. Cette dynamique permit de créer des unités industrielles de transformations des matières premières locales, mais elle ne put se pérenniser en raison des difficultés économiques au plan international. L'inexistence d'une classe moyenne en mesure de consommer les biens produits par les industries locales et l'entrée de pays économiquement fragiles dans les circuits mondiaux de la concurrence vont avoir des effets désastreux sur les économies africaines. Les élites au pouvoir qui se sont rapidement enrichies avec les deniers publics ont pris des habitudes de consommation orientées sur les produits provenant des industries occidentales. Henri Paris s'en fait justement l'écho lorsqu'il écrit :

« La corruption est permanente parmi la quasi-totalité des dirigeants africains, grands et petits. D'une manière abrupte, on peut asséner que ces dirigeants n'ont aucun sens de l'Etat et du bien public, parce qu'il n'y a pas

d'Etat. Alors, le dirigeant suprême d'un pays d'Afrique n'est pas un homme d'Etat. Il est à son service propre et à celui de son ethnie. Il choisit son entourage gouvernemental dans les rangs de sa parentèle tribale et ethnique. Le phénomène est courant ».

Dès lors, le cycle de la pauvreté avait commencé par s'abattre sur les différentes catégories socioprofessionnelles d'Afrique subsaharienne. Par ailleurs, il manque de ressources nécessaires pour assurer la maîtrise technique et technologique de l'industrialisation à l'amont et à l'aval de la production. Les unités ainsi créées ne furent pas dotées des ressources humaines conséquentes, puisqu'elles servaient de récompense professionnelle pour les sympathisants les plus zélés du parti unique. Ceux-ci sont postés au niveau des instances décisionnelles des unités industrielles et prennent des orientations qui sont dictées non par l'obligation de rendement, mais par leur allégeance aux autorités gouvernementales. Par ailleurs, les responsables choisis sur des bases du militantisme vont à leur tour y recruter en masse du personnel sélectionné selon des accointances politiques ou familiales. Les problèmes de gestion surgissent très rapidement, puisque les coûts de production et les charges salariales du personnel pèsent lourdement sur le fonctionnement des sociétés industrielles qui sont généralement du ressort de l'Etat. Ces entreprises connurent plus tard des difficultés insurmontables que les gouvernements vont s'efforcer de résoudre. Pour les sauver, des parts non négligeables du budget national leur furent consacrées. Au lieu de servir au décollage économique, ces unités industrielles devinrent des goulots d'étranglement pour les finances nationales.

La libéralisation du jeu politique et l'installation des organes de contrôle de la gestion s'accompagnent aussi d'une libéralisation de l'espace économique. La gestion de l'Etat cède peu à peu le champ économique à des investisseurs privés qui gèrent les entreprises sur des bases plus rationnelles. Bien avant la démocratisation, les partenaires économiques internationaux et surtout la Banque Mondiale et le Fonds Monétaire International ont, dans leur approche de solution aux déséquilibres financiers, préconisé la privatisation de certains pôles des économies nationales. Cette solution qui ne constituait pas a priori la meilleure porte de sortie pour les pays d'Afrique subsaharienne est symptomatique des dérives observées dans la gestion de la chose publique en Afrique noire.

A côté des programmes de développement axés sur les investissements externes ou encore sur l'industrialisation, d'autres voies théoriques ont été envisagées pour amorcer le décollage des économies d'Afrique noire. Il s'agit en l'occurrence de la théorie de la croissance déséquilibrée dont les ressorts détaillés sont présentés par Hirschmann. Partant des grandes potentialités naturelles dont disposent les pays de l'Afrique subsaharienne, Hirschmann souligne que ces pays devraient encourager les déséquilibres au lieu de chercher à les éliminer. Il justifie ses vues en relevant que le développement économique se fait par des stations successives de déséquilibres. Ces déséquilibres motivent de nouveaux financements qui serviront à renforcer la dynamique économique. Mais l'expérience économique faite par les pays africains après les indépendances montre que les déséquilibres budgétaires n'ont pu enclencher une dynamique de décollage économique. Le bilan sur la gestion économique repose invariablement sur l'argumentation selon laquelle les différentes options prises par les élites africaines ont été désastreuses pour les populations de leurs pays. En dépit de la pesanteur des contingences extérieures, les autorités postcoloniales passent aux yeux des populations pour les premiers responsables des échecs économiques en Afrique. Les intentions affichées dans leurs discours mobilisateurs des masses africaines furent rapidement débordées par des exigences politiciennes comme la conservation du pouvoir, la résolution des rivalités internes, ou encore la répression des oppositions internes. Bref, des nécessités politiciennes sont vite passées au devant des exigences que constituait l'amélioration des conditions de vie de leurs populations. Pour cette raison, les contestations des masses populaires après les ouvertures démocratiques prennent essentiellement en compte la faillite économique des pays d'Afrique subsaharienne quelques années après les indépendances. Cette faillite ne manqua pas de se répercuter sur la vie quotidienne des populations, constituant une sorte de bombe sociale dont le processus de mise à feu fut enclenché avec les premiers flottements des administrations servant de support au monolithisme politique.

Les manifestations de la faillite économique

La démocratisation des sociétés africaines vers la dernière décennie du deuxième millénaire se déroule dans un contexte social particulier. Les pesanteurs de ce contexte social vont se répercuter sur les perceptions et les applications des idéaux démocratiques. Il faut noter que l'édifice social envisagé par les premières autorités africaines sera écrasé par la forte présence de l'Etat. Les instances publiques se rendirent maîtres des divers secteurs de la vie sociale pour les redistribuer ensuite. Or, les mécanismes de redistribution n'obéirent pas aux règles d'équité, mais à des accointances de tous ordres. L'Etat fut rapidement discrédité aux yeux des citoyens qui se sentirent rapidement rejetés à la périphérie de la nation, les maigres ressources existantes étant réparties entre les militants les plus engagés dans le parti unique. Dès les indépendances, la communauté internationale s'était rendue compte que l'inexistence de stratèges économiques expérimentés risquait de mener les nouvelles nations africaines vers des expériences économiques peu concluantes. Très vite, les administrations publiques africaines voient accourir à leur chevet des conseillers et des partenaires économiques et financiers. Les Institutions Financières Internationales comme le Fonds Monétaire International et la Banque Mondiale vont y jouer un rôle de plus en plus prépondérant. Les flottements successifs des administrations publiques, leur approximation technique confortèrent la nécessité d'une assistance extérieure. Alors que l'indépendance politique devait être saisie comme une opportunité pour construire le socle d'édifices socioéconomiques fiables et indépendants, les élites africaines ont rapidement manqué cette porte de sortie pour plonger le continent dans les méandres de la pauvreté. A la place des anciens réseaux de dépendance que constituaient les administrations coloniales, vont se tisser de nouveaux cadres de dépendance axés sur des ressorts essentiellement économiques. Certes, l'héritage historique de la rencontre coloniale contenait en soi un certain potentiel de pérennisation des relations de domination du Sud par le Nord. Mais la dévolution des décisions politiques aux élites africaines n'aboutit pas à la cristallisation des passions nationalistes autour de programmes politiques et économiques où se reconnaissent toutes les composantes de la population. L'aveu d'impuissance des élites postcoloniales se matérialisa par l'irruption d'acteurs extérieurs dans les orientations économiques sur le continent. Cet interventionnisme d'instances externes va priver les gouvernements africains des leviers économiques dont ils pouvaient se servir pour rassembler les populations africaines autour de l'action publique. Contraintes de céder une partie de leur pouvoir économique à des institutions qui affichaient avant tout une volonté de faire des profits, les élites politiques cèdent du terrain. L'intervention d'institutions tierces dans les mécanismes économiques subsahariens va interrompre la complicité fragile qui liait les élites africaines avec les masses populaires. Il n'est donc pas étonnant de voir de nouveaux mécanismes s'installer à l'initiative des Institutions Financières Internationales. Les méthodes de gestion initiées par ces nouveaux acteurs vont bouleverser les édifices socio-économiques érigés pendant deux décennies. En somme, la réforme des orientations économiques induites par la correction des anciennes politiques économiques se fit aux dépens des populations africaines. Pour comprendre la déliquescence socioéconomique qui prévalut avant et pendant les processus de démocratisation, il convient d'analyser en détails les approches de solution imposées aux pays d'Afrique subsaharienne pour revenir aux équilibres budgétaires.

Les Programmes d'Ajustement Structurel en Afrique subsaharienne

Les désordres économiques induits par les orientations économiques des gouvernements africains ont rendu indispensable l'introduction de nouveaux modes d'organisation économique en Afrique subsaharienne. Les Programmes d'Ajustement Structurel sont le résultat de la faillite économique, sans qu'ils soient axés sur l'arrimage des dispositifs économiques aux besoins des populations. Au contraire, ces besoins furent rapidement relégués au second plan devant l'acuité des préoccupations macroéconomiques. Les Programmes d'Ajustement Structurel participaient d'une préoccupation budgétaire que de la nécessité d'accroître la solvabilité des pays d'Afrique subsaharienne. Les systèmes d'échanges entre le Nord et le Sud étaient toujours à l'avantage des premiers et avaient accéléré la déconfiture économique née des options aventureuses prises par les administrations étatiques. Dès le départ, les difficultés économiques en Afrique noire avaient poussé de nombreux pays à s'endetter auprès de leurs partenaires commerciaux, économiques et financiers. L'aggravation de l'endettement et la détérioration croissante de la situation économique au plan international achèvent de dépouiller les pays africains de leurs capacités économiques. Plongés dans une crise structurelle grave doublée d'un recul des prix des matières premières, ces pays se trouvent en manque de devises pour satisfaire les exigences d'une dette qui ne cesse de croître au fil des années. L'incapacité des pays d'Afrique subsaharienne à répondre à leurs engagements auprès de leurs partenaires internationaux interpella la Banque Mondiale et le Fonds Monétaire International qui étaient, on ne devait pas s'en défendre, des Institutions Financières appelées aussi à être rentables. Ces institutions imposèrent des mesures draconiennes de gestion pour dégager des fonds destinés à répondre aux engagements des gouvernements africains auprès des créanciers. D'énormes sacrifices furent consentis sur le dos des populations déjà projetées sur les voies de la précarité.

D'un point de vue politico-historique, l'intervention de ces institutions qui sont le bras séculier du capitalisme financier constitue les premiers indices d'une libéralisation économique dont les pendants politiques surgissent rapidement quelques années plus tard. Ceci consacre aussi la libération de certains espaces par l'Etat sur fond d'une émergence fulgurante de nouveaux instruments plus ou moins déliés de la tutelle étatique. Ce furent les débuts de la rupture de la centralisation étatique qui vont voir progressivement de nouveaux appareils socioéconomiques émerger aux côtés de la puissance étatique.

Pour revenir aux Programmes d'Ajustement Structurel, de nombreux pays d'Afrique subsaharienne furent dans la nécessité de recourir à l'assistance des Institutions Financières Internationales. Très vite, ces programmes ont pris l'allure d'un nouveau modèle économique imposable pour les économies du Tiers-Monde et principalement pour celles d'Afrique subsaharienne. Ces nouveautés du point de vue de l'organisation économique vont, surtout des années 1980 jusqu'aux débuts de la libéralisation politique, remodeler la situation socioéconomique de la plupart des pays situés au Sud du Sahara. Aussi l'activisme populaire en faveur du multipartisme fut-il alimenté par le déchirement du tissu social. En effet, en tenant compte de la décennie 1980, soit l'espace temporel allant de 1980 à 1989, le magazine Cornia de 1994 mentionne une cinquantaine de pays d'Afrique subsaharienne ayant recouru aux Programmes d'Ajustement Structurel : la République Centrafricaine, la Guinée Equatoriale, le Gabon, le Malawi, l'Ouganda, la Mauritanie, le Sénégal, la Somalie, la Tanzanie, le Kenya, le Libéria, l'Ile Maurice le firent dès 1980. Suivirent après des pays comme la Côte d'Ivoire, l'Ethiopie, la Gambie, la Guinée Bissau, le Mali, la Guinée, la Sierra Léone, le Soudan, le Zaïre (actuelle République Démocratique du Congo), la Zambie, le Zimbabwé, le Togo. Entre 1983 et 1989 le Bénin, le Burundi, le Cameroun, le Congo, le Ghana, le Lesotho, le Mozambique, le Niger, le Nigéria, le Sao-Tomé et le Tchad subirent aussi le même sort. L'ampleur de l'intervention des instances financières extérieures dans les décisions économiques témoigne d'une conjoncture grave à l'échelle du sous-continent situé au Sud du Sahara.

Initiés au départ pour répondre temporairement à la déstructuration des mécanismes économiques afin de les adapter aux normes économiques internationales, les Programmes d'Ajustement Structurel visaient à introduire une réorientation des données institutionnelles. Ces réorientations touchaient à la révision des modes de production et d'échanges. En conséquence, les **P**rogrammes d'**A**justement **S**tructurel devaient procéder de la libéralisation des circuits nationaux du commerce, de la privatisation des entreprises et des sociétés publiques, de la dynamisation du secteur de l'emploi, de l'interruption ou de la rationalisation du recrutement des agents publics et l'imposition de nouvelles taxes.

Les visées des Institutions Financières Internationales se traduisirent dans la pratique par la suspension des obstacles tarifaires qui garantissaient des revenus aux producteurs nationaux. L'ouverture sans limite des marchés déjà étroits aux règles du commerce international va achever de rompre le fragile équilibre des économies africaines. En l'absence de bases économiques et financières fiables, les brèches ouvertes pour les acteurs commerciaux internationaux ont des effets désastreux sur les populations africaines peu armées pour soutenir des rivalités avec des compagnies internationales. Le désastre fut d'autant plus prononcé que les autorités gouvernementales devaient se retirer du jeu économique selon les injonctions de leurs partenaires. Dans la même foulée, furent menés des programmes de privatisation qui offrirent aux compagnies occidentales de disposer d'une force économique solide sur le continent en face de populations livrées à elles-mêmes. Si la nouvelle dynamique était largement favorable à l'émergence et à la consolidation du secteur privé, elle donnait la voie libre à l'application des principes du capitalisme de marché dans des espaces économiques déjà exsangues.

Dans la réalité, les solutions apportées aux problèmes d'équilibre budgétaire contribuèrent à défaire le modèle socio-économique installé depuis les indépendances. Ce modèle tenait essentiellement compte de la précarité structurelle des populations africaines, et en dépit des indélicatesses politiques, il existait des mesures visant à alléger la tâche aux populations grâce à la centralisation des prestations entre les mains de l'Etat. Ces prestations, touchant dans une large mesure à l'éducation, à la santé et au secteur des services, requerraient un certain volume du budget national. Très vite, la nouvelle approche imposée par les partenaires occidentaux distingue les branches productives des branches non productives dans la répartition du budget. Etaient jugées improductives les parts des ressources nationales affectées aux secteurs sociaux comme l'éducation et la santé. Ces parts devaient être considérablement réduites ou totalement supprimées, laissant l'Etat africain en face de populations croupissant dans la plus abjecte des misères. Cette orientation eut des retombées politiques conséquentes puisqu'elle altérait définitivement les rares liens matériels par lesquels la présence de l'Etat central était perceptible chez les masses populaires marginalisées par la répartition des ressources. Par ailleurs, la restriction des sphères d'intervention du pouvoir central touche aussi le secteur professionnel. Or, l'Etat était resté depuis des années le principal employeur des milliers de diplômés sortis des universités et des centres de formation. Privés d'une large partie de ses ressources par la rigueur budgétaire, les gouvernements d'Afrique subsaharienne se retrouvent pris entre l'étau des Institutions Financières Internationales et la pression sociale croissante. Celle-ci trouva un exutoire pendant les révolutions démocratiques de 1990.

Aux yeux de nombreux théoriciens, la privatisation des entreprises devait permettre d'accroître les rendements au plan national, de lutter contre le gaspillage, d'éviter le bradage des sociétés étatiques. Seulement, les conditions des privatisations ne furent pas les meilleures. Les strates sociales africaines se composaient essentiellement de citoyens pauvres et d'une bourgeoisie locale inactive et dont le seul potentiel est de détourner à son profit les richesses nationales. L'absence d'une culture entrepreneuriale au niveau local fit en sorte que les sociétés privatisées échurent à des compagnies étrangères qui rapatrient les bénéfices ou à des barons des partis uniques qui utilisent leurs relations politiques pour entrer en possession des entreprises privatisées. Comme on le voit, le processus de privatisation ne put aboutir à des résultats probants.

Au demeurant, les Programmes d'Ajustement Structurel ont consacré la primauté de considérations purement macro-économiques sur les aspirations des populations africaines. Déchirés entre la demande sociale et les exigences d'équilibre budgétaire, les gouvernants des pays d'Afrique subsaharienne furent contraints de sacrifier les intérêts des populations. Ils étaient peu enclins à prendre des options contraires aux exigences de leurs partenaires internationaux. Ayant rapidement bradé la marge de manœuvre économique acquise grâce à la libéralisation politique, les élites d'Afrique subsaharienne ne disposaient plus d'arguments en face de leurs partenaires internationaux. Ils se retrouvent dans l'obligation de céder aux exigences de leurs partenaires internationaux qui font dépendre leurs assistances financières de l'obéissance à leurs injonctions. Or, l'assistance financière de la Banque Mondiale et du Fonds Monétaire International visait avant tout à donner aux pays africains les moyens de satisfaire leurs échéances auprès des créanciers internationaux.

La précarité économique associée à la mise sous tutelle économique de la plupart des pays d'Afrique noire constituera le terreau sur lequel vinrent se greffer les contestations politiques des années 1990. Les flottements politiques accompagnant ces mouvements de lutte pour le multipartisme ne seront pas favorables au contexte économique fragile. Les chocs sociopolitiques nés de certaines révolutions démocratiques en Afrique noire accélérèrent la déstructuration des équilibres institutionnels existants. Il en résulta la faiblesse croissante des appareils d'Etat qui vont céder à la poussée d'autres acteurs. C'est dire que l'acuité de la demande sociale fut le principal moteur des ouvertures démocratiques lorsqu'on s'en tient aux facteurs endogènes.

Les retombées sociales du marasme économique en Afrique subsaharienne

Les trois décennies d'autogestion se sont répercutées de manière drastique sur le devenir des populations d'Afrique subsaharienne. Si les efforts de correction de l'action gouvernementale ont accéléré la déconfiture sociale, les élites postcoloniales sont entièrement responsables des expériences désastreuses vécues par leurs populations. Les programmes d'assainissement des finances publiques et les restrictions du recrutement des agents se traduisirent par la montée du chômage et une aggravation de la précarité sociale en raison des licenciements et des retraites anticipées. Alors que les élites au pouvoir continuaient tranquillement de s'enrichir en achetant les entreprises privatisées, en poursuivant leurs manœuvres de corruption, les Programmes d'Ajustement Structurel frappèrent sévèrement les catégories socioprofessionnelles les plus paupérisées. L'édifice national vanté dans les envolées discursives des élites s'avéra un château de cartes qui se désintégra devant les choix politiques douteux. Les prestations de l'Etat envers son édifice sociétal étaient largement insuffisantes en l'absence de planification sociale pouvant servir à affiner l'action gouvernementale.

Dès le départ, la pression démographique constante a fait du secteur social une branche exerçant une forte pesanteur sur les finances nationales. Comme les autorités ne purent mettre à profit cette situation pour générer une dynamique socioéconomique, la pression démographique se transforma en un terrible instrument de pression. L'inégale répartition des ressources avait aussi reproduit dans les pays nouvellement indépendants une stratification sociale dont les travers vont vite se révéler au grand jour. La naissance d'une bourgeoisie locale ne fut pas comme en Europe le résultat d'une structuration socioéconomique, mais procède plutôt d'une appropriation arbitraire des ressources destinées à des milliers de personnes. Les richesses nationales sont devenues la propriété d'une clique de personnes rôdant dans les couloirs attenants au sommet de l'Etat. Henri Paris précise que (Paris 2009 : 100) :

« Les fonds de la corruption proviennent des commissions versées par les sociétés d'exploitation étrangères et aussi de la coopération. L'aide financière au titre de la coopération est versée à un gouvernement africain et, à partir de là, elle se perd dans des méandres de telle manière qu'une très faible part arrive aux destinataires prévus. Aucun contrôle n'est effectué, tant par le coopérateur qui doit respecter la souveraineté des anciennes colonies devenues Etats indépendants, que par l'Etat receveur dont les organismes font partie des récipiendaires de la corruption ».

Le détournement des ressources nationales limite la capacité de l'Etat à installer les infrastructures sociales devant répondre aux besoins des masses populaires. Celles-ci voient s'installer dans leur entourage des concitoyens jouissant d'une richesse qui tranche de manière insolente avec leur indigence croissante. Et comme la distribution des richesses nationales se fit sur la base des accointances ethniques, politiques et tribales, la stratification sociale ne manqua pas d'attirer des animosités entre les différentes composantes de la nation. Ces deux pôles de l'édifice sociétal furent les deux acteurs principaux agissant lors des processus de démocratisation de l'Afrique subsaharienne.

Mais bien plus que les questions identitaires, le fond véritable des chocs accompagnant les processus de démocratisation relève plutôt d'une insuffisance des services de base. Les mauvaises politiques gouvernementales ont occulté la demande sociale qui s'accumula au fil des décennies. Alors que l'administration coloniale s'était efforcée d'installer des structures sociales chargées de veiller à la promotion des ressources humaines indispensables à l'exploitation des territoires occupés, les partis uniques accordèrent plus d'importance aux activités politiques qu'à la nécessité de doter les différentes régions du territoire de structures de base. La vie politique étant centrée autour des grands centres urbains, les infrastructures sociales étaient prioritairement érigées dans ces régions où la pression démographique et l'afflux des populations des zones rurales finissaient par submerger les dispositifs mis en place. Aux yeux des élites postcoloniales, l'existence d'une permanence du parti unique importait mieux que la mise en place des infrastructures ayant directement une influence sur le quotidien des populations. Des années passées à vilipender des prétendus néocolonialistes, alors même que de nombreux chefs d'Etat étaient alliés aux puissances occidentales, lesquelles ont occupé les populations et les gouvernants. Les masses populaires d'Afrique subsaharienne se réveillèrent brusquement dans les années 1990 en se rendant compte que rien ne fut fait pendant des décennies. Les routes restent encore jonchées de nids de poules et se retrouvent uniquement dans les zones urbaines. Les régions rurales pourtant pourvoyeuses de ressources alimentaires pour des millions de citoyens incapables de se procurer les biens alimentaires importés restent à la périphérie. La mécanique de la corruption, alimentant les rouages du clientélisme et du népotisme, a systématiquement détourné les fonds destinés à la réalisation des infrastructures. Celles qui ne connurent pas le même sort furent réalisées avec des moyens en deçà des exigences techniques et ne peuvent durer longtemps. L'Etat squelettique du réseau routier inspire peu de confiance aux investisseurs internationaux qui préfèrent se retirer pour des pays plus dotés dans le domaine des infrastructures. L'Etat des routes est en effet si défectueux que de nombreux villages se retrouvent enclavés pendant la saison des pluies. Il en découle l'échec des politiques d'autosuffisance alimentaire proclamées à grand renfort de publicité. Celles-ci ont vite montré leurs limites pour des raisons multiples. Les masses productrices de ressources agricoles ont été marginalisées par les financements et les banques de crédit agricoles ont plutôt mobilisé leurs devises en faveur d'hommes politiques généralement éloignés des secteurs agricoles. Les prêts n'étaient plus recouvrables, puisque les banques n'avaient pas les moyens de poursuivre les barons du parti unique qui s'avérèrent peu solvables. Par ailleurs, la mécanisation de l'agriculture resta uniquement au niveau des exploitants ayant des accointances avec le parti au pouvoir. Enfin, l'insuffisance des voies de communication et l'enclavement de certaines régions ont cloisonné la production alimentaire sur des marchés locaux confinés dans l'espace de quelques villages. Le résultat fut que des ressources alimentaires ne parvinrent jamais aux grands centres de consommation que sont les zones urbaines. Il n'est même pas rare que les populations voient pourrir leurs productions, faute de moyens de transport pour les acheminer vers les marchés urbains. Ce qui saute aux yeux des populations africaines après des décennies d'autogestion, c'est que les populations furent prêtes à se porter aux avant-postes de la lutte contre la pauvreté, alors que les élites politiques ont vite sombré dans la médiocrité et dans la bêtise. La construction nationale fut concentrée uniquement au niveau des discours politiciens, les populations furent invitées au travail, à l'abnégation alors que les élites politiques étaient occupées à détourner et à brader les maigres ressources dont disposaient les pays.

Dans le domaine de l'éducation, des écoles furent construites, mais elles n'étaient pas à la hauteur de la demande scolaire au sein d'une population dont l'accroissement naturel est des plus élevés au monde. L'insuffisance des infrastructures avait déjà rendu précaire l'accès des enfants. Or, les politiques d'austérité budgétaire introduisent des limitations dans les dépenses consacrées à l'éducation. Ceci se traduisit sur le terrain par l'interruption des structures d'encadrement des enseignants. L'insuffisance de ressources ne permit plus de renforcer les capacités des ressources humaines impliquées dans le jeu pédagogique. S'ensuivit la démotivation du personnel enseignant. Les infrastructures scolaires furent rapidement débordées par la demande pressante, alors que le matériel didactique s'altéra au fil du temps. Au demeurant, le retrait partiel de l'Etat du secteur de l'éducation laissa le champ libre au secteur privé qui émergea rapidement. Ainsi, la période précédant les ouvertures démocratiques vit se répandre la privatisation de l'éducation avec une rupture brutale des idéaux de la démocratisation de l'éducation. Devant la vétusté et la déficience de l'offre éducative proposée par l'Etat, les citoyens les moins paupérisés inscrivent leurs enfants dans les structures de formation scolaire privée. Celles-ci suppléent certes aux défaillances de l'appareil administratif public, mais opère une sélection dans l'accessibilité à l'éducation de qualité en raison des coûts exorbitants. Au fil du temps, la fracture éducative s'est traduite par la floraison de centres de formation privés dont les prestations ont commencé par décliner du point de vue qualitatif. Or, la défaillance du point de vue qualitatif et quantitatif du secteur éducatif ruine l'intelligence politique puisque les citoyens sont généralement constitués d'une foule de personnes, dont le niveau d'analphabétisme n'est pas en mesure de jauger efficacement les motivations des acteurs, les enjeux du débat politique et les aspirations les plus pressantes. Une étude de la Banque Mondiale sur le Togo analyse l'évolution de la scolarisation dans les années 1980 à 1990 sans perdre de vue les incidences économiques et politiques (Banque Mondiale 1996 :25) :

« Comparé à ceux d'autres pays de l'Afrique sub-saharienne, le taux de scolarisation du Togo au niveau du primaire était autrefois élevé (71% en 1980). Cependant, dès la seconde moitié des années 80, la croissance rapide de la population et la récession économique ont contribué à la constante détérioration de tous les indicateurs de l'éducation. La crise politique et économique du début des années 90, et en particulier la grève de 1992-1993, ont davantage affaibli ce secteur. En conséquence, le taux de scolarisation dans le primaire est tombé à 60,4% et les taux d'abandon et de déperdition scolaires sont maintenant parmi les plus élevés de l'Afrique sub-saharienne (36% et 7,6% respectivement). Les effectifs pléthoriques dans les salles de classes urbaines ont des effets néfastes sur la qualité de l'enseignement, tandis que le manque de matériel pédagogique et d'enseignants sont des problèmes ressentis dans tout le pays, et tout particulièrement en milieu rural ».

A côté de l'éducation, la santé restait le domaine où la faillite des gouvernements était manifeste. Les infrastructures sanitaires installées depuis les premières années des indépendances sont demeurées vétustes, puisqu'il n'existe pas de programme médical quadrillant tout l'espace territorial. Les préoccupations politiciennes ont empêché les gouvernements d'évaluer avec lucidité les besoins des populations. Le climat global qui prévalait en Afrique subsaharienne était suffisamment décevant pour que les populations cherchent des moyens de se défaire de ceux qu'elles tiennent pour responsables des dérives socioéconomiques. Toutefois, l'appareil politico-militaire n'avait pas fini d'inspirer une terreur froide aux populations dont la mémoire reste imprégnée des atrocités des forces de sécurité nationales. Même si une opposition se fut constituée à ces régimes qui ne toléraient aucune divergence de vue, cette opposition était exilée vers les anciennes métropoles pour se soustraire au sort des opposants tombés entre les mains des tortionnaires du parti unique. Dans de nombreux pays d'Afrique subsaharienne, ces oppositions informelles se retrouvèrent à la tête des contestataires dont la mobilisation est motivée aussi bien par des préoccupations matérielles que par le souci de la participation citoyenne dans les affaires de la cité. Cette participation procédait d'un retrait de la puissance étatique de tous les appareils institutionnels pour laisser la place à des instances de contrôle de l'action gouvernementale et représentative des masses populaires. Portés par l'acuité des revendications sociales, les processus de démocratisation vont se nourrir de l'affaiblissement croissant de la puissance étatique induit par le vent de l'Est. En définitive, les ouvertures politiques furent très vite perçues par les populations comme une lutte pour la liberté qui fait appel aux anciens archétypes de la période des indépendances africaines. Comme si les acquis de ces indépendances avaient été remis en cause par les élites postcoloniales, la contestation populaire place la démocratisation sous le signe d'une équité entre les composantes de la nation. Et dans la plupart des pays d'Afrique subsaharienne, il n'y eut objectivement aucun dirigeant qui put vaincre les vagues de la libéralisation politique en se référant à son bilan à la tête de l'Etat pendant les années antérieures. C'est pourquoi dans les facteurs internes ayant accéléré les révoltes démocratiques en Afrique noire, l'aspect social reste dominant. En conséquence, le combat pour la démocratisation des structures politiques en Afrique subsaharienne va mettre dans la plupart des cas les populations en contradiction avec les pouvoirs sortants. Ceux-ci s'appuient sur les lobbies irréductibles qu'ils se sont octroyés par la dévolution tendancieuse des richesses nationales. Mais les aspirations populaires vont se heurter à la réticence des régimes sortants qui entendaient, en dépit de leur bilan désastreux, garder tous les rouages du pouvoir. De ce fait, la libéralisation de l'espace politique de l'Afrique subsaharienne se traduisit par des chocs violents qui contribuèrent à fragiliser le ciment socioéconomique dans les pays concernés.

CHAPITRE 4

Les révolutions démocratiques en Afrique subsaharienne

Les grands mouvements géostratégiques accompagnant les péripéties devant mener à l'essoufflement du bloc soviétique ont été vite perçus par les élites africaines marginalisées par leurs pouvoirs publics comme une occasion de défaire le monolithisme politique en Afrique. Car la mise en place des dictatures en Afrique subsaharienne s'était faite au regard d'une certaine intelligence stratégique dont les ressorts échurent aux pays membres de l'Organisation du Traité de l'Atlantique Nord (OTAN). La lutte idéologique entre le capitalisme et le communisme s'était désaxée du cadre territorial des pays concernés pour se faire exporter sous des espaces politiques lointains sans enjeux économiques. Mais les enjeux idéologiques et géostratégiques étaient plus prononcés en Amérique Latine, où les mouvements révolutionnaires harcelaient les dictatures soutenues par les Etats-Unis. En Asie aussi, le départ des administrations coloniales européennes avait laissé le champ à une fulgurante ascension de régimes progressistes. La désastreuse défaite française de Bien Dien Phu en Indochine, l'enlisement de l'armée américaine au Vietnam ont conduit le bloc capitaliste à revoir les modalités de cession de nouveaux espaces politiques aux peuples colonisés. Or, il n'était nullement question de remettre en cause le principe du droit des peuples à disposer d'eux-mêmes inscrit dans la déclaration universelle des droits de l'homme. Il s'avérait nécessaire donc de trouver des stratégies de sortie politique des espaces soumis à l'arbitraire colonial sans toutefois donner aux régimes révolutionnaires de se répandre sur les espaces nouvellement libérés. Or, des expériences faites par les puissances occidentales avec l'Angola, le revirement progressiste de certaines anciennes colonies et la proximité idéelle entre les nationalistes africains et l'idéologie communiste ont convaincu les puissances occidentales de la nécessité de canaliser les orientations politiques des nations d'Afrique subsaharienne. Ce fut dans cette optique qu'intervinrent les indépendances en Afrique noire. Celles-ci avaient vu émerger au devant de la scène politique des élites nationalistes idéologiquement autonomes. Cette liberté d'orientation fut vite perçue comme dangereuse pour le maintien des équilibres géostratégiques en

Afrique subsaharienne. Des stratèges politiques entrèrent en jeu pour essayer de travailler à une réoccupation sournoise de l'espace libéré quelques années plus tôt. Cette manœuvre se traduisit sur le champ de la politique sous-régionale par des changements politiques à la tête de la plupart des pays d'Afrique subsaharienne. Occupés à gérer les velléités communistes en Asie et en Amérique Latine, les Etats-Unis laissèrent à ses alliés européens qui avaient une forte culture impérialiste derrière eux le soin de régenter ses espaces. Ainsi, la Grande-Bretagne dans une certaine mesure et surtout la France entreprirent une réorganisation de l'espace politique subsaharien en s'impliquant sournoisement dans le jeu de chaises orchestré à la tête des nations africaines. La France s'y illustra particulièrement comme en témoigne la vague des coups d'Etat qui marqua l'histoire de nombreux pays africains. En contrepartie, le placement de personnalités acquises à la cause des anciennes métropoles constituait un obstacle contre le communisme en Afrique et assurait en outre à la métropole la conservation d'intérêts économiques importants dans la région. Ce manège dura pendant toute la période postcoloniale jusqu'au moment où les velléités communistes furent totalement endiguées dans la sous-région par la consolidation des dictatures comme celles de Mobutu Sésé Séko, de Gnassingbé Eyadéma, de Houphouët Boigny qui étaient les relais locaux de la politique française en Afrique. Même si des régimes à essence révolutionnaire survinrent, leur horizon fut vite réduit par la présence d'un réseau efficace de chefs d'Etat en mesure d'influencer militairement et politiquement les luttes d'influence dans les pays voisins. Les régimes à portée révolutionnaire comme ceux de Jerry John Rawlings au Ghana, de Mouammar Kadhafi en Libye, de Mathieu Kérékou au Bénin, de Thomas Sankara au Burkina Faso ou encore de Sékou Touré ne purent générer un élan géopolitique capable d'entraîner le voisinage dans le camp progressiste. A cela, veillaient les puissances coloniales qui s'impliquaient parfois dans la dévolution de la prééminence entre les chefs d'Etat de la région. Les peuples d'Afrique subsaharienne ne jouaient pas de rôle significatif dans la dévolution du pouvoir. Cette lutte se jouait entre des acteurs politiques disposant d'accointances solides avec l'armée et la métropole. Ce fut cet équilibre géostratégique qui fut remis en cause à la fin de la guerre froide, comme Lo Gourmo le souligne (Lo Gourmo : 2003) :

« La fin de la guerre froide va bouleverser l'ordre des choses en remettant en cause l'intérêt stratégique global du continent dans la géopolitique mondiale. Cette perte d'intérêt subie va plonger la plupart des dirigeants africains dans un profond désarroi et émousser leur velléité de résistance aux revendications politiques de leur population, d'autant plus que la mondialisation ouvre de nouvelles perspectives de compétition économique et commerciale tous azimuts ».

La chute du mur de Berlin et l'affaiblissement croissant du bloc soviétique avait convaincu les puissances occidentales de relativiser leur appui aux dictatures africaines. Leur utilité pour l'équilibre stratégique au niveau de l'Afrique subsaharienne était remise en cause par la dislocation progressive de l'Union des Républiques Sociales Soviétiques. Par ailleurs, la longévité de ces régimes avait créé pour les pays africains un cycle de dépendance appelant constamment l'assistance de leurs alliés occidentaux pour remédier aux problèmes budgétaires et aux grands drames sociaux comme la famine et les épidémies. Tous ces facteurs se combinèrent avec un éclatement relatif de la complicité entre les puissances de l'Alliance Atlantique. La France était parvenue à se tailler des vastes zones d'influence en Afrique subsaharienne après l'avènement des indépendances. La stabilisation du front pour les luttes d'influence amène les USA à se lancer à la recherche de nouveaux pôles de domination. Sortis vainqueurs de la guerre froide, les Etats-Unis n'entendaient pas laisser des alliés comme la France jouer le rôle de gendarme dans certaines régions du globe. Aux rivalités idéologiques, avait succédé une course effrénée pour le contrôle de certaines zones riches en matières premières. Cette nouvelle compétition entre des puissances fut le décor général des processus de démocratisation de l'Afrique noire. Pour les populations soumises à des années de dictature, le désir de changement se saisira de ces nouvelles opportunités pour générer un espace de liberté et d'expression des aspirations citoyennes.

Révolutions démocratiques en Afrique subsaharienne

Le vent de contestation de l'apparachik soviétique dans les pays de l'Est se répand très vite dans les pays d'Afrique subsaharienne où les mécanismes du pouvoir étaient analogues à la centralisation du pouvoir d'inspiration soviétique. Les premières étincelles de la contestation furent allumées par les citoyens exilés dans les anciennes métropoles. Celles-ci orchestrèrent les premières actions de protestation contre l'ordre politique existant. S'inspirant des événements des pays comme la Roumanie, les populations africaines se mobilisent dans une contestation souvent violente du monopartisme politique dont les instances représentatives se retrouvent entre les griffes de la vindicte populaire. Déchaînées par des frustrations accumulées pendant des décennies, les masses populaires s'en prennent directement aux différents symboles du pouvoir monolithique dont elles contestent la légitimité. Des structures administratives destinées à l'exercice du pouvoir sont systématiquement saccagées par des foules meurtries par des décennies de répression. Dans la plupart des cas, il s'agissait de mouvements citoyens mobilisés autour de personnalités qui prennent rapidement la tête de la contestation. Très vite, des oppositions politiques virent le jour, et donnèrent un visage plus précis à la contestation et pressèrent les gouvernants à prendre des mesures favorables à l'instauration du multipartisme. Le champ des libertés restait encore confisqué par la machine policière appelée à étouffer les manifestations des populations. La confrontation dégénéra en chocs violents. Mais sous la pression des forces populaires mobilisées contre le pouvoir en place, les gouvernements concédèrent certaines libertés. Une grande partie des oppositions africaines exilée en Europe entreprit de revenir au pays pour coordonner les protestations. La position des régimes monolithiques devenait de plus en plus intenable, devant les pressions internes et des sollicitations externes de leurs partenaires occidentaux. Le gouvernement socialiste de la France se montra encore plus précis, lorsque François Mitterrand appela, dans le discours de la Baule, les chefs d'Etat des pays francophones à introduire des réformes institutionnelles et constitutionnelles dans l'optique d'une plus grande représentativité des instances gouvernementales. A ce sujet, Jean de Menthon écrit :

« Dans son discours du 19 juin, le président français déclarant souhaiter la création d'un ou de plusieurs marchés communs en Afrique, s'en prit avec des gants, à l'enrichissement illicite de certains, condamnant le colonialisme des affaires et surtout se prononça pour une évolution vers la démocratie, précisant à la fin : « je conclurai en disant que la France liera tout son effort de contribution aux efforts qui seront accomplis pour aller vers plus de liberté (Jean de Menthon, 1993) ».

Le premier pôle des revendications se rapportait à la promotion des droits de l'homme et à la création d'un espace de liberté où pourraient s'exprimer aisément les citoyens. La liberté d'expression est vite passée au devant des préoccupations puisqu'elle offrait une tribune où pourraient être dénoncés des abus de tout genre. L'enthousiasme de la nouvelle dynamique auprès des populations est assuré par le désir de trouver maintenant un champ d'expression garantissant la participation citoyenne dans les décisions impliquant les intérêts du pays. A la place du monolithisme politique qui concentrait tous les ressorts du pouvoir entre les mains d'instances dont la légitimité populaire était presque nulle, était envisagée une orientation plurielle du débat politique. Tirant objectivement les leçons des désastres économiques et politiques antérieurs, les citoyens des pays d'Afrique noire voulaient aller au devant des orientations politiques pour ne plus être les jouets d'acteurs économiques et politiques qui sont en marge des préoccupations des populations. Au cœur des aspirations citoyennes, se trouvait le désir de rompre avec l'immobilisme politique incarné par les instruments de la répression installés par le pouvoir sortant. Ceux-ci étaient les gardiens d'un ordre arbitraire maintenu par la force et la dissuasion policières. Or, au regard de la dynamique géopolitique mondiale, la mentalité des élites africaines avait subi une maturation qui regimbait à l'uniformisation de la pensée nationale. De ce point de vue, la bride qui maintenait en laisse les libertés individuelles ne pouvait plus prévaloir devant la fulgurante montée de la contestation. Celle-ci implique prioritairement les différentes catégories socioprofessionnelles qui sont les premières personnes à ressentir les implications des orientations politiques ou économiques. Le recul constant des revenus induits par les errements économiques des décideurs politiques, l'érosion de la machine sociale aggravée par le chômage et le retrait progressif des prestations publiques dans le domaine social ont entamé la légitimité de l'Etat postcolonial aux structures de gouvernance figées dans une apathie tant intellectuelle que décisionnelle. La plupart des gouvernements, conscients de leur faillite économique, sociale et politique offrent une résistance formelle aux contestations. Certains entreprirent des campagnes de dénigrement du multipartisme qu'ils assimilent à la division du peuple. Mais les revendications populaires ne s'essoufflèrent jamais. Elles furent plutôt accentuées par les réformes enclenchées dans le voisinage. La canalisation des mouvements de contestation du monopartisme aboutit à de grandes décisions politiques comme les principes d'amnistie en faveur des citoyens exilés, la reconnaissance formelle des libertés humaines et politiques, le droit d'association aboutissant à la floraison des partis politiques, le principe de réformes institutionnelles et constitutionnelles en rupture avec le monolithisme politique, la sacralisation de la volonté populaire par la mise en place d'instances de représentations populaires, l'instauration du consensus autour d'un mode canonique de dévolution du pouvoir. Au plan interne, ces exigences sont portées par la jeunesse dont la dextérité politique se cristallise dans des mouvements estudiantins. Plus ancrés dans les mouvements internationaux de changement, les élèves et surtout les étudiants se porteront à l'avant-garde des révolutions démocratiques avant d'entraîner par le même élan les diverses catégories socioprofessionnelles. Au plan externe par contre, les anciennes puissances coloniales alliées des régimes monolithiques semblaient être débordées par l'ampleur et la rapidité des mutations en Afrique subsaharienne. Ainsi, avant même le discours de la Baule prononcé par le président français François Mitterrand en juin 1990, les événements ont commencé par se précipiter au Bénin, poussant le régime de Mathieu Kérékou vers la sortie dès l'année suivante. Toutefois, il convient de noter que les anciennes métropoles ne s'engageaient pas systématiquement aux côtés des révolutionnaires d'Afrique subsaharienne, même si la révolution participait de l'expansion de leur modèle politique dans les pays concernés. Leur engagement gardait en vue leurs intérêts politiques et économiques et cette expérience permet de justifier que les ouvertures démocratiques des années 1990 relevaient en grande partie de la dynamique des peuples africains assoiffés d'une modernité politique comme alternative au modèle suranné des dictatures axées sur le monopartisme.

La nouvelle donne politique faisait exploser les pôles de la décision politique autour des différents acteurs de la vie nationale. Le nouvel édifice envisagé ne se focalisait plus sur la construction nationale, mais sur l'unicité des différences dans une construction centrée sur les intérêts de la majorité. C'est justement autour de cette majorité que se cristallisent les enjeux de la lutte politique. A l'obsession politique des masses populaires qui placent la réalisation des libertés démocratiques dans l'alternance au pouvoir, les milieux réactionnaires opposent des stratégies axées sur la différenciation entre le mode politique et la personnalité physique. Dans cette perspective, était envisagé le maintien des guides providentiels au pouvoir en dépit de l'instauration de nouveaux modèles politiques. Au demeurant, la constance événementielle de la démocratisation des pays d'Afrique noire ne fut pas l'alternance au pouvoir, mais surtout l'instauration de scrutins, d'institutions de contrôles de l'action gouvernementale ou encore l'émergence d'une mentalité politique qui désacralise l'autorité de l'Etat. Peu à peu s'impose la vision citoyenne qui fait de l'Etat une transcendance émanant de la volonté populaire. Mais l'absence d'une alternance politique permet d'entrevoir le caractère superficiel des réformes sur les schémas politiques existants. En effet, le maintien de personnalités arrivées au pouvoir par des coups d'Etat s'est fait après les réformes démocratiques dans un esprit de contre-révolution. Ce scénario, loin d'être un fait isolé s'est posé comme une méthode d'adaptation des régimes monolithiques à la nouvelle donne démocratique. La conservation du pouvoir par les élites impliquées dans la faillite politique et économique se réalisa dans la plupart des cas dans un processus de dénaturation de la démocratie. En effet, ce phénomène doit être perçu non comme un changement de nature des potentats d'Afrique, mais plutôt comme un noyautage des acquis démocratiques obtenus par des grèves, des sacrifices et des privations de tout genre. Après des flottements des régimes monopartites, certains sont parvenus à reprendre les choses en main en utilisant des subterfuges dénués de toute morale politique.

Mais bien avant ces retournements de situations, d'une part, la révolution démocratique était centrée dans la plupart des cas sur la disparition de tous les signes du monopartisme politique. Tel est du moins la perception des populations d'Afrique subsaharienne lorsque celles-ci s'engagèrent aux côtés de la jeunesse estudiantine et scolaire et des opposants politiques pour renverser les fondements arbitraires du monopartisme. Les populations voulaient mesurer l'ampleur des acquis démocratiques à la volonté politique des régimes sortants à jouer pleinement le jeu politique, à se remettre en cause par leur acceptation d'une alternance politique. Ceci était à plus d'un titre le signe de la capacité des régimes sortants à accepter les nouvelles donnes politiques. Celles-ci se posaient en termes de correction de l'action gouvernementale avec la récurrence des notions de transparence et de bonne gouvernance. La gouvernance en Afrique subsaharienne sera le maître mot des réformes démocratiques. Quel que soit l'impact de ces réformes sur la vie politique et quelle que soit la nature du régime dominant au sortir des révolutions démocratiques, le plus grand acquis de ces dynamiques réside dans la capacité des citoyens à pouvoir lire l'action gouvernementale, à en évaluer les enjeux et la pertinence. D'autre part, le respect des libertés humaines a fini par s'ériger en norme dans une société où environ un demi-siècle plus tôt, l'administration coloniale donnait des sanctions corporelles aux colonisés. Dans la mentalité politique, les coups d'Etat électoraux se sont accrus mais la violence comme moyen d'accession au pouvoir est devenue une anomie. Ces différents aspects de la mémoire politique des citoyens en Afrique subsaharienne furent le résultat d'un processus qui s'est articulé en plusieurs phases ou stades. L'expérience de chaque pays diffère fondamentalement des autres, mais la démocratisation de l'Etat postcolonial passe par des stades importants.

Les grandes étapes de la marche vers la démocratisation

Au fil de l'histoire, il n'est de liberté qui n'ait été conquise par une lutte implacable contre des adversaires décidés à perpétuer l'injustice. Les années 1990 marquent une époque décisive pour l'Afrique subsaharienne, car elles portaient avec elles la possibilité pour les populations de décider du choix de leur leader politique. La modernité politique qui prévalut aux indépendances plaçait les nations africaines devant deux alternatives : suivre la voie du monolithisme politique basé sur le parti-Etat d'inspiration soviétique, ou celle des démocraties libérales. En choisissant la voie du parti-Etat, les élites postcoloniales avaient fermé la voie à toute approche participative de la gestion publique.

L'amnistie

Les fondements de la participation politique furent progressivement installés dans une approche consensuelle entre les gouvernements sortants et les contestataires. Au sein des masses populaires, s'était établie une unanimité autour des meneurs chargés de représenter les intérêts de la protestation et d'engager des discussions avec les instances gouvernementales. Ce fut un pas décisif puisque dans la tradition politique du parti-Etat, toutes les décisions devaient être prises au sein du parti avec la prééminence du chef de l'Etat. L'irruption et surtout la reconnaissance par les milieux du pouvoir de la légitimité de personnalités représentatives des mouvements de contestation ont accru l'empreinte de la contestation. Cette reconnaissance est à la fois le fruit de la pression exercée sur les régimes en place par la mobilisation populaire et par la faiblesse structurelle de l'Etat qui voit sa machine secouée par l'éveil des populations naguère soumises au gouvernement. L'action des contestataires et de leur leader consistera à faire fléchir le gouvernement sur certains principes considérés comme défavorables à la construction nationale. Au demeurant, les questions relatives à la pérennité, à la consolidation et à la réhabilitation de la nation n'étaient nullement occultées par les revendications démocratiques. Les divergences entre les adeptes du monopartisme et ceux du multipartisme se manifestent essentiellement au sujet des méthodes. Les griefs faits aux régimes fonctionnant sur le monolithisme furent en dehors des crimes économiques, la propension à l'exclusion de la différence. Les partis uniques régissant la vie politique en Afrique avaient marginalisé une large palette de citoyens dont les idées s'opposaient non aux intérêts de la nation, mais à ceux des personnalités de l'appareil gouvernemental. Les contempteurs d'une fixation de la pensée politique furent les victimes du monolithisme politique en Afrique. En somme, la construction de l'Etat avait rejeté loin des appareils du pouvoir et même loin du territoire des prétendus ennemis de la nation. La lutte contre l'arbitraire des régimes dictatoriaux ne concernait pas uniquement les indélicatesses économiques et sociales, mais aussi la marginalisation d'une foule de citoyens jugés comme indésirables pour le régime en place. Les revendications démocratiques préféraient une approche plutôt inclusive pour impliquer toutes les composantes nationales dans la nouvelle approche politique, y compris les citoyens coupables d'actes répréhensibles. Ce point de vue était conforté d'une part par la mixité entre l'Etat et la justice dans la perspective du parti unique. Dès lors, les condamnations prononcées contre ces personnes furent perçues comme prescriptibles.

Les gouvernements sortants, incités par les manifestations populaires et l'essor des droits de l'homme ont accepté de signer une amnistie pour les crimes commis sous leur règne. Sont concernés par cette amnistie toute une foule de citoyens d'Afrique subsaharienne qui sont des coupables avérés ou imaginaires d'actions criminelles contre le régime en place. L'esprit de cette disposition se trouvait dans la nécessité de prendre un nouvel envol politique après l'échec des premiers modèles politiques adoptés après les indépendances. Puisque les régimes basés sur le parti unique acceptaient désormais la convergence de toutes les énergies citoyennes vers la réalisation de nouvelles expériences, ils se devaient alors de faire table rase du passé, d'enterrer les rancœurs antérieures et d'accepter que leurs anciens ennemis soient à nouveau perçus comme des citoyens désireux de contribuer à la renaissance politique de la nation.

La signature de l'amnistie se traduisit par un déplacement du pôle des activités politiques naguère localisées hors des pays concernés. En effet, sous le parti unique, les citoyens échappés de justesse aux griffes de l'appareil de répression instauré par les dictatures africaines s'étaient réfugiés pour la plupart dans les anciennes métropoles où ils menaient discrètement la lutte pour la libéralisation politique. La flexibilité progressive des régimes monolithiques et les accords d'amnistie leur donnèrent des assurances de revenir au pays sans être véritablement inquiétés. Mais l'arrivée de ces citoyens ayant vécu dans des pays où les libertés humaines et surtout le respect des droits de l'homme étaient inscrits au cœur de l'action gouvernementale créa une nouvelle dynamique politique. Alors que les manifestations antérieures se focalisaient sur le respect des libertés politiques, économiques et sociales, le débat sur la démocratisation va être déplacé sur la lecture de l'action gouvernementale. Loin de se limiter à des réformes canalisant l'action gouvernementale à l'aide de garde-fous institutionnels, il sera plus question de faire le bilan du régime antérieur afin d'en tirer des conséquences. La jonction entre les leaders de la contestation au niveau local et les opposants revenus de l'exil fit accroître l'ampleur de la contestation et dans le même temps, des divergences commencèrent par apparaître dans le camp des contestataires.

L'étiquetage politique des leaders des manifestations variait du nationalisme simpliste jusqu'au communisme en passant par les différents pôles du libéralisme. Toute cette constellation de politiciens s'engage dans des discussions avec le pouvoir central pour s'accorder sur les différentes étapes à suivre dans la marche vers une autre modernité politique. En dépit des divergences entre l'appareil gouvernemental et ses adversaires politiques, des vues convergentes furent trouvées. Les différents acteurs se sont accordés sur la nécessité d'assises nationales qui devaient rassembler toutes les composantes sociales et politiques de la nation. Il s'agissait de créer une tribune où devaient s'exprimer les citoyens et témoigner de leur expérience du monopartisme politique. Dès lors, l'histoire était en marche en Afrique subsaharienne et les manœuvres réactionnaires des inconditionnels du monopartisme politique ne pouvaient contenir la vague impétueuse du renouveau démocratique. Les conférences nationales furent la deuxième étape dans la marche de nombreux pays de l'Afrique subsaharienne vers le libéralisme politique.

Les conférences nationales

Le passage du monolithisme politique à la libéralisation de l'espace politique ne pouvait se faire sans des mesures transitoires destinées à amortir le choc en découlant. Dès le départ, les acteurs de la nouvelle donne politique s'accordent sur la nécessité de tenir une grande tribune nationale où une rétrospective sera faite sur l'expérience politique antérieure des nations africaines. Partant de cette rétrospective, les élites envisageaient la remise en cause de l'ancien ordre politique et l'installation de modèles politiques pluralistes. Ce programme impose de faire table rase des régimes monopartites, de solder le compte des errements politiques pour enclencher une dynamique plutôt constructive.

Les assises des Conférences nationales rompaient pour la première fois avec la loi du silence imposé au peuple par le parti unique dont les barons avaient la compétence de s'exprimer sur les orientations de la politique nationale sous l'autorisation du « timonier national ». Les conférences nationales - c'est ainsi que furent désignées ces assises - étaient l'occasion d'une rétrospective sur le parcours politique et économique de la nation depuis les indépendances jusqu'à la période 1990. Les effets politiques, économiques, culturels et sociaux de la politique gouvernementale furent explorés à la lumière de citoyens victimes ou témoins des événements. Pour la première fois, les langues se déliaient librement, sans craindre que s'abattent sur elles les gourdins des meutes dressées contre les détracteurs du parti unique. En dépit de la véhémence des attaques contre les représentations de l'ordre politique sortant, les membres du parti unique et du gouvernement prirent part au débat. Le caractère inclusif du projet était privilégié et toutes les catégories sociales, économiques et politiques y étaient invitées. On ne saurait parler de représentation ethnique, entendu que le recours à l'ethnie comme contrepoids aux revendications démocratiques entrera dans la ligne des stratégies de réaction mises en place par certaines dictatures d'Afrique subsaharienne. De même, les discussions tenaient compte de toutes les composantes de l'édifice national, quel que soit leur profil économique ou politique. Loin de se perdre dans un réquisitoire sans fin contre les instruments du parti unique, les conférences nationales tenues dans les années 1990 ont pour vocation d'interroger le passé pour en déceler les symptômes du malaise qui s'est installé au sein des appareils sociétaux. Dans une sorte de catharsis collective, les victimes des excès du système de parti unique furent invitées à témoigner publiquement pour montrer au peuple que les griefs portés contre les autorités gouvernementales ne relevaient pas d'une pure intoxication politique, mais bien de réalités tangibles. Les médias nationaux pour la plupart publics se mobilisèrent pour donner aux conférences nationales toute l'ampleur d'un événement politique à l'échelle nationale. De même, les horaires dans les services publics étaient parfois révisés pour permettre aux citoyens de suivre le déroulement de la Conférence nationale. A la face de toute l'opinion nationale, les flottements du système de parti unique furent étalés au grand jour. La mode des conférences nationales s'établit dans de nombreux pays, notamment le Bénin (février 1990), le Congo (février à juin 1991), le Togo (juillet à août 1991), le Niger (juillet à novembre 1991), le Mali (juillet à août 1991), le Tchad (janvier à avril 1993), Le Niger, le Zaïre (août 1991 à décembre 1992), le Gabon (mars à avril 1990).

A partir de là, les mécanismes de la gestation d'un nouveau mode politique ont commencé par se mettre en place dès que la preuve fut faite de la faillite politique, économique et sociale du régime de parti unique. Les tribunes des conférences nationales sont le lieu de la maturation des mécanismes devant assurer le passage des régimes autocratiques à des types de gouvernance plus représentatifs des préoccupations citoyennes.

La transition politique et l'abrogation du monopartisme

Les débats tenus au cours des conférences nationales ont permis d'aboutir unanimement à la nécessité d'introduire des réformes frontales au sein de l'appareil gouvernemental. Dans les coulisses de nombreux acteurs de la vie politique, l'éviction des élites des instances gouvernementales ayant conduit le pays pendant les dernières décennies était devenue impérieuse. Selon les pays et selon l'ampleur des désastres, les populations adhéraient à cette nécessité. Ce qui apparaissait au grand jour et sous-tendait la mobilisation des masses, c'était avant tout l'instauration d'un certain nombre d'instruments chargés de canaliser l'action gouvernementale et de prévenir la répétition des dérives ayant marqué le passé récent de leur pays. Les retombées éventuelles de ce passé sur le devenir des nations d'Afrique noire restent présentes à l'esprit des citoyens comme l'évoque Koudou Laurent Gbagbo, l'ex chef de l'Etat ivoirien (Gbagbo 2009: 15-16) :

« Et le parti unique n'est pas et ne peut être un modèle à revendiquer. Au contraire, nos difficultés actuelles sont le legs de ce régime politique dont nous n'avons pas su tirer les leçons. C'est en effet une constance de l'histoire. Partout où les peuples ont été longtemps soumis à un régime de parti unique, il y eut tôt ou tard de grandes turbulences : l'ex-Union des Républiques Sociales Soviétiques (URSS) , après la chute du mur de Berlin en 1989, l'ex-Yougoslavie après la mort du maréchal Tito, l'ex-Zaïre après a chute du maréchal Mobutu en 1997, la Guinée après la mort de Sékou Touré en 1984, la Côte d'Ivoire, après la mort du président Houphouët Boigny en 1993 etc.

La paix du parti unique est en effet une paix factice imposée dans la violence et sous laquelle la violence couve en permanence ».

Constat valable aussi pour les jeunes nations africaines qui, après trois décennies d'exercice du pouvoir se rendirent compte que la gouvernance avait besoin d'être affinée pour empêcher que le pays ne sombre dans un gouffre économique et politique. En dépit du caractère révolutionnaire des mouvements démocratiques, il était rare de voir les manifestations réclamer directement la démission des membres de l'équipe gouvernementale sortante. Non pas que les ressources humaines pouvant prendre les choses en main à la suite des administrations sortantes étaient déficientes, mais les protagonistes de la vie politique entendaient procéder par stations successives afin d'assurer une succession en douceur. De même, pour garantir une meilleure lisibilité de l'action gouvernementale, il devait exister un certain équilibre entre les différentes institutions. En effet, sous le parti unique, les pouvoirs législatif, exécutif et judiciaire étaient concentrés entre les mains du timonier qui devait décider de toutes les affaires regardant les citoyens. Cette omniprésence d'une personne au sommet de l'Etat encouragea des dérives de tout genre. C'est contre cet esprit qu'étaient orientées les réformes institutionnelles planifiées au cours des conférences nationales.

Les grandes décisions se rapportèrent à un bicéphalisme au niveau de l'exécutif ; l'influence du chef de l'Etat sortant étant contrebalancé par la création d'un poste de premier ministre dont le détenteur fut désigné par l'opposition politique. On assista aussi à la mise en veilleuse des Assemblées Nationales dont les membres élus l'avaient été sur opinion de l'organe central du parti unique ou du chef de l'Etat. A sa place, fut généralement instituée une instance provisoire assumant les charges législatives jusqu'à la mise en place d'un nouveau parlement élu selon des normes démocratiques. Au niveau de ces différentes instances, on pouvait trouver les représentants de toute la mosaïque politique nationale correspondant aux discours inclusifs tenus par les révolutionnaires. Le pouvoir sortant y était représenté minoritairement pour des raisons d'équilibre. Le dualisme au niveau de l'exécutif donnait au premier ministre le droit de constituer le gouvernement de transition en s'appuyant sur les forces vives de la nation.

En dépit des difficultés et des multiples obstacles, l'enthousiasme populaire ne faiblit nullement. Il se cristallisa surtout dans un bouillonnement politique articulé autour des partis politiques. Dans nombre de pays d'Afrique subsaharienne, la remise en question du monopartisme avait préparé le terrain pour une floraison de partis politiques concurrençant le parti unique. Dès que la liberté d'association inscrite dans la déclaration universelle des droits de l'homme de 1948 fut effective, la fièvre politique convergea vers des foyers d'effervescence politique que furent les partis politiques. Ils essaimèrent rapidement comme foyers de canalisation de la participation citoyenne et surtout dans l'optique des prochaines échéances électorales au cours desquelles devaient être choisies les personnalités siégeant dans les nouvelles instances exécutives et de contrôle de l'action gouvernementale. Le gouvernement de transition a la charge de gérer les affaires nationales en attendant la mise en place d'un nouvel appareil d'Etat. Le gouvernement de transition se focalise sur la mise en place de nouveaux appareils chargés de conduire les affaires nationales. Son mandat devait prendre fin avec la mise en place d'un nouveau chef de l'exécutif à l'issue d'élections présidentielles ouvertes à toutes les entités politiques.

Les élections

Le principe des élections s'inscrit dans la correction des dérives observées chez les anciens responsables du parti-Etat. A la place de la centralisation des instruments décisionnels entre les mains d'une poignée de personnalités, les réformes politiques dans les pays d'Afrique subsaharienne vont sacraliser le suffrage universel. Certes, les dispositions constitutionnelles de chaque pays déterminaient les conditions devant régir les élections, mais de manière globale, la constance se rapportait au suffrage universel pour garantir toujours le caractère inclusif de la révolution démocratique. L'importance des élections se mesure à l'aune des antagonismes qu'elles vont susciter. Dans le sillage de la démocratisation des structures du pouvoir, fut entreprise aussi la décentralisation du pouvoir. Ainsi donc, les élections vont concerner le choix des représentants des collectivités locales, ceux du peuple au niveau de l'Assemblée Nationale et enfin de la nation au sommet de l'Etat. La préparation des différents scrutins induisait une certaine dose de civisme chez les citoyens qui devaient faire la différence entre lutte physique et lutte politique. Or, le déficit éducatif constaté au niveau des défaillances de l'Etat postcolonial va imprégner la pratique électorale. Depuis les indépendances, la plupart des populations d'Afrique noire allaient pour la première fois aux urnes pour choisir entre des candidats opposés véritablement par des enjeux politiques. Avant les périodes de démocratisation, le corps électoral était certes convoqué à certaines périodes, mais les enjeux étaient peu importants puisque la lutte se déroulait dans le cadre du parti unique. Par contre, les enjeux étaient largement différents dans la mesure où ils permettaient d'évaluer la véritable audience des différents acteurs politiques auprès des populations. Patrice Gueniffey place les consultations électorales au cœur même de la pratique démocratique (Gueniffey : 2001 :17) :

« *Je ne veux pas mettre en doute le fait que des consultations électorales régulières sont un critère décisif de l'appartenance à l'univers démocratique - à la double condition que la liberté du vote soit respectée et que les électeurs aient la faculté de faire un choix réel - : sans élections, sans liberté de vote, sans pluralisme et convocation régulière du corps électoral, il n'y a pas en effet de vraie démocratie, seulement un simulacre de démocratie* ».

Si leur introduction dans la pratique politique en Afrique subsaharienne fut l'occasion d'un choix objectif des représentants du peuple, les consultations électorales entretinrent et continuent d'entretenir des conflits au sein des mécanismes de dévolution du pouvoir, comme cela sera abordé dans les chapitres suivants. En raison des appétits suscités par les retombées financières des postes institutionnels, les acteurs politiques finirent par concentrer leurs activités politiques sur les périodes électorales. Ainsi, le jeu démocratique se focalisa sur les enjeux électoraux alors que les questions de politique globale ont été au fil du temps occultées par des luttes pour les postes de représentation populaire.

Au fil du temps, les élections surtout présidentielles sont devenues presque le seul mode d'expression de la démocratie, surtout dans les pays d'Afrique subsaharienne où les constitutions disposent des régimes prioritairement présidentiels. Tel est surtout le cas des pays francophones de la région dont les lois fondamentales sont directement inspirées du modèle français. Dans ces conditions, il n'est pas rare de voir surgir parfois des réflexes encore ancrés dans le monopartisme. Au demeurant, les ouvertures démocratiques en Afrique subsaharienne n'ont jamais été à l'abri de résurgences autocratiques, même dans les pays où la culture libérale semble être solidement installée. Les expériences kenyanes de 2008 et béninoises de 2011 ne le montrent que trop bien. Aussi les différents acteurs de la démocratie sont-ils appelés à assumer des responsabilités durables pour l'installation et l'ancrage de la modernité libérale dans la culture politique locale.

Les instruments de la démocratisation

L'exercice des libertés démocratiques impose l'existence d'un certain nombre d'instruments institutionnels garantissant et canalisant la participation citoyenne. Les débuts des ouvertures démocratiques ont vu la mise en place d'appareils nationaux chargés de la protection et de la défense des droits de l'homme. Arrimés à la société civile, ces appareils travailleront au respect des droits de la personne humaine, surtout dans les pays où la libéralisation a occasionné des affrontements constants entre les forces de l'ordre et les populations civiles.

Les constitutions

Au sortir des conférences nationales ou dès l'adhésion des différents acteurs politiques à la nécessité des réformes politiques, des accords ont été trouvés sur la rédaction et la promulgation de nouvelles constitutions. Des équipes de juristes nationaux furent chargés de rédiger les lois fondamentales devant régir la vie politique et institutionnelle des nouveaux pays. Définies comme l'ensemble des règles juridiques régissant les rapports entre les gouvernants et les gouvernés, les constitutions sont devenues le gage de la pérennité des acquis démocratiques. Elles sont en effet le socle de la construction nationale, et pendant la période du monopartisme, les renversements de pouvoir par les militaires étaient presque invariablement suivis de la dissolution des constitutions nationales. De ce fait, les constitutions des pays d'Afrique subsaharienne manquaient de consistance dans la mesure où leur durabilité dépend de la longévité de régimes dénués de toute légitimité populaire ou juridique. La centralisation de tous les ressorts du pouvoir entre les mains des « timoniers nationaux » à la tête des partis uniques, rendait l'autorité des lois fondamentales inconstante. Pour rompre avec des habitudes frisant l'aventurisme politique, la nouvelle vision politique des partisans de la démocratie reposait sur la mise en place d'une République basée sur le respect strict des règles unanimement reconnues par tous les acteurs politiques. Après la phase de rédaction des constitutions, vint la phase référendaire où le corps électoral fut invité à se prononcer sur le texte de la loi fondamentale. Ainsi, la prééminence de la constitution comme instrument de régulation du jeu politique se solda par l'apparition ou la réadaptation des lois fondamentales régissant la vie des nations d'Afrique noire. Tel fut le cas au Bénin (11 décembre 1990), au Togo (14 octobre 1992), en Guinée Conakry (23 décembre 1990), en Mauritanie (12 juillet 1991), au Mali (15 octobre 1991), au Cap Vert (4 septembre 1992), au Niger (12 mai 1995).

De manière générale, les textes soumis aux populations étaient directement inspirés de modèles occidentaux. La plupart des pays francophones imitaient le modèle français, tandis que les pays anglophones laissaient dériver leurs textes constitutionnels des lois fondamentales britanniques ou américaines. Quelle que soit la source d'inspirations des constitutionnalistes d'Afrique subsaharienne, toutes les lois fondamentales conçues pendant les révolutions démocratiques contenaient des dispositions hostiles à la pérennisation des régimes sortants au pouvoir. Ainsi, des restrictions furent très souvent introduites au niveau du nombre de magistratures pour les chefs d'Etat. Echaudés par les dérives découlant de la trop forte ascendance du pouvoir exécutif pendant la période du monopartisme, les rédacteurs des constitutions introduisirent souvent un dualisme au sommet de l'Etat, essentiellement dans les pays où la réticence des pouvoirs sortants fut plus forte.

A côté des dispositions purement politiques, les nouvelles constitutions consacraient la mise en place d'un arsenal institutionnel garantissant la séparation des pouvoirs. De nouveaux organes devaient aussi voir le jour afin de canaliser et coordonner l'exercice des libertés démocratiques, comme le code de la presse, le statut des journalistes, le rôle de l'armée. Y étaient aussi contenus les statuts et les prérogatives des citoyens affectés à des fonctions institutionnelles. Les organes chargés du contrôle de l'action gouvernementale avaient des compétences bien définies. En outre, des mesures étaient prises qui fixaient le temps des consultations électorales pour éviter le vide constitutionnel au niveau de certaines instances. Ces mesures visaient également à réduire de façon significative les velléités de modification des constitutions. Toutes ces dispositions allaient dans le sens de la protection des acquis démocratiques obtenus de haute lutte par les populations africaines. Elles étaient l'expression manifeste du désir des populations africaines d'empêcher l'appropriation de l'Etat par un parti politique ou une association. L'efficacité de ces dispositions constitutionnelles devait garantir la longévité et la consolidation des jeunes démocraties écloses en Afrique subsaharienne à la faveur du vent de l'Est.

Le Parlement

Dans la démocratie libérale, le parlement détient un des pouvoirs essentiels. C'est le siège de la représentation du peuple par excellence. La portée sociale des processus de démocratisation a contribué à modeler les points de vue des populations sur les organes institutionnels. Naguère sous les régimes de parti unique, les parlements étaient constitués de candidats élus sur une liste qui passait d'abord devant le président de la République. Celui-ci épurait cette liste des citoyens dont l'ascension politique présentait des dangers pour son pouvoir. Par cette stratégie, les pays d'Afrique noire avaient des parlements jouant juste le rôle de relais pour les décisions gouvernementales. Le pouvoir judiciaire restait toujours confiné entre les mains de l'exécutif qui échappait ainsi à un des importants organes de contrôle du gouvernement. L'aval du parlement pour les grandes décisions passait même pour une formalité aux yeux des instances exécutives. Leur intervention dans les orientations politiques de la nation constituait de simples formalités institutionnelles et la plupart des parlementaires avaient plus des motivations financières que des préoccupations politiques. Mais l'avènement du multipartisme va donner une consistance nouvelle aux assemblées nationales d'Afrique subsaharienne.

La plupart des membres des assemblées nationales issues de la révolution démocratique proviennent généralement de formations politiques dont les visions politiques, économiques et sociales divergent. Cette pluralité de vues au sein de l'appareil parlementaire favorise les confrontations discursives entre différents points de vue sur les questions nationales. De plus, le pouvoir exécutif est soumis au contrôle constant des instances législatives qui ont dans de nombreux pays, la compétence d'interpeller les membres de l'exécutif sur des questions précises. Lorsque les institutions fonctionnent normalement, les membres de l'exécutif ne peuvent plus assumer avec complaisance les différentes tâches dévolues à leurs postes. Sur des questions regardant des sujets d'intérêt national, des commissions parlementaires sont mises en place pour mener des investigations et suggérer des décisions à l'exécutif. De nombreuses constitutions d'Afrique subsaharienne donnent à l'Assemblée Nationale des attributions relatives à la continuité de la loi fondamentale. Dans ce cas, toute modification constitutionnelle doit avoir l'aval d'un certain nombre de parlementaires.

La culture de l'Etat fort héritée des monopartismes a gardé son empreinte au sein des édifices institutionnels d'Afrique noire. Aussi est-il peu fréquent de trouver des formes de gouvernement libéral accordant la prééminence au parlement. Dans la plupart des cas, l'influence du parlement sur le maintien de l'exécutif se limite à des votes de défiance contre le gouvernement. Le chef de l'Etat reste généralement au-dessus des prérogatives du parlement qu'il peut même dissoudre afin de convoquer le corps électoral pour de nouveaux scrutins. Etant les représentants de toutes les composantes politiques de la nation, les députés jouissent d'un certain nombre de privilèges dont l'immunité qui les protège contre toute poursuite judiciaire lors de leur mandat. Malgré toutes ces précautions, le pouvoir législatif en

Afrique subsaharienne ne reste pas à l'abri de certaines manœuvres institutionnelles orchestrées par des politiciens peu scrupuleux pour défaire des verrous constitutionnels. Cette dynamique vit apparaître des parlements à configuration uniforme dans certains pays de la sous région. A mesure que s'effrite l'enthousiasme de la libéralisation politique au sein des masses populaires, des membres des organes de représentation populaire sont soumis à des tentations qui finissent par les faire abandonner toute morale politique. De la probité et de l'efficacité des assemblées nationales d'Afrique noire, dépendit le sort des révolutions démocratiques.

Au demeurant, les instruments de la démocratisation des sociétés d'Afrique noire gardent à l'esprit la nécessité de réformer les modalités de dévolution et d'exercice du pouvoir. En rupture avec les perceptions politiques d'une modernité centrée sur l'Etat, les révolutions démocratiques ont introduit des réformes institutionnelles qui focalisent la gestion gouvernementale sur les préoccupations citoyennes. Celles-ci se retrouvent au cœur de la nouvelle modernité politique dont les différents instruments émanent de la légitimité populaire. L'installation de ces différents mouvements procédait a priori d'un certain consensus entre les différents acteurs de la vie politique. En dehors des mesures de protection des différentes institutions, était envisagée la dominance de la morale politique qui devait dissuader d'éventuelles remises en cause des nouveaux modèles politiques. Mais l'histoire montrera que cette morale politique fut rapidement dépassée par la propension des pouvoirs en place à saper la construction étatique. Au lieu que la modernité politique rapproche les différents acteurs de la vie politique en Afrique subsaharienne, la lutte politique fut transposée vers des ressorts identitaires dont le potentiel conflictuel présente de graves dangers pour l'équilibre des nations africaines. Dans ces conditions, il n'est pas rare que les processus de démocratisation dégénèrent en confrontations violentes. Devant la faillite populaire, de nombreuses élites politiques vont essayer de recourir aux solidarités de base pour accroître leur électorat. La conséquence fut que les arguments politiques vont progressivement céder le champ à des considérations tribales et ethniques. Cette dénaturation du jeu démocratique ne fut pas l'apanage de tous les pays de la zone subsaharienne ; elle dépend en grande partie de la constellation des différents acteurs politiques autour des exigences démocratiques.

Les acteurs du jeu démocratique

Les ouvertures démocratiques ont introduit de nouveaux acteurs dans le jeu politique des pays de l'Afrique au Sud du Sahara. A la différence des modèles politiques initiés par les partis uniques et qui concentraient l'activité politique au sein des cercles restreints autour du pouvoir, la démocratisation implique les bases populaires dans les orientations de l'action gouvernementale. La nouveauté introduite dans la politique des pays d'Afrique noire par les ouvertures démocratiques fut la multiplication des pôles de décision politique. A côté des instances gouvernementales qui avaient traditionnellement le monopole décisionnel en Afrique noire depuis les indépendances, vont se constituer d'autres mécanismes de décision politique à envergure non gouvernementale. Même situées en marge de l'action exécutive, les autres entités politiques disposent de moyens constitutionnels et institutionnels pour pousser le gouvernement à épouser ses perceptions de l'action politique. Depuis les débuts de la révolution jusqu'à l'installation des réformes devant consacrer la libéralisation du jeu politique, certains acteurs ont occupé la scène politique et leur engagement, leurs motivations et leurs positionnements par rapport au renouveau démocratique décident de l'effectivité et de l'ampleur des réformes démocratiques.

Les masses populaires

Elles constituent le moteur même des révolutions démocratiques de 1990. Si le discours de la Baule de juin 1990 exhortant les pouvoirs monolithiques à entreprendre des réformes politiques constitue les facteurs externes du processus, l'exécution des réformes releva de pressions constantes exercées par les populations africaines mobilisées autour de leaders de l'opposition naissante. Elles s'attendaient à voir naître à la place des modèles de société antérieurs de nouveaux paradigmes de gestion plus focalisés sur les besoins matériels de la population que sur les intérêts des gouvernants ou de leurs partenaires internationaux. La mobilisation sans réserve des populations contre la pérennisation du monopartisme dans de nombreux pays tient à une large désillusion nourrie de la déconfiture observée dans les prestations sociales regardant les services publics.

La faillite de l'Etat auprès des populations s'est fait beaucoup plus sentir lors des Programmes d'Ajustement Structurel qui atteignent leur paroxysme dans les années 1990 avec des effets désastreux sur le quotidien des populations. Sans même cerner les rouages des évolutions ultérieures de la révolution, elles vont se mobiliser aux côtés des adversaires du pouvoir pour lancer des actions de pression et de contestation. Dans les pays où la violence policière est utilisée comme réponse aux révolutions démocratiques, les populations constitueront une sorte de bouclier humain autour des opposants. Autant qu'elles ont placé dans les indépendances, les espoirs de sortir des méandres de la précarité, autant elles attendent voir les réformes démocratiques aboutir à une redistribution équitable des ressources. Elles se retrouvent impliquées dans des actions de pression exercées sur le régime sortant, à l'instar des grèves, des opérations ville morte, des marches de protestation et des actions de désobéissance civile. Mobilisables à dessein pour les grandes périodes électorales, elles jouent le rôle de levier politique pour les différents acteurs politiques. Portées aux avant-postes du combat pour le multipartisme, elles ne seront moins présentes aux côtés des pouvoirs sortants dans la reconquête des espaces politiques cédés par le parti unique au départ. Elles constituent également le moteur de l'action politique surtout dans les périodes électorales où elles se situent au centre des préoccupations des candidats. Même si on observe une remise en cause de leur importance lors de la résurgence de pratiques antidémocratiques, elles jouent un rôle principal dans la lutte entre les différents partis politiques. C'est également à leur niveau qu'on ressent le plus les pesanteurs du déficit éducatif dans la participation citoyenne. En effet, les hommes politiques disposent de ressources tant intellectuelles que matérielles pour canaliser les masses vers des actions antidémocratiques. Les manipulations politiciennes peuvent pousser ces masses à confondre lutte politique et lutte identitaire, comme ce fut le cas dans de nombreux pays. Les divergences induites par une identification politique des personnes en fonction de leur appartenance ethnique exercent une influence néfaste sur les populations dans leurs perceptions des enjeux électoraux. Le faible niveau d'alphabétisation ou la transcendance identitaire les empêche souvent de discerner avec exactitude les motivations véritables des élites politiques. Comme la démocratie libérale les réhabilite dans le rôle d'instrument de dévolution du pouvoir politique, elles ont acquis une importance cruciale qui fait d'elles les proies des manipulations et des démagogies.

L'intérêt des populations pour les processus de démocratisation se trouve dans la désacralisation de l'autorité politique qui avait acquis dans les années antérieures le statut d'une transcendance intouchable pendant le monopartisme. Même si la mémoire historique empêche de les considérer comme des serviteurs du peuple, les populations ont le droit de dénoncer clairement les actions coupables de l'autorité et même de la sanctionner au moyen des élections. La constitution leur reconnaît même le droit de se soulever contre des décisions anticonstitutionnelles. Inspirées généralement par les grandes révolutions mondiales, à l'instar de la révolution française de 1789, les populations d'Afrique subsaharienne ont consenti les plus lourds sacrifices devant le déchaînement de l'appareil policier contre les ouvertures démocratiques. De même, les retombées économiques des mouvements de grèves et de protestations frappent de plein fouet les populations qui se trouvent souvent à la périphérie des mécanismes économiques.

Les armées nationales

Les armées nationales africaines constituées au lendemain des indépendances ont la particularité de ne pas avoir partagé des moments historiques qui auraient dû forger leurs liens avec la population civile. Cette absence de ciment historique entre les forces armées et leurs populations est surtout dominante dans la plupart des pays d'Afrique subsaharienne qui ne connurent pas de guerre de libération. En Afrique postcoloniale, l'entrée dans la modernité politique ne se fit avec l'institutionnalisation d'une armée nationale avec des prérogatives bien définies. Ce vide donna aux armées africaines les moyens d'investir de façon véhémente le champ politique pour se substituer aux politiciens dont les errements ont fini par livrer les rennes du pouvoir entre les mains de personnes peu indiquées. L'ascendance des armées nationales dans la vie politique des nations d'Afrique subsaharienne commença avec la succession des coups d'Etat qui virent la montée d'anciens combattants de l'armée coloniale surgir à la tête de leurs pays, notamment dans l'espace francophone : Eyadéma Gnassingbé au Togo, Moussa Traoré au Niger, Jean Bedel Bokassa de la Centrafrique. Le positionnement des militaires à la tête des instances gouvernementales accroît l'influence de l'armée sur les autres acteurs de la vie politique. Dans de nombreux pays, en l'absence d'un code permettant la dévolution pacifique du pouvoir, la loi de la force était la clé pour accéder au pouvoir. Cela impliquait fortement l'armée dans les mécanismes de dévolution ou de révocation de l'autorité gouvernementale. Sur la base de ce constat, de nombreux militaires parvenus au pouvoir vont se mettre entièrement au service de l'armée dont les responsables sont considérés comme les icônes de l'Etat. Jouissant des avantages les plus exorbitants, les officiers des armées nationales avaient pour charge de contrôler les militaires subalternes et de prévenir d'éventuels coups d'Etat. Très vite cependant, lorsque les privilèges matériels ne suffirent pas à garantir la fidélité des officiers, les guides providentiels d'Afrique subsaharienne recoururent à des méthodes de catégorisation identitaire : l'armée restait théoriquement ouverte à tous les citoyens, mais les avancements et les postes de commandement devaient échoir prioritairement aux militaires ethniquement liés aux responsables politiques. La continuation d'une telle discrimination a abouti à la constitution d'une armée dénuée de toute perception républicaine. L'allégeance n'était pas faite au chef de l'Etat en sa qualité d'instance représentative de toute la nation. Les guides présidentiels avaient noué au sein des armées nationales des liens affectifs, mystiques et ethniques qui les faisaient passer pour le seul objet digne de l'allégeance des militaires. Il en découle qu'à la place d'armées nationales et professionnelles, on rencontre en Afrique subsaharienne des militaires incultes constituant la garde prétorienne du président. Cette meute qui n'entend souvent rien aux règles démocratiques est rompue aux exactions les plus viles sur les citoyens dont les taxes et les impôts servaient à payer leur uniforme. Composées en grande partie des ressortissants du village ou des groupes ethniques du Chef de l'Etat, ces gardes prétoriennes sont uniquement dévouées à la personne du chef de l'exécutif, sans s'interroger sur la légitimité de son pouvoir. Une grande partie de ces agents de défense ne peuvent faire la différence entre la lutte politique moderne et les guerres tribales précoloniales où la valeur de l'homme était donnée par ces trophées de guerre. En ce sens, ces agents constituaient un grand problème pour la démocratisation de leurs pays. Henri Paris en offre une caricature peu glorieuse (Paris 2009: 99) :

« *Les armées d'Afrique subsaharienne [...] n'ont en réalité qu'une capacité médiocre. Ce sont des armées de coups d'Etat. Mal instruites et peu combatives, elles se montrent incapables de maintenir un ordre interne à défaut de défendre une nation, concept inconnu en Afrique subsaharienne* ».

Une telle image des armées nationales d'Afrique subsaharienne correspond aux cas les plus extrêmes de l'inculture politique. En effet, la nature véritable des armées africaines se mesurera à l'aune de leurs réactions en face des révolutions démocratiques. Celles-ci procédaient invariablement de manifestations plus ou moins violentes contre les symboles du pouvoir sortant. Devant l'ampleur de la mobilisation populaire, les forces de l'ordre et de sécurité étaient rapidement débordées; ce qui entraînait le recours aux forces armées. Le comportement de ces forces armées en face de manifestants généralement non armés dépendait du devenir de la démocratie. Le processus de démocratisation aboutissait à une impasse dans les situations où les forces armées nationales offraient leur appui au régime sortant pour réprimer les velléités politiques des populations. La résistance des régimes autocratiques à la pénétration du libéralisme politique suscita en grande partie des protestations des masses populaires qui constituent en général les moyens de pression dont dispose l'opposition politique. Dans ces situations, l'attitude de l'armée en face des aspirations populaires ou encore leur degré d'assimilation de la démocratie détermine la profondeur et l'effectivité des réformes démocratiques. La présence de gardes prétoriennes comme appui incontournable de régimes autocratiques entraîne un recul des acquis démocratiques ; à l'opposé, les armées républicaines tiennent juste le rôle de protectrices des institutions républicaines et surtout des masses citoyennes contre les éventuelles dérives policières. La divergence de comportement des armées nationales en fonction de leur structure organique et de leur vision des réformes est exprimée par Jean de Menthon qui compare l'attitude des armées togolaise et béninoise dans l'expérience démocratique vécue par les deux pays (Jean de Menthon : 1993) :

« *Le 9 avril, de nouveaux affrontements eurent lieu entre armée et population ; des blindés se déployèrent dans les rues. La grande différence entre la situation du Togo et celle qu'avait connue le Bénin, l'année précédente, tenait au rôle de l'armée : les soldats béninois n'avaient pas combattu le peuple, ceux du Togo si. Que ce soit sur ordre d'Eyadema ou de leur propre initiative, ils n'hésitaient pas à tirer. Et ils menaçaient d'en faire bien davantage, de détruire Lomé, de provoquer un bain de sang s'ils n'étaient pas respectés. L'armée se conduisait en troupe d'occupation ».*

Or, de nombreuses armées d'Afrique subsaharienne venaient à l'évidence que les réformes démocratiques plaçaient entre les mains des populations les mécanismes de la dévolution du pouvoir. A l'époque du parti unique, les militaires avaient le monopole de la dévolution du pouvoir et en usaient en fonction d'intérêts économiques et techniques. Le glissement de la légitimation militaire vers une légitimation populaire devait réduire l'importance de l'armée dans le jeu politique. Cette réduction allait de pair avec le recul de la prédominance militaire dans des postes clés de l'économie, en tant que contrepartie de leur allégeance. Conscientes d'une éventuelle chute de la prédominance de l'élite militaire lorsque les affaires passeraient entre les mains des civils jouissant de la légitimité populaire, certaines armées d'Afrique subsaharienne affichèrent des réactions agressives contre les révolutions démocratiques. Et de fait, le procès du parti unique était directement le procès des dérives des militaires, parce que ceux-ci servirent d'instrument de répression pour les régimes autocratiques d'Afrique subsaharienne. La plupart de ces armées entendaient poursuivre le rôle peu méritoire d'épouvantail des aspirations populaires. Certes, certaines armées nationales avaient vite compris la marche de l'histoire et n'entendaient pas voir leur pays rester en marge des nouvelles dynamiques politiques internationales. Tel fut le cas au Mali où l'armée mit fin à la dictature de Moussa Traoré pour instaurer la démocratie, du Niger où l'armée intervient fréquemment pour déjouer les tentatives de dénaturation du jeu démocratique, du Sénégal et du Bénin où les armées nationales restent généralement en marge des passions politiciennes. Mais l'image d'armées nationales loyales aux causes populaires était exceptionnelle en Afrique subsaharienne dans les années 1990. Les forces armées avaient la réputation de constituer un épouvantail à la mise en place de modèles d'Etat basés sur la représentation populaire. Désarmés face à la mobilisation populaire, les régimes de parti unique se réfugiaient dans la prééminence militaire pour remettre en cause la souveraineté des institutions démocratiques. Il est d'ailleurs significatif que les pays où l'armée refusa d'être instrumentalisée pour réprimer les populations aient connu une transition démocratique efficace. Le Mali, le Bénin, et Madagascar dans une moindre mesure ont pu réussir l'alternance politique grâce à l'allégeance des forces armées aux institutions républicaines. Ce sont des scénarios qui contrastent avec la mobilisation des forces armées nationales contre les révolutions démocratiques. Ainsi, en perte d'audience populaire, les présidents de régimes sortants ont substitué à la souveraineté populaire la toute puissance militaire qui les maintenait au pouvoir, au mépris des dispositions constitutionnelles. Les fraudes électorales sont généralement arrangées avec le soutien des militaires ; il en est de même des modifications constitutionnelles qui permettent à des présidents de se pérenniser au pouvoir contre la volonté du peuple.

Au demeurant, la personnalisation croissante des armées en Afrique subsaharienne ont entraîné leur irruption intempestive dans le jeu politique, faussant donc les équilibres devant exister entre les différentes formations politiques. Par ailleurs, leur aide s'avère précieuse pour le blocage des moyens institutionnels d'accès au pouvoir. Comme on l'a vu au Togo en 2005, puis au Gabon en 2009, les mascarades électorales gagnent uniquement dans les contextes où les réactions populaires en découlant sont violemment réprimées par la force militaire. Par l'allégeance des militaires, les pouvoirs autocratiques disposent des moyens pour verrouiller les voies légales de conquête du pouvoir. Et comme le peuple a acquis avec le libéralisme le statut de dépositaire de ce pouvoir, les armées nationales entretiennent généralement une haine démesurée à l'égard des populations, surtout celles qui dans leur majorité sont acquises à l'opposition politique. Très souvent impliqués dans le recul démocratique comme en Mauritanie en 2009, en Côte d'Ivoire en 1999, les militaires africains semblent, dans la plupart des pays, être ancrés dans un archaïsme politique qui donne à la force le droit de fouler au pied toutes les conventions sociales. La réussite de la révolution démocratique et leur devenir relèvent en grande partie du positionnement des armées nationales en faveur des aspirations de peuples noirs pour la liberté. Mais, ce positionnement ne peut être que le fruit d'une assimilation intelligente des idéaux de la modernité politique. A cela travaillent d'autres acteurs du jeu politique relevant de la société civile.

La société civile

Les bouleversements sociopolitiques induits par les révolutions démocratiques en Afrique subsaharienne ont engendré la restructuration de la structure sociétale. Les jeux de chaises au sein de l'appareil sociétal ont permis l'émergence de nouveaux acteurs ou leur résurgence en tant qu'acteurs interagissant ou arbitrant entre les protagonistes du jeu politique. La floraison et l'influence de la société civile allèrent de pair avec la libéralisation des espaces économiques et politiques, avec comme conséquence le retrait de l'Etat de certains rôles et sa fragilité constante en face de nouvelles dynamiques citoyennes. La libéralisation de l'espace politique et la remise en cause de la légitimité de l'appareil d'Etat favorisèrent l'émergence de catégories sociétales à vocations impartiales et tentant d'arbitrer entre les protagonistes de la vie politique. Selon les dispositions juridiques relatives à la définition et l'orientation des actions citoyennes, la société civile inclut les associations et les mouvements syndicalistes, les Organisations non gouvernementales et les confessions religieuses. En fonction de leurs motivations et de leur objectivité, ces composantes peuvent avoir un positionnement proche des vues de certains protagonistes de la vie politique.

Sur la base des expériences historiques et sociétales de chacun des pays de l'espace subsaharien, les différents pôles de la société civile sont répartis sur la mosaïque sociale de par leur potentiel d'intégration. Les restrictions imposées aux Etats par les Programmes d'Ajustement Structurel, le sentiment d'abandon des couches les plus vulnérables ont facilité l'entrée des organisations associatives et religieuses et des ONG sur le champ de l'activisme citoyen. Même si leurs mécanismes d'intervention diffèrent de ceux de l'Etat, ils procèdent des mêmes préoccupations, surtout dans les domaines sociaux comme la santé, l'éducation. Leur approche d'intervention inclut d'ailleurs la vision gouvernementale qui édicte les lignes directrices au plan national. C'est alors qu'on observe souvent une certaine proximité entre les entités de la société civile et les structures de l'Etat qui sont les dépositaires du cadre institutionnel de toute action communautaire. L'autonomie de ces organisations est donc modérée par le droit de regard de l'administration publique. En tout état de cause, la crédibilité des associations ou organisations de la société civile tient de ce que leur essence opérationnelle et organisationnelle procède d'une culture politique libérale.

Le constat d'échec des structures publiques à répondre aux exigences des populations d'Afrique subsaharienne alimenta le développement d'organismes civils à envergure locale, régionale, nationale ou internationale. Le phénomène de décentralisation administrative enclenchée dans le sillage du désengagement progressif de l'Etat crée un vide que les composantes de la société s'efforcent de combler en fonction des préoccupations économiques, culturelles et sociales. Cette dynamique se cristallise autour d'une restructuration informelle d'entités organiques dont les membres se rassemblent autour d'activités d'intérêts communs. Elle est d'abord agissante à une échelle microscopique par des castes, des confréries, des Comités Villageois de Développement, des Comités de développement de quartiers, des groupements culturels et folkloriques, des associations à portée identitaire, des groupes d'entraide, de micro-finance ou de tontine. A cette palette d'associations ayant l'étiquette de la société civile, s'ajoutent des entités à envergure nationale comme des organisations de nature syndicaliste dont les unions nationales rassemblant des acteurs sociaux d'un domaine commun disséminé à travers le territoire national. Leur lisibilité est plus forte que les entités locales, mais l'horizon de leur influence en fait des proies privilégiées des manœuvres politiciennes. Aussi n'est-il pas rare de voir certaines de ces associations nationales s'aligner directement sur l'idéologie du parti au pouvoir afin de conserver une audience au niveau national. Dans ce cas, elles jouissent d'un appui financier de l'Etat dont elles relaient la vision politique auprès de leurs membres. De même, leurs responsables sont liés à l'administration publique par de fortes accointances professionnelles ou même politiques. Leur action se situe directement en marge des mouvements syndicaux dont elles peuvent chercher à réduire l'influence critique vis-à-vis du pouvoir central.

Il en va tout autrement pour la catégorie syndicale de la société civile dont les prises de positions sont proches des mouvements contestataires. Dans certains pays, cette catégorie sera impliquée dans les mouvements de pression populaire qui pousseront les régimes de parti unique à se lancer sur la voie des réformes démocratiques. Historiquement, l'insécurité sociale née de trois décennies de gestion désastreuse s'est répercutée principalement sur les différentes catégories socioprofessionnelles qui sont le moteur des mouvements syndicalistes. Les retraites anticipées, les promotions arbitraires, le népotisme, les brimades sur les lieux de travail ont longtemps frustré les travailleurs qui virent dans les ouvertures démocratiques l'occasion de dénoncer toutes les tares introduites dans les rouages socioprofessionnels. La paupérisation des différentes catégories sociales alimenta la défiance des organisations syndicales face à l'Etat postcolonial accusé d'avoir mené le pays à la précarité.

Certes, il existait des structures syndicales avant les révolutions démocratiques, mais celles-ci agissaient sous le contrôle strict du pouvoir central dont elles dépendaient largement. La vague de contestation nourrie par les revendications politiques vit naître à côté des syndicats dociles à l'Etat, de nouveaux instruments de revendication portés par les aspirations populaires. A mesure que la remise en cause de l'ordre généré par le parti unique s'élargissait, les travailleurs de différents secteurs saisissaient l'opportunité pour mettre en place des instruments de défense et de protection de leur profession.

L'émergence des syndicats s'inscrit dans la constitution d'un front social pour décrier le bilan socioéconomique désastreux du monopartisme. Au fil du temps, les mouvements syndicalistes vont céder à la pression des pouvoirs, en se positionnant aux côtés de l'Etat contre les intérêts des travailleurs. Comme la culture syndicale n'est pas solidement ancrée dans la pratique professionnelle en Afrique, certains responsables cédèrent aux sirènes tentantes des postes ministériels pour trahir la cause de leur association. C'est pourquoi le rôle des syndicats au sein de la société civile sera aussi complété par l'action des organisations non gouvernementales.

En Afrique subsaharienne, l'activité des ONG connut un essor sans précédent devant les difficultés des gouvernements d'Afrique subsaharienne à satisfaire les besoins de leurs populations. Dès le début des indépendances, la nécessité d'une assistance aux populations libérées de la colonisation s'étant fait sentir, des organisations ont commencé par suppléer aux lacunes de l'appareil gouvernemental auprès de certaines catégories sociales. Mais la réserve induite par la prépondérance du cadre étatique disparut progressivement au fil des actions de décentralisation et surtout avec le relâchement relatif du contrôle de l'Etat sur les différents acteurs du jeu sociétal. Leur nombre s'accrut par cette dynamique et le désir d'infléchir la précarité des catégories marginalisées dans la répartition des ressources. Entités très actives au sein de la société civile, les Organisations Non Gouvernementales se sont engagées dans tous les domaines de la vie sociale : santé, environnement, éducation, intégration socioprofessionnelle, planification familiale, développement communautaire et la petite finance. Par nature, ces organisations sont apolitiques et opèrent dans des horizons variés qui permettent de les classifier en organisations locales, régionales ou internationales. Même si elles n'échappent pas aux conditions politiques des régions où elles sont appelées à opérer, les ONG ont vocation à agir à tous les niveaux de l'appareil sociétal sans s'affubler de considérations politiciennes. Elles sont motivées surtout par la volonté de travailler avec les communautés locales pour améliorer leurs conditions d'existence. Pour affiner leurs prestations en remédiant aux éventuels clivages socioculturels pouvant les séparer de leurs zones d'intervention, les ONG internationales utilisent des relais régionaux et sous-régionaux. Opérant sur un terrain apolitique, elles peuvent être connectées à des problèmes politiques dans leur vocation à défendre le bien-être des populations. Pour ce faire, elles peuvent être perçues par des responsables locaux ou nationaux comme intervenant dans la contestation populaire.

Aussi n'est-il pas rare de voir parfois fondre la frontière entre le terrain politique et apolitique de ces organisations. Ceci amène parfois les gouvernements d'Afrique subsaharienne à contrôler plus strictement les relations des ONG avec leurs populations pour vérifier si ces organisations ne s'impliquent pas dans la mobilisation des contestataires. Une telle méfiance de l'appareil étatique restreint l'efficacité de l'action des ONG dans la mesure où les échanges d'information sont indispensables au ciblage de l'assistance aux populations. Dès lors, une autre entité de la société civile s'emploie à apporter une assistance aux communautés sociales.

L'intégration des confessions religieuses à la société civile en Afrique subsaharienne relève des précisions constitutionnelles des années 1990 qui postulent la laïcité de l'Etat. A l'époque du monopartisme, seules quelques tendances religieuses avaient la liberté d'opérer librement dans les pays concernés : il s'agit des confessions catholiques, protestantes et musulmanes. La libéralisation du jeu politique permit l'irruption des autres formes de manifestations religieuses sur le champ sociétal national. En dehors des confréries religieuses dont l'horizon restait limité au contexte local, les groupes religieux d'obédience catholique, musulmane et protestante sont solidement ancrés au sein des populations qu'ils assistent dans différents domaines. A côté de leur mission spirituelle, s'est imposée dans l'immédiat la nécessité d'assister matériellement certains fidèles vivant dans la précarité. Elles installent parfois des structures de soutien en appui des services médicaux publics. Il en est de même du secteur éducatif qui bénéficie d'une assistance considérable des confessions religieuses. S'inscrivant dans une intervention ciblée dans les domaines indispensables au développement social, les confessions religieuses affichent leur apolitisme comme intrinsèquement lié à leurs mécanismes d'intégration sociale. Même si des tensions peuvent surgir entre ces catégories de la société civile, elles sont peu prononcées et surgissent pour des problèmes ponctuels. Elles sont tenues à une exigence d'impartialité pour ne pas saper les fondements de leurs actions spirituelles. Par contre, dépendant de l'Etat pour asseoir leur envergure territoriale, certaines confessions religieuses entretiennent des rôles privilégiés avec des structures publiques dont elles peuvent relayer les préoccupations. Ainsi l'Etat accorde-t-il la prééminence aux confessions religieuses qu'il juge plus dociles envers le gouvernement central. De par leur implication dans les services médicaux, éducatifs et humanitaires, les confessions religieuses finissent par s'arrimer au cadre politique et institutionnel qui est le contexte global de leur action. Ces confessions peuvent ressentir sur les terrains d'opération humanitaire, les restrictions imposées à l'exercice de certaines libertés.

La bande sahélienne de l'Afrique subsaharienne a connu depuis 1990 une recrudescence du religieux dans la construction sociale. Malgré la laïcité inscrite dans la constitution, l'Islam qui est la dominante religieuse des pays de cette région s'est ancré à tous les niveaux de la construction sociale. Cette importance affecte directement la perception de la société qui subit l'influence de l'approche religieuse. Ainsi, se sont constitués des réseaux politico-religieux qui exercent de fortes influences sur les orientations gouvernementales. Dans le courant de l'année 2010, le nouveau code de la famille voté par le parlement malien fut renvoyé devant l'Assemblée Nationale par le président Amani Toumani Touré. Celui-ci dut refuser à décréter le texte en raison de dispositions progressistes sur les prérogatives de la femme et qui allaient à l'encontre de certaines convictions religieuses. De même, au Sénégal les confréries religieuses à l'instar de celle des Mourides sont des institutions de la société civile qui exercent des pressions importantes sur les orientations de l'action gouvernementale. En raison de leur imbrication avec les mécanismes séculiers du pouvoir, ces confréries peuvent même être au cœur de l'ascension sociale ou politique. Leurs relations avec le pouvoir varient en fonction de l'obédience religieuse des personnalités au sommet de l'Etat. Abdoulaye Wade, l'actuel président du Sénégal confirme le poids de cette confrérie dans la vie publique sénégalaise dans une rétrospective sur les conflits politiques opposant le président Senghor à son premier Ministre Mamadou Dia (Wade 2008 :81) :

« C'est là que El Hadj Falilou Mbacké, le khalife général des mourides, me fit convoquer. En présence de mon père, très respecté dans le milieu en raison des relations personnelles qu'il avait eues avec le fondateur de la confrérie, Cheikh Ahmadou Bamba, le khalife me déclara : « Laisse tomber Mamadou Dia. Je vais convoquer Senghor pour qu'il te donne la place qu'occupait Dia. Sois ici mercredi à huit heures du matin, Senghor sera là. » Mon père alors intervint : « Et si Senghor refuse ?» « S'il refuse, rétorqua le marabout, je lui retire mon soutien et il tombera ».

Cette capacité des mourides à faire valoir ses prises de vue même jusqu'au sommet de l'appareil gouvernemental repose sur une structuration interne de la confrérie dont les prolongements vont au cœur de l'édifice sociétal. Certes, on peut douter des capacités réelles d'une instance socio-religieuse à faire tomber un régime déjà en 1960, mais au fil du temps, le poids politico-social des mourides s'est conforté. Cela tient à la structure organique de cette confrérie qui se pose comme un foyer de la solidarité communautaire et spirituelle pour les membres comme le décrit le président Abdoulaye Wade : (Wade 2008 : 100) :

« Au sein de cette confrérie religieuse du Sénégal [la confrérie des mourides], le chef reçoit périodiquement des dons de tous les membres de la communauté. Les paysans se privent pour apporter quelque chose au chef une fois qu'ils ont vendu leur récolte. Ils font beaucoup de sacrifices, privant même parfois leur propre famille du minimum nécessaire. Le chef de la confrérie réunit ainsi des sommes relativement importantes, mais théoriquement, il doit les redistribuer.

Le fondateur de la confrérie vivait très simplement dans une case, sans aucun luxe. Il était un centre de redistribution. Les gens qui avaient des difficultés trouvaient chez lui des subsides sans que cela les pousse à l'oisiveté, comme cela peut se voir dans certains pays d'Europe [...] ».

Du fait de leurs connexions complexes avec les bases politiques et sociales des pays d'Afrique noire, les confessions religieuses ont usé de leur fonction intégrative pour occuper une place de choix parmi les acteurs de la société civile. L'emprise de leur action se trouve toutefois limitée à la taille de l'espace concédé par l'administration publique. Les pouvoirs publics encouragent l'extension des confessions qui leur sont favorables, alors qu'ils restreignent le champ d'action des entités religieuses dont l'action est perçue comme préjudiciable à la réputation des instances gouvernementales. Malgré tout, ces entités de la société civile jouent en raison de leur portée spirituelle un rôle éducatif sur leurs membres. En ce sens, elles assument en partie la responsabilité dévolue à la presse en tant que structures des sociétés civiles d'Afrique subsaharienne.

L'histoire de la presse en Afrique subsaharienne est étroitement liée à la forme des Etats africains. La modernité politique axée sur le monolithisme politique restreint directement le champ de la liberté d'expression ; l'unicité politique étant soutenue par une presse entretenant des relations privilégiées avec le parti unique. Les journalistes étaient tenus de sacrifier la déontologie professionnelle sur l'autel des contingences unitaires de la nation. La presse était donc le relais le plus fidèle des perspectives gouvernementales auprès des populations. Elle traitait les informations de façon sélective en privilégiant les événements qui renforceraient l'aura de l'équipe gouvernementale auprès des populations. A cet effet, des manipulations étaient permises pour faire adhérer les informations livrées à la vertu politique des élites dirigeantes. A l'époque du monopartisme, il existait de rares journaux privés sur le continent : le Camerounais Puis Ndjawé avait réussi à créer une structure libérée de la tutelle gouvernementale. En dehors de cette exception, tous les régimes de parti unique, conscients du pouvoir de la presse confinaient le métier de l'information au sein de structures régentées par le gouvernement central.

En 1990 cependant, cette situation va changer complètement. Il est évident que les partis politiques disposent en Afrique subsaharienne d'une base informative qui les lie avec un journal privé. L'abrogation du monopartisme et la multiplication des partis politiques en découlant firent déborder l'exercice de l'activité informative des mains de l'appareil étatique. A côte du journal public, organe de soutien par excellence au régime sortant, surgissent rapidement des journaux privés, témoins d'une fulgurante montée de l'information dans la conscience politique citoyenne. Dans un premier temps, ces organes s'efforcent de couvrir les révolutions démocratiques dans une perspective totalement contraire aux versions livrées par les journaux publics. Ils participent de ce point de vue d'un éclatement de la perspective journalistique et offrent aux lecteurs de confronter deux types d'analyse des événements. Dans cette période révolutionnaire où l'audience des gouvernements se trouve réduite, les journaux privés parviennent à ravir la vedette aux structures d'information publiques dont les traitements de l'information passent pour non objectifs et tendancieux aux yeux de nombreux citoyens. Toutefois, il convient aussi de relever que l'exubérance journalistique de cette période a entraîné un manque de professionnalisme au niveau des organes de presse. Ceux-ci versent dans l'amateurisme et s'exposent parfois à des représailles de la part des instances gouvernementales. Les dérives nées des révolutions démocratiques n'épargnèrent donc pas la gestation de la presse privée africaine et sa contribution au débat politique comme organe de la société civile. Ces dérives relevaient aussi de l'absence d'un code régissant la pratique journalistique depuis des décennies. Les approches constitutionnelles des Etats d'Afrique noire en 1990 ont permis de réduire les dérives grâce à des dispositions juridiques et déontologiques encadrant les activités de la presse. Peu à peu, la presse parvient à se défaire des liens avec les régimes en place pour adopter des tons plus objectifs, notamment dans les pays où les réformes démocratiques ont été consolidées au fil du temps. En dépit des divergences structurelles sur l'influence du quatrième pouvoir en fonction du progrès démocratique des pays, la presse d'Afrique subsaharienne a fini par étendre son emprise sur la vie nationale. Elle ne se limite pas à relayer et analyser les informations politiques, mais elle assume un rôle éducatif à l'endroit des masses populaires qui sont le moteur des révolutions démocratiques. Et comme la démocratie libérale s'est avéré un processus d'apprentissage sur le continent noir, la presse est restée au chevet de ce processus en assumant à la fois un rôle d'analyse, d'éducation et d'affinement de la conscience politique. En dépit de la restriction de son champ d'activité, elle poursuit sa tâche et l'étend même aux domaines de la vie sociétale comme la santé, l'éducation, la politique, la religion, la famille.

C'est ainsi que la presse s'est trouvée aux avant-postes des grandes campagnes de sensibilisation sur les différents problèmes affairant au développement communautaire, comme la vaccination, la lutte contre des fléaux sociaux comme le VIH, la délinquance. Mais l'emprise de son action sociale ne permet pas forcément à la presse d'entretenir de bonnes relations avec les pouvoirs publics. Focalisées sur les intérêts politiques, les instances gouvernementales considèrent avant toute chose le positionnement des journaux aux côtés des formations politiques pour évaluer leurs actions. A mesure que les instances gouvernementales ont fini par accepter l'idée d'un paysage audiovisuel composite, le champ de l'information se voit diversifié des formes d'information non publiques. A la prépondérance de la presse écrite, succéda l'explosion des radios privées chargées de servir de contrepoids aux radios nationales. Progressivement, les radios privées prennent pied dans le champ des moyens d'information. Au départ, leurs activités subirent un contrôle strict de la part des responsables du gouvernement. Ce n'est qu'à la faveur des alternances politiques ou d'une forte pénétration des idéaux démocratiques que les radios privées se sentiront pleinement intégrées aux mécanismes sociétaux. Elles accentuent les activités de relais informationnel de la presse écrite dont le champ d'horizon est surtout limité aux zones urbaines. Par contre, les radios parviennent à atteindre les communautés les plus éloignées des pôles décisionnels. Par ce biais, elles se montrent plus efficaces dans leur rôle éducatif. Elles ont la capacité d'imprimer une certaine vision sociale et politique aux populations avec leur capacité à faire intervenir directement les personnes ressources sur les antennes. Par ailleurs, la nature de leurs activités correspond plus à la volonté de transparence qui fut à la base des mouvements de protestation contre l'obscurantisme politique.

Pour ce faire, elles s'impliquent fortement dans la vulgarisation des informations transmises par les institutions et disposent de ressources permettant de rendre compte de la transparence des orientations politiques. En période électorale, elles jouent le rôle de modération des passions et contribuent à la mobilisation du corps électoral. Elles peuvent remédier aux défaillances des médias nationaux à couvrir les événements politiques en suppléant à leur absence dans les zones les plus reculées du pays. De par leur constance et leur diligence, elles réduisent l'enclavement informationnel de certaines régions en assurant un transfert réciproque des informations entre la capitale et l'arrière-pays. A mesure que se précise l'importance de l'information dans le développement communautaire, le rôle des radios privées se diversifie. Elles servent dans les milieux ruraux par exemple à vulgariser des informations techniques ou climatologiques indispensables à la rationalisation de la production. Les informations d'ordre médical, social ou culturel aussi passent par leurs ondes pour atteindre la population.

En somme, l'émergence et le renforcement des entités de la société civile à la faveur des révolutions démocratiques exercent des influences importantes sur les relations entre toutes les composantes nationales. Ces influences partent certes du pôle politique, mais se répandent rapidement à tous les niveaux de l'appareil social. Désormais, la dynamique sociétale dans les pays concernés ne se déroule plus dans un tête-à-tête apathique entre un pouvoir central transcendant et des masses populaires terrorisées par la machine policière. L'irruption des composantes de la société civile met l'Etat sous la pression plus ou moins amicale d'instances en meure de répandre les échos des malversations au niveau national et même international. Dès lors, l'individu acquiert une plus grande consistance devant les institutions qui sont plus conçues pour l'assujettissement des masses. Même si des réduits de l'absolutisme subsistent encore en dépit des activités des sociétés civiles, ils vivent dans la crainte constante d'une explosion qui pourrait être alimentée par l'accumulation des rancœurs. Dotées de tout un outil d'information fourni par l'imbrication quotidienne des organes de la société civile, les populations d'Afrique subsaharienne prennent largement conscience de leurs responsabilités et de leurs droits devant les exigences de l'Etat. Elles comprennent donc les ressorts des activités dont le point focal se localise au niveau des partis politiques.

Les Partis politiques

La plus grande nouveauté inscrite dans la nouvelle dynamique politique en Afrique subsaharienne depuis les années 1990 réside dans la capacité du citoyen à s'investir, voire à influencer les décisions affectant la vie de sa communauté. La participation citoyenne procède de moyens institutionnels au niveau des organes de représentation que constituent le parlement, d'instances formelles comme la justice, les cours de compte… Il existe en outre un autre pôle de la participation citoyenne située au carrefour de toutes les autres formes de participation : les partis politiques. Les partis politiques s'inscrivent dans la palette des instruments de contrôle de l'action publique, puisque sans disposer comme les institutions républicaines de moyens de sanction, ils peuvent s'en servir pour discréditer le pouvoir en place et détourner à son propre profit son électorat. L'avènement des partis politiques, mieux la résurgence des partis politiques en Afrique subsaharienne a permis de donner un contenu consistant au débat politique qui se pose de façon plus ciblée sur les aspirations immédiates des populations. Hors des circuits politiciens de la construction nationale, la résurgence des partis politiques a fait éclore une nouvelle approche de la chose politique qui acquiert un caractère inclusif plutôt que marginal.

Il convient de rappeler que les premières expériences avec les partis politiques remontaient à la période coloniale. Le processus de décolonisation enclenché au lendemain de la deuxième guerre mondiale avait ouvert la voie au droit d'association pour les peuples colonisés. Ce droit se cristallisa rapidement dans la création des partis politiques dont les enjeux tournaient autour des postes de représentation des colonisés au sein des parlements de la métropole. C'est dans cette dynamique que naquit le RDA (Rassemblement Démocratique Africain) autour des premières élites africaines. Ensuite, vit le jour dans les anciennes colonies, une nuée de formations politiques où convergeaient les énergies citoyennes pour la libération des peuples noirs. Et la contribution de ce pluralisme politique aux effervescences politiques qui emportèrent les édifices coloniaux reste gravée dans la mémoire politique des peuples africains. Or dans la plupart des Etats nouvellement indépendants, la maturité politique acquise à la faveur de la mobilisation dans les partis politiques luttant pour les indépendances ne fut pas rentabilisée. Au nom de contingences politiques, les partis politiques furent progressivement fondus dans la plupart des pays d'Afrique subsaharienne pour faire place au parti unique. Cette approche du parti unitaire inspirée dans une certaine mesure des approches politiques marxistes-léninistes fut le contexte de l'activité politique en Afrique subsaharienne. Il est indéniable que ce réductionnisme politique eut des effets dévastateurs sur la culture politique en Afrique subsaharienne. Même au Sénégal où Senghor projetait installer un régime pluraliste, le climat dominant de la sous région ne manqua pas de l'influencer, comme Wade le souligne : (Wade 2007 : 109) :

« [...] si bien qu'en 1960, au moment de l'indépendance, il y avait cinq partis politiques au Sénégal alors que le parti unique régnait partout en

Afrique. Qu'est-ce que Senghor allait faire ? Socialiste certes, mais libéral en un sens car n'ayant pas le tempérament d'un dictateur, il s'est accommodé du pluralisme de partis, mais avec un souci permanent de dominer l'opposition [...]

Senghor était influencé par ce qui se passait dans le reste de l'Afrique, avec le phénomène des partis uniques. Il y eut, en conséquence, une évolution du système senghorien vers un système de « parti dominant ».

Un parti dominant qui, de 1960 à 1965, fut comme un champion de lutte seul dans l'arène, avec quelques petits lutteurs trottant autour ».

Si au Sénégal, la tendance au monopartisme fut juste une parenthèse rapidement fermée avec l'irruption du parti d'Abdoulaye Wade sur la scène politique sénégalaise, les autres pays de l'Afrique noire persistèrent sur la voie du monopartisme. En conséquence, la génération des indépendances ne bénéficiera pas des expériences de ce foisonnement politique. Il fallut attendre près de trois décennies pour que les peuples concernés expérimentent à nouveau le pluralisme politique. Cette expérience du pluralisme se fera de manière explosive lors des révolutions démocratiques. Car la légalisation des activités des partis politiques fut acquise de haute lutte par les populations. Les leaders du parti unique n'entendaient pas laisser la concurrence s'exercer aisément avec d'autres formations politiques fraîchement apparues au niveau national. Mais ce sont les activités des nouveaux partis politiques qui créent une nouvelle dynamique politique. S'appuyant sur l'entrée en vigueur du respect des libertés individuelles, les partis politiques sont devenus le foyer d'expression de ces libertés. De par leur nature, les formations politiques opèrent au départ dans une logique d'opposition au parti au pouvoir dont elles décrient systématiquement les dérives. Elles ambitionnent même de défaire l'ancien parti unique au pouvoir. Cette ambition affichée au départ fut à l'origine d'une inimitié avec les administrations publiques. Elles se firent le réceptacle des aspirations populaires qu'elles relaient auprès des institutions de la République. Les partis politiques sont généralement les instances qui fournissent les personnalités devant remplir les fonctions institutionnelles. Lorsque les pouvoirs publics se rendirent compte que la tendance au pluralisme était irréversible, ils encouragèrent la création de partis politiques devant servir d'appui aux anciens partis uniques. A partir de là, l'étiquetage des partis politiques ne se rapportait pas à une ligne idéologique, mais à leurs relations par rapport au pouvoir en place. Ainsi, on distingue des partis dits de la mouvance présidentielle dont l'identité est déterminée par leur proximité vis-à-vis du parti au pouvoir. Naturellement, cette allégeance au pouvoir en place est sous-tendue par des intérêts essentiellement partisans. La diversification des partis politiques a fini par créer des interférences avec des motivations économiques. C'est donc dire que les partis politiques de la majorité présidentielle n'agissent pas toujours par pure conviction, mais surtout dans le but de monnayer leur appui par des avantages financiers ou professionnels. Toutes les formations politiques alliées au parti au pouvoir sont désignées sous le vocable de majorité présidentielle. Cette majorité s'oppose au plan politique aux partis de l'opposition dont l'union se fait de façon circonstancielle. La frontière séparant les deux camps n'est pas étanche, puisque les membres peuvent faire défection et rejoindre la partie adverse selon des motivations économiques, professionnelles ou politiques.

En dépit de ces indélicatesses, les partis politiques, surtout ceux de l'opposition ont su canaliser les protestations citoyennes pour en faire une dynamique de réformes politiques et institutionnelles. De leurs stratégies dépend l'issue des mouvements de démocratisation. Leurs atouts sont prioritairement mobilisés pour générer une alternance au sommet de l'Etat.

Au-delà de la constellation des événements et des acteurs autour des révolutions démocratiques, il convient de relever que la démocratisation des mécanismes politiques et institutionnels en Afrique subsaharienne est intégrée aux cultures politiques locales selon des héritages culturels et historiques. Si l'existence des institutions, d'une constitution et des organes garantissant l'exercice des libertés humaines comme le contrôle de l'action gouvernementale, la liberté d'expression sont des symptômes tangibles d'une culture démocratique, les différents Etats africains font des expériences diverses avec tous ces instruments. De même, les élections autour desquelles s'articulent les enjeux suprêmes de la lutte politique ont fini par concentrer les attentions des observateurs politiques, occultant les retombées véritables des réformes qui visent avant tout une meilleure convergence des ressources humaines et matérielles vers le développement. On ne peut perdre de vue que les révolutions démocratiques ne sont rien moins que le pendant économique des Programmes d'Ajustement Structurel dont la récurrence témoigne de la faillite du modèle d'Etat basé sur le parti unique. Les exhortations à la démocratie en provenance des partenaires occidentaux sont le signe d'un ras-le-bol exprimé par les bailleurs de fonds qui voient le continent noir stagner dans l'immobilisme socioéconomique, en dépit d'un apport d'aide financière consistante depuis trois décennies. La transposition de l'échec économique fut traduite par des velléités de sanctions politiques contre les régimes sortants. Dès lors, la corrélation entre démocratie et développement est manifeste. Cette corrélation semblait avoir frappé l'esprit des populations d'Afrique noire qui se mobilisèrent sans réserves pour la démocratisation des structures du pouvoir. A défaut d'une alternative directe ou médiate, les révolutions envisagent une correction des orientations politiques et économiques qui seraient centrées sur l'équité, la transparence et la probité. Ces idéaux qui, au niveau des discours semblent fédérer l'accord de tous les milieux politiques, sont cependant les contenus d'un modèle démocratique qui ne cesse de se heurter à des approches réactionnaires. Tel est en premier lieu le destin dominant de la démocratie libérale en Afrique subsaharienne. Les résistances observées sont essentiellement le fait des gouvernants au pouvoir pendant les révolutions démocratiques qui redoutaient de se faire balayer par les forces tumultueuses du vent de l'Est.

Au demeurant, le sort des démocraties africaines a dépendu et continue de dépendre de la bonne volonté des élites au pouvoir. En effet, l'expérience de la souveraineté du peuple reste encore mal assimilée par les élites gouvernantes, même si celles-ci ont déjà fait des expériences d'opposants politiques. C'est en fait que l'introduction de la démocratie libérale en Afrique subsaharienne reste un processus qui peut être remis en cause à tout moment. Le fait que la plupart des révolutionnaires revendiquent l'alternance politique revêt une signification cruciale. Car la présence aux affaires de personnalités ayant goûté aux délices de l'autocratisme ne peut favoriser l'enracinement des réformes démocratiques. Ces personnalités ont montré aux populations africaines leurs capacités à noyauter les acquis démocratiques et à confisquer la souveraineté du peuple par des manœuvres dénuées de toute morale politique. Le passage d'une modernité politique axée sur le monolithisme à celle procédant de la souveraineté populaire a fait surgir des adversités latentes entre les composantes des nations d'Afrique noire. De fait, l'héritage politique légué par le monopartisme politique est largement problématique pour le passage d'une autre modernité politique basée sur la primauté de l'individu sur des considérations politiciennes. Cette primauté est envisagée non seulement dans la perspective de la promotion des libertés individuelles, mais surtout dans l'optique d'une gestion rationnelle et transparente des ressources nationales pour le bien-être des populations. C'est pour cette raison que la bonne gouvernance, la lutte contre la corruption et la morale politique occupent désormais l'esprit de tous les promoteurs de la démocratie africaine.

En tant que dynamique politique incluant tous les ressorts des constructions sociétales d'Afrique subsaharienne, la révolution démocratique fut reçue comme une donnée exogène par les élites au pouvoir. A leur niveau, cette donnée exogène est portée par les partenaires occidentaux et les citoyens d'Afrique subsaharienne marginalisés par le conformisme politique. Objectivement, la démocratie libérale procède à la fois de données endogènes et exogènes. Elle est juste l'expression d'une seconde modernité politique qui vient corriger les défaillances et les vices observés au niveau des régimes de parti unique. La perception du libéralisme politique en tant que donnée externe aux sociétés africaines relève plutôt de velléités de réaction des autorités sortantes contre un modèle alternatif qui menace les avantages économiques et politiques qu'ils se sont arrogés au fil des décennies. C'est pourquoi les vagues de démocratisation africaine ont vite pris l'allure d'une lutte des classes. A la place des acteurs de la lutte classique que sont la bourgeoisie et le prolétariat, les antagonismes mirent aux prises les représentants d'une oligarchie ayant fait fortune dans l'accaparement des moyens économiques et les masses populaires marginalisées par une répartition inéquitable des ressources nationales. Les enjeux de la démocratisation de l'Afrique subsaharienne sont d'autant plus cruciaux qu'ils impliquent le combat pour la correction des déséquilibres. Ainsi peut se comprendre aisément la violence des réactions contre les processus de démocratisation en Afrique subsaharienne. La lutte pour la démocratisation en Afrique subsaharienne fut donc transposée du champ de l'idéologie politique à celui des conflits d'intérêt aggravés par des dissonances identitaires. Les chocs induits par les mouvements de démocratisation tiennent surtout à la combinaison de deux discordances : une discordance sociale créée par l'inégale distribution des ressources publiques et une discordance identitaire dérivant d'une politique tribaliste. La contestation politique rencontra surtout de dures résistances des couches sociales avantagées par le système existant. Celles-ci l'assimilèrent rapidement à un désir de revanche pour légitimer leur volonté de poursuivre l'oppression de leurs concitoyens. Cette oppression est l'essence même du régime de parti unique. Frantz Fanon en est conscient lorsqu'il écrit : (Fanon 1968 :) :

« La tentation sera de briser ce corps en centralisant l'administration et en encadrant fermement le peuple. C'est l'une des raisons pour lesquelles on entend souvent dire que dans les pays sous-développés, il faut une certaine dose de dictature. Les dirigeants se méfient des masses rurales. D'ailleurs, cette méfiance peut prendre des formes graves. C'est le cas par exemple de certains gouvernements, qui depuis l'indépendance nationale, considèrent l'arrière-pays comme une région non pacifiée où le chef de l'Etat, les ministres ne s'y aventurent qu'à l'occasion des manœuvres de l'armée nationale. Cet arrière-pays est pratiquement assimilé à l'inconnu. Paradoxalement, le gouvernement national dans son comportement à l'égard des masses rurales rappelle par certains traits le pouvoir colonial ».

Cette condescendance affichée par les élites postcoloniales à l'égard de leurs concitoyens donna des allures dramatiques aux chocs politiques induits par le changement de modèle politique. Ce changement est loin d'être assumé par toutes les composantes des nations africaines. Celles-ci peinent à s'entendre sur les principes régissant les règles du jeu politique. Les blocages sont généralement le fait des tenants de l'ordre ancien qui refusent de se plier aux nouvelles donnes de dévolution du pouvoir. Toutefois, le rôle réactionnaire des anciens autocrates peut être reproduit par des partis accédant au pouvoir à la suite de la démocratisation. On assiste alors à une remise en cause systématique des mécanismes institutionnels dont on s'était justement servi pour la conquête du pouvoir. Le recul des démocraties africaines est le fait à la fois des régimes monolithiques et de régimes issus de l'alternance démocratique. Aussi est-il manifeste que les crises des démocraties africaines soient la résultante de divergences structurelles et politiques. Les chaos politiques découlant des processus démocratiques sont imputables à presque tous les acteurs impliqués dans les révolutions démocratiques africaines. Ces acteurs peuvent seuls décider de la possibilité d'approfondir les réformes démocratiques et de les réduire. Mais au sein de ces acteurs, les attributions des chefs d'Etat africains, qui sont constitutionnellement les garants de la continuité de l'Etat, sont décisives pour affiner la libéralisation du jeu politique.

CHAPITRE 5

Contre-révolutions démocratiques en Afrique noire

La particularité de la modernité politique en Afrique subsaharienne est la sacralisation des chefs d'Etat qui ont fini par se considérer comme étant au-dessus de toute contrainte politique et juridique. Au départ des colonisateurs, la conception de l'Etat fut centrée non sur sa dimension institutionnelle mais sur les personnes placées à son sommet. Celles-ci ont acquis des positions dominantes que leurs prérogatives seules servent à contrebalancer les aspirations des milliers de personnes. La réforme de l'appareil d'Etat dans une approche de démocratisation concernait essentiellement la réduction des prérogatives démesurées qu'ont acquise les guides providentiels, les pères de la nation et les timoniers. Prenant appui sur une notoriété construite sur la base du népotisme et du clientélisme, les chefs d'Etat d'Afrique subsaharienne affichèrent des positions défensives contre les velléités libertaires des populations africaines.

La réorganisation des institutions nationales passait par la réduction du pouvoir dévolu aux instances gouvernementales. C'est à cela que devaient s'atteler les réformes suggérées par les manifestants fatigués par l'immobilisme d'un modèle politique atone et apathique. Mais la mobilisation citoyenne et les pressions des partenaires économiques et diplomatiques ont mis les chefs d'Etat dans l'obligation d'accepter des mécanismes de dévolution du pouvoir basé sur la souveraineté populaire. Ne pouvant échapper à la vague des démocraties qui secouent invariablement les édifices nationaux africains, les autorités des pays africains admirent des réformes en veillant que celles-ci soient superficielles. Il ne s'agissait pas forcément de situations programmées, mais de nombreux dirigeants étaient pris de court par la spontanéité des protestations qu'ils n'eurent pas le temps d'y réagir par des stratégies adéquates. Emportés par la vague imprévisible des revendications en faveur du libéralisme, les régimes sortants ne purent contenir la poussée populaire. De toute manière, la poussée libérale participait d'une dynamique collective agitant les réduits politiques où les libertés étaient encore limitées par des approches exclusives du pouvoir. L'attentisme des pouvoirs sortants s'expliquait par la nécessité de conserver une certaine crédibilité aux yeux de la communauté internationale. Il ne faut pas perdre de vue que le libéralisme politique est le résultat de la prédominance du bloc capitaliste dont la perception politique était en train de se répandre sur tous les espaces politiques anciennement neutres ou proches du marxisme-léninisme. Une réaction démesurée contre la nouvelle vague politique pourrait être perçue par les partenaires occidentaux comme une réaction de défiance. En somme, la démocratisation en Afrique subsaharienne avait des pendants géopolitiques internationaux qui constituaient autant de pressions sur les pouvoirs sortants. Car démocratie, droits de l'homme, et bonne gouvernance étaient devenus la contenance d'une rhétorique idéologique que les pouvoirs africains largement dépendants des financiers occidentaux devaient respecter. La démocratie était dans une certaine mesure le pendant politique des Programmes d'Ajustement Structurel et relevait aussi des conditionnalités imposées pour une image acceptable auprès des partenaires occidentaux. Dans les années 1990, des régimes peu respectueux des nouveaux idéaux politiques subiront ainsi des sanctions auprès des pays occidentaux, notamment l'Union Européenne. Cette pression externe confirme les pendants exogènes des mouvements de libéralisation de l'espace politique qui fut dans beaucoup de cas acceptée sous contrainte. En Afrique subsaharienne, la culture politique qui fait de l'audience populaire le fondement de l'accession au pouvoir restait une anomie pour les pouvoirs sortants. Ils avaient du mal à accepter que la prééminence politique acquise par la force des armes ou des intrigues politiciennes soit remise en cause par un mouvement basé sur la mobilisation populaire. Bref, les processus démocratiques constituaient pour les édifices sociétaux postcoloniaux un choc sociétal résultant de la confrontation de deux modes politiques. Le premier résultait de la logique d'un pouvoir fort après le départ des colonisateurs et dégénéra rapidement en une reproduction de la relation coloniale avec une transposition des rôles entre les élites et les masses populaires. Le second mode procédait de tout un arsenal institutionnel et constitutionnel qui fixe des règles strictes à observer dans la lutte pour le pouvoir. Alors que le premier mode excluait la possibilité d'une cession volontaire du pouvoir, le second en faisait une disposition inscrite au cœur même de l'exercice du pouvoir. La présence d'une opposition était de ce point de vue intrinsèquement liée à la morale politique.

La première moitié des années 1990 fut ainsi marquée par une série de réformes qui modèlent profondément les équilibres sociétaux en Afrique subsaharienne. Certes, la mise en place d'institutions chargées de concrétiser les nouveaux modèles politiques ne pouvait se traduire directement dans les pratiques constitutionnelles ou institutionnelles. Il fallait naturellement une certaine distance temporelle pour que la mentalité politique effectivement imprégnée par la dominance de la souveraineté populaire s'impose. Au demeurant, les revendications d'ouverture politique ont été intériorisées par tous les acteurs à tel point que les idéaux démocratiques passaient désormais comme une norme. Dans la vague de démocratisation, le sort des régimes politiques sortants fut déterminé par leur capacité à intérioriser le processus pour ne pas être marginalisés par la dynamique populaire. Les élites politiques les plus clairvoyantes adhérèrent rapidement aux aspirations populaires et mirent en place les structures indispensables à la franchise du jeu démocratique. Ces élites n'ont pas tardé à résister à la dynamique réformatrice dont les origines remontaient aux manœuvres de recomposition des grands équilibres géopolitiques après la fin des luttes idéologiques. Ce contexte général affilié à un processus de globalisation naissante fut pour les anciens régimes une force irrésistible qui les incita à adhérer à des réformes visant le modèle politique installé depuis les indépendances. Aux premières années de la décennie, de nombreux pays appuyèrent les réformes politiques par la tenue d'élections présidentielles ouvertes à tous les acteurs.

Ces élections ont même donné l'occasion à quelques alternances au pouvoir, notamment au Bénin, au Niger, au Congo, en Centrafrique. La force des mouvements populaires fut telle que s'ils ne sonnaient pas le glas des régimes sortants, ils entamaient en grande partie leur capacité de contrôle de l'action citoyenne. La profondeur des réformes exécutées fut déterminante pour le devenir des différents processus de libéralisation. Et les pays qui s'y prêtèrent jusqu'à l'éviction du pouvoir sortant par le biais des élections présidentielles furent aussi ceux qui par la suite parvinrent à réaliser la mise en place de mécanismes de libéralisation très stricts. C'est en fait que l'existence des pouvoirs sortants, la persistance de leurs poids sur le champ politique demeurent préjudiciables à l'instauration de réformes politiques à l'aune de la libéralisation du champ politique.

Toutefois, il convient de relever que les dynamiques démocratiques furent loin d'être uniformes. Les péripéties, les circonstances et les retombées de ces processus sont déterminées par une foule de contingences qu'on ne saurait mesurer du point de vue de l'efficacité ou de la quantité des élections, des alternances ou des mesures prises. Ainsi des alternances au pouvoir ont-elles abouti parfois à un recul drastique des libertés démocratiques ou des approximations politiques qui ont incité les populations à faire revenir au pouvoir des personnalités ayant été à la tête des anciens partis uniques. Ceci fut expérimenté par exemple au Bénin et contribua à asseoir les bases de la démocratie. Il est cependant rare de voir les anciens chefs du parti unique connaître un sort aussi enviable puisque la plupart d'entre eux se sont plutôt illustrés par une résistance farouche aux processus de libéralisation politique. Habitués aux alternances politiques résultant de circonstances illégales comme les coups d'Etat, de nombreux régimes postcoloniaux n'entendaient pas céder le pouvoir sous la contrainte de la souveraineté du peuple. Aux aspirations du peuple, ils vont opposer tout un arsenal où se mêlent banditisme politique, le terrorisme d'Etat, le noyautage des institutions démocratiques, les mascarades électorales et la corruption des masses. Obstinément arc-boutés à un archaïsme politique qui leur confère des prérogatives à vie, certains régimes politiques vont étaler à la face du monde leur sens de l'inculture et de la bassesse politique. Ce sont eux qui constituent les épouvantails de la démocratie en Afrique subsaharienne. L'idéologie de la résistance antidémocratique est exposée par Pierre Nzinzi (Nzinzi 2000 : 74) :

« On est même allé jusqu'à nous défendre d'accéder au premier moment formel de la démocratie, le multipartisme considéré par nos « dictatures du développement » gagnées par le mythe de l'Etat-nation « unitaire et indivisible », comme un facteur de division tribaliste et de dissolution des efforts d'intégration et de développement ; le monopartisme, antidote efficace contre ces poisons secrétés par la contradiction pluraliste, étant alors considéré comme suffisant pour construire la « démocratie africaine ».

Mais quelles que soient les résistances et leurs ampleurs, la nécessité d'une succession régie par des codes précis et la participation citoyenne demeure ancrée dans la mémoire des populations. C'est pourquoi les résistances antidémocratiques réussissent uniquement dans la mesure où la force militaire y est associée. Même dans ces cas, l'expérience révèle que ces potentats ont depuis longtemps perdu le pouvoir et usent de la force pour s'accrocher à des rôles institutionnels vidés de toute légitimité aux yeux des populations. Ainsi, la démocratie a introduit en Afrique deux types de pouvoirs : le premier est ordinaire et répond aux normes classiques de connivence entre le peuple et ses dirigeants ; le second au contraire est une prérogative vidée de son contenu que les populations sont tenues de supporter par la contrainte et la dissuasion militaires. On ne peut pas, dans ce cas, parler de retour au monolithisme, car les institutions républicaines existent, seul leur contenu fut noyauté pour limiter leur rôle de contrôle de l'action gouvernementale.

Résistances des partis uniques au libéralisme politique

Pour les dépositaires du pouvoir politique, l'avènement d'un nouveau mode politique était franchement peu souhaitable. Même si de nombreux régimes de parti unique reconnaissaient des défaillances inhérentes à leurs méthodes de gestion, ils n'acceptaient pas la sanction qui consistait à les défaire de leurs prérogatives et surtout des avantages en découlant. L'arrivée sur la scène politique d'adversaires autorisés à afficher leurs différences par rapport à l'autorité centrale entraîne une redéfinition des stratégies et les atouts mobilisables pour la conquête et la conservation du pouvoir. Si la force policière, la corruption et les intimidations convenaient parfaitement au cadre politique généré par le monopartisme, la nouvelle tendance politique née du déclin des pouvoirs sortants fait naître une certaine probité politique qui s'appuie sur la résurgence du nationalisme dans les cercles se réclamant de l'héritage des anciens pères de l'indépendance. Les mots d'ordre qui mobilisèrent les populations autour de la lutte contre le pouvoir sont revisitées pour renforcer l'appartenance à un creuset commun. La détermination des contestataires poussa les pouvoirs sortants dans leurs derniers retranchements; ce qui les amena à recourir à des méthodes non conventionnelles en politique. Les vagues des conférences nationales en Afrique subsaharienne ont reconnu et imposé la nécessité de créer de nouveaux instruments chargés de gérer les pratiques institutionnelles et constitutionnelles. Quelle que soit la nature de ces instruments, ils avaient pour fonctions de limiter l'emprise de l'Etat sur les administrés tout en faisant entrer ceux-ci au sein des appareils de contrôle des décisions. Ce contrôle allait même jusqu'à toucher parfois les mécanismes de la transmission ou de la conservation du pouvoir. En clair, la nouvelle vision politique amorcée par les conférences nationales aboutissait directement ou de façon médiate à la cession du pouvoir à d'autres instances. Toutes les mesures étaient prises pour éviter qu'une seule personne ne se pérennise au pouvoir comme en témoignent les restrictions du nombre de magistratures introduites dans de nombreux textes constitutionnels en Afrique subsaharienne. C'est justement contre le projet d'alternance au pouvoir inscrit au cœur des constitutions que vont se manifester les résistances à la démocratie. Les élites politiques sortantes ne pouvaient aisément accepter que les victimes de leurs abus aient le droit de manifester leur désaccord, d'exprimer leur haine, ou encore de les vilipender sur les médias. Ces élites pouvaient difficilement se faire à l'idée qu'elles pouvaient céder le pouvoir à d'autres et acquérir le statut de gouvernés. Rares sont ces responsables politiques qui eurent le courage de passer du statut de guide providentiel à celui de simple citoyen, même si des garanties matérielles leur étaient souvent offertes. Cette réticence était d'autant plus justifiée que de nombreux potentats avaient commis d'abominables crimes politiques dont la conséquence pourrait aisément les rattraper dans leur vie de citoyen. L'obsession du pouvoir, la peur de poursuites ultérieures et les avantages matériels ont conduit la plupart des dirigeants d'Afrique subsaharienne à réfréner les aspirations des populations. Cette situation très caractéristique des années 1990 s'est imprégnée dans la mémoire du président sénégalais Abdoulaye Wade de la façon suivante (Wade 2008 : 252) : « *Il faut reconnaître toutefois qu'à l'époque, la situation de l'Afrique était désespérante. Il n'y avait de démocratie nulle part ; on avait pourtant des régimes plus ou moins dictatoriaux qui se renouvelaient, identiques à eux-mêmes, à travers des simulacres d'élections* ».

L'utilisation des leviers ethniques et tribaux

Les premiers moments de la démocratisation en Afrique subsaharienne ont été marqués par une levée de boucliers des instances sécuritaires du parti unique. L'action de ces instances succédait à des tentatives de communication des gouvernements centraux qui entendaient convaincre les populations que le multipartisme équivalait à des fissures irréparables au sein de la construction nationale. Ces manœuvres de déni de la nécessité d'un nouvel ordre économique ne parvinrent nullement à convaincre des citoyens qui furent témoins de dérapages de gouvernements successifs pendant de longues années. Au contraire, arrimés à l'évolution politique mondiale, les intellectuels d'Afrique noire appuyèrent les réformes en sensibilisant leurs concitoyens sur le bien-fondé de la nouvelle approche de gestion. Le libéralisme politique s'entend généralement comme la rupture de la mainmise gouvernementale sur les activités économiques sociales et politiques. Du point de vue économique, le désengagement de l'Etat du secteur économique, le contrôle exercé sur ses instances par l'arsenal institutionnel privaient les régimes sortants des ressources indispensables au maintien des loyalismes ethniques tribaux ou militants. Comme la plupart des régimes de parti unique s'étaient appuyés sur les ethnies des chefs d'Etat pour consolider les bases de leur pouvoir, les menaces démocratiques suscitèrent un grand émoi au sein des groupes ethniques ou tribaux affiliés au régime sortant. Par ailleurs, le recours à des solidarités communautaires devant l'échec de la construction nationale a introduit des clivages manifestes au sein des différentes composantes de la nation. Ces clivages ont conforté les rivalités séculaires existantes entre certaines communautés tribales. Et comme l'administration postcoloniale a stigmatisé certaines communautés perçues comme réfractaires à la construction de la nation, celles-ci s'aligneront systématiquement sur le renouveau démocratique pour exprimer leurs griefs contre les anciens régimes. Mais, il importe de relever que la nécessité du changement était perçue autant par les communautés opposées au pouvoir en place que par les groupes ethniques affiliés. La preuve fut que les conférences nationales rassemblèrent invariablement toutes les catégories identitaires constituant la nation. Les clivages ethniques survinrent à mesure que l'attention des communautés était attirée sur les retombées matérielles de la démocratie. Pour les groupes ethniques associés au régime sortant, la répartition équitable des ressources nationales prônée par le contrôle de l'action gouvernementale signifiait la fin des privilèges arbitraires. Même si la grande partie de ces privilèges allait aux catégories politiquement mieux placées au sein du groupe ethnique, les alliances séculaires poussaient les autres à se mettre derrière les plus grands profiteurs du déséquilibre. Pour les autres communautés rejetées à la périphérie du pouvoir, les frustrations endurées des décennies durant avaient un visage.

Elles voyaient la source de leur malheur dans l'écrasante domination des ethnies affiliées au régime en place et qui avaient profité du militantisme et des accointances politiques pour prendre le contrôle des zones d'influence économique au niveau national. En conséquence, les contestations du régime en place se stigmatisèrent contre les ethnies affiliées au chef de l'Etat, surtout dans la majorité des pays où les régimes sortants usèrent de moyens peu scrupuleux pour combattre les réformes démocratiques. L'étroite complicité entre régimes de parti unique et les bases tribales des chefs d'Etat sortants a finalement fait glisser les revendications politiques vers la contestation de la suprématie ethnique. Ainsi, en Afrique subsaharienne, la période des ouvertures démocratiques coïncida avec la résurgence des conflits entre des composantes ethniques au niveau national. Ainsi au Togo, les affrontements entre des ethnies différentes marquèrent les réformes démocratiques des années 1990. Le Ghana connut le même sort, à la seule exception que les ressorts politiques de ces affrontements ne furent pas entièrement manifestes ; la Côte d'Ivoire n'échappa pas à ce drame qui se joue autour de la propriété terrienne entre les Malinké et les peuples perçus comme autochtones. Aujourd'hui encore, le Nigéria reste déchiré par la folie destructrice des affrontements ethniques. Même après les consolidations de la démocratie, les relents ethniques imprègneront les choix électoraux des populations.

La force de l'élément ethnique fut donc habilement exploitée par les régimes sortants qui ne voulurent pas céder aux aspirations libérales de leur peuple. Contre la mobilisation générale du peuple pour la réalisation d'un nouvel ordre politique, les gouvernements sortants usèrent de subterfuges pour créer des brèches dans l'unité faite par les populations. Au lendemain des conférences nationales, commencèrent par se créer des réseaux d'appui ethnique à l'action gouvernementale. Ceux-ci se nourrissent des confrontations violentes entre les ethnies pour répandre l'idée d'une collusion contre leurs propres ethnies. Les discours tribalistes ont vite fait d'occuper le champ politique surtout au niveau des régimes sortants. Ayant perdu l'unanimité auprès d'une large partie de la population, les régimes sortants réfractaires à l'alternance politique cherchent un appui sur les liens tribaux pour redorer leur blason. L'argumentaire semblait infaillible et agitait aux yeux de l'ethnie présidentielle la menace d'une perte définitive des positions sociales, politiques et professionnelles occupées sous le parti unique. En outre, les ressources matérielles acquises illégalement pendant le règne sans partage furent utilisées pour prouver les bonnes dispositions du pouvoir à l'égard des ethnies qui le soutiennent. Rapidement, des divergences naissent dans le camp des réformateurs qui vont se distinguer selon leur appartenance ethnique. La contestation est tendancieusement identifiée aux ethnies autrefois marginalisées par la distribution des richesses nationales, alors que les ethnies ayant fait allégeance au pouvoir sortant étaient celles favorables au statisme politique. Dans la réalité cependant, cette distribution des rôles est superficielle, puisqu'au sein de chaque camp, on distingue des personnes appartenant aux différentes ethnies. De même que les retombées matérielles de l'allégeance au pouvoir sortant attiraient les citoyens de toute origine tribale, de même les aspirations au renouveau démocratique mobilisaient les citoyens sans divergence ethnique ou tribale. C'est dire donc que la stratification ethnique des acteurs de la nouvelle dynamique relevait de l'aberrante propension des milieux politiques à instrumentaliser les différences pour en tirer des avantages électoraux. Objectivement toutefois, il existe des contingences inévitables qui tendent à donner une posture identitaire aux luttes pour la démocratie en Afrique subsaharienne. Les chefs de parti unique ayant décidé de résister à la bourrasque des réformes libérales, disposaient au préalable d'une solide base au sein de l'armée. Comme ces armées nationales avaient créé un système d'ascension professionnelle sur la base de l'identité ethnique et parentale, les agents de sécurité instrumentalisés pour la répression furent essentiellement choisis dans les ethnies liées au pouvoir en place. Du moment où fut substituée la protection de leur ethnie aux obligations de la défense des citoyens, ces agents ne montrèrent aucune réticence à user de la violence sur les populations civiles qui passent désormais à leurs yeux pour des ennemis. Il est primordial de souligner que les processus de démocratisation survenaient en Afrique subsaharienne à une période où les échecs sociaux ont entraîné une chute vertigineuse de la scolarisation et une montée fulgurante de l'analphabétisme. Les citoyens peu instruits ne sont pas en mesure de comprendre les motivations véritables des luttes politiques et se contentent de relayer l'argument ethnique. Leur fierté morale réside juste dans la prédominance de leur ethnie au sommet du pouvoir politique, sans qu'ils se sentent interpeller par le devenir des générations postérieures. Les enjeux de la confrontation politique se déplacent du champ des préoccupations économiques vers celui de la lutte pour la domination ethnique au sein des nations africaines. Certes, les ethnies dominantes accèdent dans une certaine mesure à des postes plus ou moins importants, mais la grande partie de la population végète dans une misère abjecte, y compris les irréductibles sympathisants du pouvoir en place dont l'appétit est généralement calmé par quelques sacs de riz, quelques bidons d'huile ou quelques liasses de billets de banque. L'ethnicisation de la question politique fit rapidement perdre de vue la nécessité d'une réorientation globale de l'action gouvernementale en faveur de toutes les entités de la nation.

L'implication croissante des identités communautaires dans l'intelligence politique ne fut uniquement pas le fait des régimes au pouvoir pendant la démocratisation. A la suite d'alternances au pouvoir, certains anciens leaders de l'opposition politique ayant accédé au pouvoir vont utiliser les mêmes méthodes pour consolider leurs positions politiques. Il n'est pas rare que les dérives tribalistes décriées par les contempteurs du régime soient utilisées par les nouveaux présidents venus au pouvoir à la faveur des mouvements de libéralisation politique. Ils n'entendaient pas céder le pouvoir si leur audience populaire décroît après leur accession au pouvoir. Même si le contexte diffère, le recours aux solidarités de base désorganise les équilibres politiques générés par le multipartisme. L'échelle de valeur n'est plus la légalité constitutionnelle, mais plutôt l'appartenance ethnique. Les programmes de société ne sont plus l'élément fédérateur des populations autour des hommes politiques, mais leurs accointances avec des groupes ethniques. Comme cela se voit, la dénaturation de la lutte politique par la stigmatisation des divergences identitaires n'est pas uniquement imputable aux anciens régimes de parti unique. Elle fut également mise au service des pouvoirs issus de l'alternance politique, réticents à poursuivre le jeu démocratique pour céder le pouvoir à leur tour. Or par essence, l'identité s'oppose au principe d'équité qui sous-tend les idéaux démocratiques. L'irruption de cette donne sur le champ politique est pour une large part responsable des nombreuses crises qui agitent les pays d'Afrique subsaharienne. En effet, l'identité est exclusive et diverge de la perspective politique inclusive des constructions démocratiques.

Loin d'établir une corrélation intrinsèque entre l'existence des ethnies et l'échec des processus de démocratisation, cette variable intervient dans les drames d'Afrique subsaharienne uniquement dans la mesure où elle est instrumentalisée par les cercles politiques dans la lutte pour la conquête du pouvoir. En dehors de ces cas extrêmes, on observe des démocratisations réussies en dépit de la structure pluriethnique de l'Etat. L'ethnicité ne constitue en rien un frein aux réformes institutionnelles lorsque celles-ci sont menées dans une volonté inclusive de participation citoyenne. Certes, les échecs de la construction nationale sont un handicap pour l'introduction d'une nouvelle modernité politique en Afrique noire. En effet, les méfiances existant entre les différents éléments composant la nation vont prendre l'allure de tensions politiques et militaires à mesure que les enjeux se déplaçaient du pôle politique vers la suprématie ethnique. Ces situations sont observables dans la faillite démocratique au Togo sous Gnassingbé Eyadéma, en Côte d'Ivoire sous Laurent Gbagbo, au Kenya sous Moi Kibaki, et dans bien d'autres pays d'Afrique subsaharienne. C'est plus l'absence d'une probité politique que l'ethnie en elle-même qui fut à l'origine des dégénérescences des processus démocratiques en Afrique noire. Plus qu'une question de probité politique, le sort des processus de démocratisation tient aujourd'hui encore de la responsabilité des classes dirigeantes. Elles disposent de tous les atouts, surtout de l'appui des acteurs de la vie nationale directement affiliés au pouvoir : les armées.

Force des armes contre force de la loi

Les pressions des partenaires occidentaux, des institutions financières internationales ont fini par contraindre les instances gouvernementales qu'elles n'avaient aucune autre voie à choisir que celle de la libéralisation politique. Même en faisant mine de s'accorder avec les masses populaires sur les réformes politiques, les élites au pouvoir ne s'illusionnaient pas sur le sort qui leur était réservé. Elles étaient largement conscientes du fait qu'à long ou à court terme, l'esprit des réformes allait les empêcher de conserver durablement leur rôle de chef de l'Etat. C'est précisément ce rôle que la plupart d'entre elles entendaient garder même contre la conjonction des pressions internes et externes. Les instruments de ce coup de force seront en grande partie les armées nationales.

Dans la première moitié des années 1990, la plupart des pays de l'Afrique subsaharienne avaient vu leurs processus de démocratisation aboutir à la mise en place des mécanismes institutionnels devant servir de base à la nouvelle approche politique. Le Bénin connut des élections pluripartites dès 1991 et vit le président sortant Mathieu Kérékou céder le pouvoir aux civils. De même, le Congo Brazzaville, et la Centrafrique connurent une alternance politique comme résultat des réformes démocratiques. A l'opposé, des régimes les plus réactionnaires à la nouvelle donne politique se manifestèrent aussi à cette période. Ce sont aussi les pouvoirs connus pour autocratiques dans la mémoire des peuples d'Afrique noire. Ainsi, en Afrique Centrale Paul Biya montra son opposition aux réformes en réfutant l'idée de la tenue d'une conférence nationale. Mobutu Sésé Séko la fit interrompre pour arrêter l'acharnement verbal des conférenciers sur sa personne. En Afrique occidentale, Lansana Conté et Blaise Compaoré ne permirent pas à la mode des conférences nationales de s'étendre à leur pays. Au Togo, par contre le Général Gnassingbé Eyadéma accepta une conférence nationale avant de se mettre à récupérer systématiquement toutes les prérogatives qui lui furent arrachées par le mouvement démocratique. Au Mali, la ténacité de la dictature dirigée par Moussa Traoré incita l'armée à mettre un terme à son règne. Celle-ci prit en main la démocratisation du Mali. Ce fut un des rares cas d'Afrique subsaharienne où l'armée nationale se rangea du côté du peuple dans la lutte pour la démocratie. Par contre, les armées nationales furent la force opposée mise par les pouvoirs en place au désir de participation citoyenne manifestée par les populations. Dès le départ, elles suppléeront à la faiblesse des forces de sécurité dans la répression des grèves, des manifestations et des protestations populaires. Pour réprimer définitivement les velléités réformatrices, les régimes les plus pervers mirent sur pied des mécanismes de répression chargés de terroriser les populations. Si les régimes dictatoriaux d'Afrique subsaharienne se sont distingués par des violations des droits de l'homme, ils couronneront leur tradition d'exaction sur les populations par des disparitions forcées, des exécutions sommaires, des arrestations arbitraires et bien d'autres délits. Les pouvoirs les plus sanguinaires comme ceux de Gnassingbé Eyadéma, Lansana Conté, Mobutu Sésé Séko donnent à l'Etat des formes moins légales en sombrant dans des vices politiques de tout genre. Devant la sédition du peuple contre un pouvoir illégitime, l'armée est utilisée pour obliger les populations à se plier à la loi de la force physique. Ceci culmina dans certains pays par la séquestration des membres de certaines instances institutionnelles en charge de la transition. La logique de la souveraineté populaire se heurta dans ces pays à celle de la force militaire et dans un contexte où le pouvoir garde le monopole de la force militaire, les institutions civiles ne pouvaient aucunement remplir leur rôle de modératrices de la vie politique. Les années 1990 virent en Afrique subsaharienne l'émergence de régimes dépouillés de toute crédibilité aux yeux des populations, mais orientés vers l'extérieur. C'est aussi les moments où le clivage entre les pouvoirs illégitimes et les populations entraînèrent une déliquescence de l'appareil d'Etat. Ces cas extrêmes d'une pérennisation du pouvoir contre les intérêts de la population et contre toute logique démocratique font sombrer l'Etat dans le banditisme politique et dans une disgrâce dissimulée dans des implications diplomatiques au plan sous-régional.

La lutte pour la démocratisation réveillait naturellement les souvenirs des masses populaires africaines pour les indépendances. Concernant les processus de démocratisation, les enjeux ne tournaient pas autour de l'autonomie politique mais plutôt de l'implication citoyenne dans les mécanismes décisionnels. Alors que leurs parents luttaient contre l'appareil administratif, symbole de la présence coloniale, les générations des années 1990 devaient faire face à des bourreaux qui venaient de leur appareil sociétal. En effet, le comportement des armées nationales d'Afrique subsaharienne allait révéler à la face du monde leur sens de la brutalité. Les régimes réfractaires à toute alternance vont s'entourer de véritables sbires armés qui prennent plaisir à multiplier les exactions sur les civils. Soutiens inconditionnels des oppositions politiques aux régimes de partis uniques, les populations civiles vont subir la foudre des militaires déchaînés par une haine forcenée contre des populations au sein desquelles ils comptent des parents et des amis. En l'absence de moyens de protection contre les opposants politiques livrés aux menaces policières, les jeunes militants s'improvisent des garde-corps pour arrêter la vague des assassinats diligentés contre leurs leaders. Ces assassinats faisaient partie d'une vaste stratégie d'élimination de personnalités jugées dangereuses pour la conservation de pouvoirs autocratiques. Mais cette élimination était aussi destinée à semer une terreur au sein des populations pour les dissuader de s'engager dans la lutte pour la réhabilitation des libertés démocratiques.

Dès que les populations et les responsables des institutions chargées de vérifier le fonctionnement des institutions furent suffisamment terrorisés pour s'opposer à la violence militaire, la voie était libre pour inverser la tendance en mettant les organes de la transition sous le contrôle de l'armée directement aux ordres des potentats d'Afrique noire. Ce scénario n'est pas un schéma classique, mais elle répond de manière globale aux atouts investis par des régimes en perte de vitesse auprès des populations. La réputation des armées inconditionnellement alignées derrière les pouvoirs autocratiques est symptomatique du cas du Togo (Essè Amouzou 2010 : 106) :

« Pour comprendre l'action impopulaire de l'armée dans le processus de démocratisation du Togo, il faut remonter à des racines psychologiques. Dans l'armée togolaise s'est installée une tradition de clientélisme régionaliste qui place l'ethnie du chef de l'Etat et les ethnies alliées dans une position dominante. Du coup, les officiers de cette armée ont des accointances ethniques marquées avec le président de la République. La lutte pour le pouvoir dans un cadre démocratique est perçue par une large marge de cette armée comme un combat pour une suprématie régionale. Aussi l'adversité politique est ressentie chez les soldats de cette armée comme une adversité militaire. En conséquence, les revendications de la population pour un rééquilibrage des pouvoirs passent aux yeux de cette armée comme illégitimes. Et comme la lutte contre la dictature repose en grande partie sur l'idéologie de l'Ablodé, le combat des héritiers politiques ou naturels du père de l'indépendance du Togo seront présentés à l'armée togolaise comme poursuivant des visées vengeresses ».

Les mécanismes de la légalité constitutionnelle instaurée avec l'avènement des réformes libérales furent progressivement défaits par l'irruption tumultueuse des militaires dans les rouages de la vie politique. Le langage de la force prend l'ascendance sur celui de la loi et tous les dépositaires de la loi sont obligés de faire allégeance aux régimes dictatoriaux ou de subir les exactions des militaires. A côté des forces militaires dont les exactions plongent l'Etat dans un discrédit total en face de la société civile, des organisations de défense des droits de l'homme et des partenaires internationaux, des milices furent mises en place et permettent de dissimuler l'implication du pouvoir sortant dans les atrocités commises contre les populations. Ce fut à ce prix que furent amorcées les reprises en main de tous les ressorts du pouvoir par les équipes dirigeantes sortantes.

Inanité des instruments institutionnels

La réalisation des aspirations démocratiques des masses africaines s'est traduite par la mise en place ou la recomposition structurelle de certains instruments institutionnels. Il importe de garder à l'esprit que l'essence de la perestroïka se trouvait prioritairement dans la création de mécanismes nationaux pouvant contrebalancer la toute puissance du pouvoir central. En dépit des résistances et de l'endurcissement des pouvoirs sortants, la mobilisation des masses et leur esprit de sacrifice ont contribué à faire émerger une nouvelle culture politique basée sur le respect des institutions républicaines. L'installation de cette approche directement inspirée des modèles occidentaux tire son origine de la vision kantienne de l'Etat (Kant 2006: 84) :

« La constitution instituée premièrement d'après les principes de liberté des membres d'une société (comme hommes), deuxièmement d'après les principes de dépendance de tous envers une unique législation commune (comme sujets) et troisièmement d'après la loi de leur égalité (comme citoyen) ».

La maturation de la perspective républicaine a abouti au fil de l'histoire à la concentration des attributions collectives entre les mains d'une seule instance suivant des règles précises. L'égocentrisme des personnalités à la tête des dictatures africaines refusa de s'encombrer des règles édictées par la souveraineté populaire. Ce contrat qui avait au départ servi de base aux discussions entre les différentes composantes de la nation s'avéra contraignant pour les régimes de parti unique. Ceux-ci préféraient plutôt exercer un pouvoir sans partage avec une suppression systématique des organes de contrôle. Mais devant la présence d'une déontologie convergeant vers un universalisme politique, ces mécanismes de contrôle et de régulation de la dévolution du pouvoir vont être acceptés avec dans les coulisses une reprise en main de leurs attributions.

La société civile fut un des premiers instruments à subir le retour en force de la perception exclusive du pouvoir. Certaines organisations de défense des droits de la personne s'étaient retrouvées aux avant-postes de la lutte contre les exactions et le banditisme politique. Le régime sortant va mettre sur pied de nouvelles structures de défense des droits de l'homme plus proches du pouvoir en place. La reconquête des institutions républicaines en sa faveur s'opère dans un esprit de duplication des différents organes devant servir de contrepoids ou de conscience morale aux orientations du gouvernement. Ainsi, les syndicats sont systématiquement noyautés par de nouvelles personnalités affiliées au pouvoir en place et mettent sous éteignoir les revendications socioprofessionnelles. Tous les atouts sont investis par le gouvernement pour déployer les tentacules de la corruption et de la violence sur le champ politique. Les organes mis en place pour la gestion des élections ou des données électorales sont absorbés par une administration publique entièrement aux ordres du pouvoir. Les manifestations du suffrage populaire ne peuvent refléter les préférences des populations, puisque le mécanisme électoral est vicié. Perdant toute morale liée à leurs prérogatives spirituelles, les confessions religieuses ne peuvent rappeler l'équipe dirigeante à l'ordre, puisque certains de leurs membres se font complices de la médiocrité ambiante. Les structures décentralisées sont subrepticement reprises en main par le gouvernement central qui régente leur fonctionnement en imposant les équipes dirigeantes aux collectivités décentralisées. Toutes les décisions politiques et économiques sont motivées, non par le souci du bien-être collectif, mais par le désir de conserver le pouvoir. La déchéance des acquis de la démocratisation se mesure aisément avec la dénaturation des instruments formels de contrôle et d'exercice du pouvoir.

Les assemblées nationales

Instances de contrôle par excellence de l'action gouvernementale, les assemblées nationales étaient le signe le plus tangible du multipartisme. Depuis que le parti unique a cessé d'exister dans les pays d'Afrique subsaharienne, les assemblées nationales ont cessé d'être des marionnettes payées pour avaliser les options unilatérales prises par le gouvernement central. Théoriquement du moins, elles sont nanties de prérogatives pouvant infléchir l'action gouvernementale. Jouissant aussi de l'immunité, les parlementaires peuvent être à l'abri des exactions des forces armées nationales, non pas que leur statut en fait des intouchables, mais toute action illégale diligentée contre eux risque d'avoir une résonance au niveau local et international. Or, les processus de démocratisation de l'Afrique subsaharienne survenaient dans un contexte de constitution d'une société civile internationale dont les prises de positions peuvent se rapporter à la politique intérieure des Etats. Ce contexte, encourageant pour les partisans de la démocratisation a pu permettre aux oppositions politiques de parvenir à un certain niveau de l'appareil d'Etat et de défendre les masses populaires dont elles sont plus représentatives. Sous le couvert de ces maigres concessions politiques, les pouvoirs publics s'activèrent progressivement à remettre en cause les prérogatives de l'opposition politique. Ceci transparaît dans la représentation du peuple au parlement qui offre au peuple de disposer d'un droit de regard sur les orientations gouvernementales. Mais les régimes autocratiques qui avaient adhéré au principe du partage du pouvoir sous des pressions internes et externes ne pouvaient disposer d'une marge de manœuvre pour orchestrer le pillage des richesses nationales et leur distribution à leur lobby. Pour contourner ces obstacles, la solution trouvée fut d'abord de prendre des mesures restrictives quand à l'implication des parlementaires de l'opposition dans de nombreux dossiers. Les commissions parlementaires sont formées de manière inéquitable en vue de limiter les capacités décisionnelles des députés de l'opposition. Mais une autre approche plus radicale vit le jour au fil du temps. Echaudés par les expériences faites avec des parlements incluant des députés de l'opposition politiques, les régimes réfractaires à la démocratie s'emploient à mettre sur pied des parlements composés uniquement de députés qui sont soit proches du parti au pouvoir, ou affiliés à lui. Dans ces organes, le débat contradictoire qui est l'essence même du libéralisme politique se trouve relégué dans les coulisses du parti au pouvoir. Dans les dispositions constitutionnelles, l'avènement d'un parlement composé d'éléments monocolores acquis entièrement à la cause du pouvoir sortant ouvre la voie aux modifications.

Toutefois, les mécanismes d'organisation des scrutins législatifs dans un cadre dominé par la machine administrative permettent de réduire le degré de représentation des partis d'opposition au parlement. Or, dans une mosaïque politique morcelée par les relations identitaires, il est parfois difficile de dégager une majorité sans recourir aux alliances ou aux manipulations électorales. A cela, s'adonne de préférence le parti au pouvoir qui s'emploie à réduire la marge de l'électorat à élire des représentants du peuple. Pour ce faire, la préparation de l'élection législative se fait avec le moins de transparence possible, entendu que l'absence de clarté favorise la manipulation des résultats. Tout comme les scénarios utilisés lors des présidentielles gagnées à l'avance par les partis aux pouvoirs, les révisions des listes électorales, l'enrôlement des électeurs se font de manière sélective : avec peu de diligence dans les zones réputées acquises à l'opposition, mais de manière plus ciblée dans les régions acquises au pouvoir en place.

Les conditions de contrôle et les mécanismes de transparence sont unilatéralement acceptés ou réfutés par le pouvoir en place, selon qu'ils ne constituent pas des obstacles aux manœuvres de dénaturation des résultats prévus au niveau des instances administratives. En face de ce manque de volonté de transparence, les partis d'opposition désertent souvent le champ électoral, préférant s'impliquer dans un jeu dont les résultats sont falsifiés par la volonté du pouvoir en place. En somme, tout est fait pour que le pouvoir en place et ses alliés se retrouvent presque seuls en face de l'électorat. Toutes ses manœuvres tendent dans un premier temps à pousser les opposants à refuser de participer à un scrutin où tout est préparé d'avance pour garantir la suprématie politique du parti au pouvoir. Même dans les cas de participation de l'opposition, les outils de la fraude sont encore mis en branle au niveau de la phase de dépouillement. La finalité est de rendre l'opposition politique amorphe dans le jeu politique et d'en réduire la crédibilité au niveau national et international. Pour les observateurs de la scène politique, et les populations témoins du cadre de déroulement des élections, la farce ne peut plus être occultée par des discours de transparence. Seuls les partenaires internationaux, soucieux d'éviter d'être à l'origine d'une explosion populaire feignent de trouver les résultats conformes à l'expression effective du suffrage populaire. Ces scénarios se répètent dans de nombreux pays d'Afrique subsaharienne avec des résultats qui résistent mal à l'analyse objective des faits. Alors que dans les démocraties classiques d'Europe, les élections législatives parviennent à dégager des majorités par un jeu complexe d'alliances, les pouvoirs africains ne craignent pas de se discréditer en s'arrogeant presque constamment la majorité au sein des assemblées nationales, alors même que le bilan de leur gouvernance reste peu convaincant. Les motivations de tout ce manège résident dans le désir d'occuper unilatéralement la scène politique et surtout de s'arroger la machine législative pour annihiler le contrôle citoyen sur l'action gouvernementale. Dès lors, il n'est pas rare de retrouver au parlement des hommes d'affaires affiliés au pouvoir dont la présence au parlement est motivée par le souci de déblayer le chemin pour des affaires personnelles. Le pouvoir central aussi s'y complaît dans la mesure où il a les mains libres pour gouverner unilatéralement.

La volonté des pouvoirs sortants de mettre la main sur les instances législatives s'est manifestée surtout dans les situations où le régime de parti unique empêche l'alternance et installe les fondements d'un pouvoir à vie. En effet, les enjeux d'une majorité largement confortable à l'assemblée nationale résident aussi dans de nombreuses dispositions constitutionnelles qui placent le parlement au cœur du dispositif pouvant aboutir aux modifications constitutionnelles. Or, celles-ci s'avèrent impérieuses pour les autocrates d'Afrique subsaharienne obsédés par le désir de régner à vie sur leur peuple. De fait, la mainmise du pouvoir en place sur l'appareil parlementaire se réalise dans les pays où la limitation du nombre de magistratures fut bornée. Tel fut le cas du Cameroun, du Togo, du Burkina Faso, du Tchad, du Gabon, de la Centrafrique. Or, le contrôle exercé sur une instance aussi cruciale que le parlement, fausse l'équilibre institutionnel créé à la faveur des réformes politiques libérales. Ceci est aussi préjudiciable pour la maturation politique des citoyens africains dont les expériences avec des exercices parlementaires normaux auraient pu accroître l'intelligence politique. La corrélation entre pouvoir et organe législatif est largement préjudiciable à la consolidation de la démocratie en Afrique subsaharienne. Il se joue dans de nombreux pays un jeu superficiel dont les rouages se retrouvent entre les mains d'une seule personnalité : le président de la République. Or, cette conception de l'action politique s'oppose à l'essence du républicanisme postulé par Kant (Kant 2006: 86) : « *Le républicanisme est le principe politique de la séparation du pouvoir exécutif (le gouvernement) et du pouvoir législatif* ».

Le pouvoir judiciaire

Le retour à l'archaïsme politique fut une des caractéristiques fondamentales des contre-révolutions démocratiques en Afrique subsaharienne. Assumant le rôle de troisième pouvoir au sein des édifices démocratiques, le pouvoir judiciaire donne aux citoyens les moyens de s'exprimer en face de la transcendance étatique. Or, la liberté d'action du pouvoir judiciaire allait à l'encontre des projets liberticides des autocraties africaines déguisées sous des masques de démocratie. Mais quelle que soit l'efficacité des subterfuges utilisés, le masque tombe toujours pendant les périodes électorales qui sont généralement cruciales pour les partis au pouvoir. L'appareil judiciaire étant directement impliqué dans les mécanismes d'organisation et surtout de règlement des différends électoraux, les pouvoirs sortants se devaient de les infiltrer et de les mettre au service de l'arbitraire politique. Les cours constitutionnelles et les cours suprêmes occupent le devant de la scène judiciaire dans les périodes électorales, puisqu'elles sont habilitées à valider les résultats et à investir, mieux à confirmer les autorités réélues dans leur rôle. L'assujettissement des institutions aux régimes autocratiques place la justice entre les mains de l'administration gouvernementale, puisque les magistrats, dans leur grande majorité dépendent d'un ministère dont le pouvoir décisionnel est lié à la présidence de la République. Certes, il n'est pas aisé de passer directement d'une justice postcoloniale soumise au parti unique à une justice indépendante surtout dans le contexte de l'agressivité physique et morale, caractéristiques des instances gouvernementales. Une des pressions exercées sur le troisième pouvoir réside dans les décisions relatives à leur évolution du point de vue professionnel. L'absence d'un équilibre véritable entre les pouvoirs législatif et judiciaire place le choix des magistrats à la Cour Suprême et à la Cour Constitutionnelle entre les mains du pouvoir d'Etat. Celui-ci place les magistrats entièrement acquis à l'idéologie de la dictature au sommet de ces instances juridiques dont les décisions sont en mesure de restreindre l'impact du pouvoir exécutif sur les décisions relatives à la constitution. Dépouillés de toutes retenues déontologiques, ces deux organes au sommet du pouvoir judiciaire protègent plutôt l'Etat dans ses décisions les plus iniques. Ils sont utilisés comme obstacles à la validation des candidatures de personnalités jugées dangereuses pour le régime en place. Ils usent de tous les stratagèmes pour réfuter les dossiers de candidature indésirables pour le pouvoir sortant. Sur le continent et surtout en Afrique noire, il est rare de voir ces institutions se prononcer de façon frontale contre les actions du chef de l'Etat. En dehors de l'Afrique du Sud dont l'expérience démocratique échappe aux contingences de ses voisins de l'Afrique subsaharienne, seule la Cour Constitutionnelle du Niger eut l'audace de s'opposer aux manœuvres anticonstitutionnelles du pouvoir en place. Le fait que cette Cour soit démise par le Président Tandja est symptomatique de la vulnérabilité des appareils judiciaires en face de la toute puissance étatique. Ces instances judiciaires se complaisent juste dans un rôle secondaire qui consiste à justifier les actes posés par le pouvoir en place. L'inanité du pouvoir judiciaire se traduit par leur effacement devant les différends mettant même en jeu la continuité de l'Etat. Ainsi, dans les contentieux électoraux, les organes faîtiers de la justice sont habilités à trancher entre les protagonistes. Mais dans aucun pays d'Afrique subsaharienne, on ne put voir aucune Cour Constitutionnelle invalider les résultats d'élections favorables au pouvoir en place. En dépit des contestations récurrentes et même des irrégularités récurrentes, les organes judiciaires trouvent constamment les moyens de légitimer le vote. Tel fut le cas au Togo en 2005, où la Cour Constitutionnelle se rangea du côté de la Commission Electorale Nationale Indépendante alors que les urnes avaient été emportées par les forces de l'ordre dans au moins un bureau de vote à la fin des opérations de vote. Au Nigéria, les élections de 2007 organisées pour le départ d'Olosegun Obasanjo furent émaillées d'irrégularités criardes, sans que les instances judiciaires remettent en cause les résultats obtenus. On peut multiplier les exemples en pensant au Gabon en 2010, au Kenya en 2008, à la Centrafrique et au Bénin en 2011. L'immobilisme des instances judiciaires en face des dérives du pouvoir et surtout des irrégularités électorales trahissent la volonté populaire dont l'expression est trafiquée avec la complicité de la justice. Celle-ci, en cédant même devant l'omniprésence du pouvoir politique déroge à ses responsabilités qui consistent à dire le droit envers et contre tous. L'histoire offre des exemples de juges sous d'autres cieux qui instruisirent des dossiers impliquant de hautes personnalités politiques. On se rappelle la célèbre Eva Joli de France dans l'affaire Elf, de la justice italienne qui refuse de fermer les yeux sur les travers du Président du Conseil Italien Silvio Berlusconi ou encore de la justice israélienne qui inculpa le président en exercice.

Au demeurant, les magistrats d'Afrique subsaharienne sont confrontés dans l'exercice de leur pouvoir à la dualité du pouvoir en place dont l'ascendance limite leur marge d'action. Mais il n'est de prérogatives surtout dans le cadre de réformes politiques, qui ne soient arrachées de haute lutte des mains des mécanismes d'oppression. Le manque d'abnégation, d'esprit de sacrifice pour les causes collectives a progressivement remis entre les mains des pouvoirs autocratiques tous les instruments de conservation du pouvoir. Les personnalités en charge du pouvoir judiciaire ont préféré les avantages découlant d'une allégeance totale aux autorités plutôt que d'obéir au serment les engageant à l'égard du droit.

Les alternances manquées

La force des mouvements démocratiques relève essentiellement de la résurgence de l'esprit nationaliste au sein des populations qui se mobilisèrent sans réserve pour rompre avec la bêtise et la médiocrité. Les populations avaient vite compris que les enjeux liés à la démocratisation tournaient autour de leur degré de participation dans les décisions affectant leur existence. En d'autres termes, la chute des régimes autocratiques devait rompre avec les influences des partenaires extérieurs comme les multinationales, les puissances occidentales sur les orientations de pouvoirs agissant en marge des intérêts économiques. Les populations d'Afrique noire comprenaient que la démocratisation leur offrait pour une fois la capacité de prendre des décisions engageant leur propre existence, consacrant leur indépendance économique. Dans cette optique, l'alternance politique apparaissait à leurs yeux comme le seul moyen de se défaire de l'imposture économique qui avait placé la plus grande partie des ressources entre les mains d'une poignée de personnes. La chute de ces oligarchies tropicales était censée ouvrir la voie à la mise en place de personnalités plus en phase avec les aspirations de la nation. Cette approche politique motivait la mobilisation populaire autour des oppositions politiques. Celles-ci réussirent dans certains cas à conquérir le pouvoir lorsque les régimes sortants acceptaient le principe des réformes. Ce fut le cas au Bénin, en Centrafrique, au Ghana, ou au Niger où les processus de démocratisation aboutirent à la chute des régimes de parti unique. A première vue, la cession du pouvoir dans ce cadre devait renforcer l'expérience de démocratisation. En effet, l'ascension politique de leaders ayant conquis le pouvoir par des règles démocratiques devait encourager la poursuite des réformes et installer une solide culture d'alternance. La réussite de la transition politique passait inévitablement par une unanimité de tous les acteurs autour des nouveaux mécanismes de dévolution et d'exercice du pouvoir. Une fois cette unanimité acquise, les institutions disposaient d'un capital d'expérience mobilisable pour les situations ultérieures. Que ce soit les alternances issues d'une cession pacifique du pouvoir par le régime sortant ou d'un coup d'Etat, la suite des processus de démocratisation dépendra en grande partie des intentions des nouvelles élites politiques. Si certaines d'entre elles s'investirent dans la consolidation des acquis démocratiques, d'autres par contre imitèrent les travers des régimes autocratiques en cherchant à se maintenir au pouvoir, faisant violence aux dispositions constitutionnelles. Le retour des réflexes autocratiques a donné lieu à un recul drastique des libertés individuelles dans de nombreux pays d'Afrique noire ayant bénéficié d'une transition politique exemplaire vers la démocratie. La réussite des transitions démocratiques en Afrique subsaharienne ne tenait pas uniquement de l'alternance politique ; le changement de pouvoir n'était pas le garant de la pérennité des réformes politiques. Il permettait d'en mesurer l'effectivité et de consolider les acquis obtenus. En effet, la cession du pouvoir par des personnalités soutenues par l'ancien parti unique laissait un certain espace qui pouvait être occupé par des institutions républicaines. Car les nouvelles personnalités issues des alternances ne sont pas suffisamment ancrées pour détourner au profit de l'exécutif, les organes chargés de garantir le contrôle de l'action gouvernementale. Les alternances ont donné en effet l'occasion de faire table rase de la tradition politique antérieure solidement ancrée dans la concentration de tous les pouvoirs entre les mains de l'exécutif. Il s'agit pour les populations parvenues à se débarrasser des régimes impopulaires de partir sur de nouvelles bases politiques dont le garant fut le nouveau pouvoir. Et de fait, les nouvelles autorités étaient en mesure de générer un nouvel ordre politique national où pouvaient s'exercer librement les libertés individuelles. Cet ordre devait permettre de garantir l'instauration d'un véritable Etat de droit. Mais la démocratisation de la zone subsaharienne prit la forme d'un processus qui passa par des vagues successives selon que les instances gouvernementales adhéraient franchement au jeu politique ou cherchaient à le récupérer pour asseoir leur propre dominance politique. Même au cours de l'histoire, les nations occidentales dont le modèle politique a inspiré de nombreuses révolutions démocratiques d'Afrique ont connu des périodes de flottements politiques suivis parfois de reprises. Ainsi, la France dont le modèle sert d'archétype à la plupart des démocraties d'Afrique noire connut depuis la fin du XVIIIème siècle des événements qui remirent en cause les dispositions républicaines. Celles-ci florissaient ou s'étiolaient au fil des conjonctures politiques et historiques avant de s'établir solidement après que la nation française se soit renforcée par les souvenirs communs liant ses différentes entités. Que ce soit l'Allemagne ou les Etats-Unis, la démocratisation de la société et l'installation de principes républicains ancrés dans la culture politique de toutes les catégories sociales connurent des périodes de passage à vide où des forces antidémocratiques émergèrent. L'Afrique subsaharienne est appelée à passer dans une large mesure par ces types d'expérience, surtout que la conscience nationale reste fragilisée par les dérives des régimes de parti unique. La fragilité interne des nations africaines engagées dans des réformes démocratiques est encore accentuée par des dépendances externes du point de vue économique, politique ou financière. Ces dépendances donnent des ampleurs considérables aux déviances démocratiques, puisque les acteurs politiques ne sont pas totalement liés par l'audience populaire. Du moment où la souveraineté populaire semble reléguée dans les coulisses du jeu démocratique, les expériences de modernité politique en Afrique subsaharienne sont viciées par des enjeux économiques, géopolitiques et idéologiques. La Guinée Equatoriale, l'Angola, le Gabon et d'autres pays d'Afrique subsaharienne, en raison de leurs ressources naturelles, passent pour des intouchables aux yeux des pays occidentaux qui détiennent le monopole d'exploitation de leurs mines. Ainsi, des élections ne répondant pas aux normes minimales de transparence sont rapidement avalisées par des pays occidentaux réputés pour leur rigueur institutionnelle. C'est en fait que la libéralisation politique de l'Afrique subsaharienne ne passe pas avant les enjeux des pays voisins ou des multinationales occidentales. Celles-ci ont intérêt à ce que les décisions d'ordre politico-économique ne soient pas affinées par les organes de canalisation des instances exécutives. Les différents leviers de contournements des pressions exercées par les puissances occidentales sont utilisés par les chefs d'Etat pour laminer les organes institutionnels et constitutionnels et faire reculer les acquis démocratiques. Les alternances manquées se traduisent par deux faits : elles peuvent dériver de coups d'Etat militairess aboutissant à l'éviction de chefs d'Etat démocratiquement élus, de mascarades électorales permettant à ces types de chefs d'Etat de bloquer ou de vicier le cycle normal des alternances au pouvoir.

Les coups d'État

L'avènement d'une nouvelle modernité politique en Afrique subsaharienne devait abroger les épisodes d'instabilité tumultueuse produite par l'absence de mécanismes institutionnels régissant la durée des mandats présidentiels et les conditions légales d'accès ou de cession du pouvoir. Les réformes sous-tendues par la dévolution du pouvoir sur la base de la souveraineté populaire visaient aussi à assainir la culture politique par la mise en place d'instruments destinés à sanctionner les dérives des instances exécutives. L'existence de tels mécanismes et leur fonctionnement effectifs doivent dispenser des interventions intempestives des armées dans la vie de la nation. Les arguments qui sont généralement évoqués par les putschistes se réfèrent aux dérapages du pouvoir exécutif et passent pour légitimes lorsque les prérogatives des mécanismes de contrôle ont été progressivement sapées par l'omnipotence étatique. Les cas de putschs résultant d'une extension abusive de l'autorité exécutive sur les organes institutionnels sont plutôt rares en Afrique subsaharienne, du fait que les chefs d'Etat coupables de ces inconséquences prennent soin de remodeler les armées nationales pour les rendre moins aptes à défendre la République. Toutefois, il revient à l'armée nigérienne le mérite de se poser systématiquement comme garant de la poursuite des expériences démocratiques, en dépit de nombreuses rechutes. Elle joue en effet le rôle de modérateur du processus démocratique en intervenant souvent lorsque des dérapages institutionnels ou constitutionnels surgissent de la part du pouvoir en place. Cependant, cette attitude d'une armée responsable est exceptionnelle en Afrique subsaharienne où elle sert plus à défaire les acquis démocratiques, à défendre des processus électoraux non transparents ou simplement à prendre le pouvoir en dissolvant toutes les institutions républicaines. Depuis les ouvertures démocratiques, les coups d'Etat sont officiellement classés comme anomiques au niveau des organisations régionales comme la CEDEAO, ou internationales comme l'Organisation Internationale de la

Francophonie, l'Union Africaine, l'Union Européenne ou le Commonwealth. Toutefois, les distances affichées par les régimes issus de coups d'Etat sont généralement de façade et après quelques mois de sanction, ces régimes recouvrent leur crédibilité en organisant des élections présidentielles dont les résultats leur sont favorables à l'avance. Ils intègrent alors les rangs de chefs d'Etat qui sont liés en Afrique subsaharienne par des accointances peu franches. De la sorte, certaines organisations régionales ou sous-régionales ont la réputation de blanchir les auteurs de putsch après quelques mois de sanctions. Tel fut le cas de la Mauritanie où, après le renversement du président élu en 2009, le putschiste se réhabilita aux yeux de la communauté internationale en tenant un scrutin présidentiel au déroulement contestable. Par la suite, il intégra le groupe des chefs d'Etat démocratiquement élus. En fait, les issues des coups d'état dépendent du profil des auteurs, de leurs motivations, du contexte géopolitique sous-régional et surtout de leurs accointances avec des pays occidentaux disposant de relais politiques et stratégiques dans la sous région. Les chefs d'Etat du voisinage mobilisent en leur faveur leurs relations privilégiées avec les réseaux occidentaux pour favoriser leur intégration. Ainsi, le régime putschiste de Moussa Dadis Camara a pu bénéficier de l'appui du président sénégalais Abdoulaye Wade avant de sombrer dans un discrédit total. De même, la réhabilitation des putschistes mauritaniens en 2010 est le résultat d'appuis régionaux solides. Selon le contexte national et leur dynamique dans le processus de démocratisation, les coups d'Etat perpétrés en Afrique subsaharienne depuis les périodes de libéralisation politique relèvent de trois catégories : les putschs participant de la restauration des institutions républicaines, ceux procédant d'une remise en cause de l'ordre constitutionnel existant et les putschs électoraux.

A première vue, les renversements de président de la République étaient l'apanage de la période nationale où la légitimité du chef de l'Etat tenait de la force des armes. Puisque le régime de parti unique n'offrait pas de mécanismes de succession pacifique au sommet de l'Etat, les différents protagonistes en lutte pour le pouvoir se servaient de la force militaire pour réaliser leurs ambitions. L'avènement d'une nouvelle modernité politique faisait espérer que la transposition des mécanismes de dévolution du pouvoir à la souveraineté populaire devait déboucher sur des modes plus pacifiques et plus rationnels de succession au pouvoir. La mise en place des organes agissant dans le cadre des réformes démocratiques était dirigée contre les modes archaïques de dévolution du pouvoir politique. En dépit de l'institutionnalisation des formes d'acquisition du pouvoir politique, les anciens réflexes militaro-politiques n'ont pas tardé à ressurgir. Mais ces réflexes ont plutôt servi dans certains cas à défaire des régimes sortants qui faisaient plutôt obstacle à l'exécution des réformes libérales. En Afrique subsaharienne, la réaction des régimes autocratiques à la démocratisation fut parfois si obstinée que des responsables militaires plus soucieux du devenir de la nation ont pris la responsabilité de défaire les autocrates pour favoriser l'ouverture démocratique. Tel fut le cas du Mali en 1991 où, devant la farouche résistance du président Moussa Traoré aux aspirations populaires, l'armée malienne avec le Général Amadou Toumani Touré démet le pouvoir en place, et fit arrêter le président sortant. Les militaires prirent la responsabilité d'organiser la transition du monopartisme vers le pluralisme politique. L'armée malienne entreprit de mettre en place les organes institutionnels devant garantir la transparence et la pérennité de l'édifice démocratique. A la fin de la transition politique, l'armée céda le pouvoir à un président civil élu suite à des élections libres de toute contestation. Ainsi l'armée fut-elle l'initiatrice de la démocratie malienne qui se consolide progressivement au fil des expériences constitutionnelles et institutionnelles.

L'expérience malienne inspira plus tard l'armée nigérienne à deux reprises. Après une transition politique paisible, le Niger choisit le régime semi présidentiel comme support du type de gouvernance, ce qui aboutit à un dualisme entre le président sortant et son premier ministre issu de l'opposition politique. Le blocage répété des institutions républicaines déboucha sur un coup d'Etat militaire mené par un Capitaine de l'armée nigérienne, Ibrahima Barré Maïnassara. Celui-ci manifesta le désir de créer un nouvel ordre démocratique en mettant en place de nouvelles institutions. Aux élections présidentielles tenues sous son autorité, il ne s'abstint pas de s'y présenter et alla même jusqu'à remplacer la Commission Electorale pour se faire élire au pouvoir. Désormais, il pouvait revendiquer une légitimité aux yeux du peuple, grâce à des élections dont les résultats ne correspondaient pourtant nullement à l'expression de la volonté du peuple. Poursuivant cette logique viciée de démocratisation, Ibrahima Barré Maïnassara organisa plus tard des élections législatives en novembre 1996 et détourna à sa faveur le vote des populations. Il put recueillir une majorité de 57% au parlement et poursuivit le bradage des acquis démocratiques en restreignant la liberté d'expression, en arrêtant les opposants politiques. Aux yeux du peuple nigérien et de la communauté internationale, le recul des libertés démocratiques était d'une évidence flagrante et les partenaires internationaux, en l'absence d'instruments fiables de contrôle de l'action gouvernementale, interrompirent leur assistance au Niger. Cette situation eut des effets perceptibles sur les conditions matérielles des populations, leur pays étant très dépendant de l'aide extérieure. La déconfiture politique se répercuta fortement au niveau économique avec l'installation d'un malaise profond au sein des différentes catégories socioprofessionnelles. L'armée nigérienne entreprit de sortir de l'impasse politique et renversa le pouvoir d'Ibrahima Barré Maïnassara au cours d'événements tragiques qui coûtèrent la vie au président sortant. Daouda Malam Wanké mit en place un régime transitoire qui remit le pays sur la voie de la démocratie. Une nouvelle constitution fut adoptée par référendum en août 1999 et servit de support aux élections présidentielles et législatives subséquentes. Le pouvoir échut à Mamadou Tandja qui obtint une nouvelle magistrature en 2004. Celle-ci prit fin en 2009 ; mais le président Mamadou Tandja ne voulut se plier au jeu démocratique et entreprit de réformer les institutions pour se maintenir au pouvoir. Il viola les injonctions de la Cour Constitutionnelle et tint un scrutin référendaire contre l'avis de la classe politique. Il enclencha une dynamique politique pour se donner les moyens d'un pouvoir à vie au mépris des exigences libérales. C'est alors que l'armée nigérienne intervint à nouveau dans la vie politique pour arrêter le bradage des acquis démocratiques. Fut mis en place un gouvernement de transition qui entreprit de restaurer la démocratie. En novembre 2010, l'installation d'une nouvelle Constitution ouvrit la voie à l'avènement d'une nouvelle République. Les élections présidentielle et législative organisées dans le cadre de la mise en place d'un nouvel ordre démocratique marquèrent un nouveau départ pour la démocratisation du Niger.

L'intervention des armées nationales pour le renforcement ou la mise en place d'institutions démocratiques est un cas de figure assez rare sur le continent. La plupart des coups d'Etat militairess sont suivis d'une rhétorique libérale qui calme les pressions internationales et cherche à mobiliser les populations. Les intentions véritables des putschistes se matérialisent lors de l'installation des institutions. Cet épisode crucial pour le devenir des réformes met les putschistes en face de deux alternatives : ils peuvent canaliser le processus sans y participer en remettant le pouvoir aux civils, consacrant le retour ou l'instauration de la démocratie. Cette option se fait plutôt rare puisque les juntes militaires cèdent à la tentation de garder le pouvoir comme le capitaine Barré Maïnassara au Niger en 1996, ou encore le Général Robert Guéi en Côte d'Ivoire en 1999, le Général François Bozizé en Centrafrique en 2003, ou encore Eli Ould Mohamed Val en Mauritanie en 2009. Ces différentes personnalités se distinguent par leur volonté de maintenir un pouvoir issu de coup d'Etat militaire en lui conférant une forme plus respectable par des mascarades électorales. La fragilité des édifices politiques d'Afrique subsaharienne s'illustre par le fait que ces putschistes ont pu rester au pouvoir en dehors du Général Robert Guéi. Naît alors un dualisme entre les pouvoirs foncièrement démocratiques et les auteurs de coup d'Etat qui finissent par intégrer le club des chefs d'Etat fermés à toute alternance politique. Comme la tentative de Robert Guéi, la plupart des coups d'Etat en Afrique subsaharienne s'inscrivaient dans un processus de remise en cause des acquis démocratiques. Si la résurgence de forces antidémocratiques sur le continent ne rencontre pas une franche hostilité des populations, c'est en fait parce qu'on observe un certain désintérêt des masses populaires encore désillusionnées par les espoirs placés dans les réformes libérales. Elles perçoivent la vie politique au travers des influences pouvant s'exercer sur leurs conditions matérielles. En outre, certaines populations, traumatisées par les répressions des forces de l'ordre et des militaires n'entendent plus consentir des sacrifices pour la cause nationale. Au plan international, les puissances occidentales ne tiennent pas absolument aux exigences de la gouvernance démocratiques lorsque les pays concernés présentent des enjeux économiques ou stratégiques importants. Ainsi, le régime putschiste de Mauritanie put aisément échapper aux foudres de la communauté internationale en raison de la position de son pays dans l'espace saharien en tant qu'avant-poste de la lutte contre le terrorisme islamiste. Les nombreux putschs posent le problème de l'assimilation de la logique libérale par les forces armées nationales d'Afrique subsaharienne. Ayant servi d'épouvantail aux processus de démocratisation, elles ont du mal à accepter des équilibres politiques excluant l'intervention de l'armée dans la dévolution du pouvoir. Celles-ci cèdent à la tentation de reprendre les vieilles habitudes qui consistent à refuser de se soumettre à une hiérarchie non militaire. Au demeurant, les coups d'Etat comme pratique anomique dans les jeunes démocraties d'Afrique subsaharienne relèvent de constellations politiques complexes. Après la prise du pouvoir par des militaires, seules les intentions des putschistes permettent de juger de leurs actions. En dépit des sanctions régionales ou internationales, le nouvel homme fort intègre rapidement le club des chefs d'Etat africains en promettant de tenir dans un délai raisonnable des élections présidentielles. En 2009, Moussa Dadis Camara trouva un répit devant des pressions internationales en promettant de céder le pouvoir à un gouvernement civil. Ce qui advint plus tard de ses intentions au sujet du pouvoir démontre que les chefs d'Etat d'Afrique subsaharienne ont mis en place un certain nombre de mécanismes pour rendre fréquentables des personnalités dont l'accession au pouvoir est contraire aux principes du libéralisme politique.

A mesure que le processus de globalisation s'étend aux espaces politiques d'Afrique subsaharienne, se dégage une certaine morale politique qui contraint les différentes institutions nationales à tenir compte non seulement des acteurs nationaux, mais aussi de l'environnement immédiat qui peut réagir aux écarts envers les pratiques démocratiques. Ainsi, les troupes de la CEDEAO s'employèrent à remettre le pouvoir au président sierra léonais Ahmed Tejan Kabbah, rétablissant ainsi par la force la légalité institutionnelle. Il convient de souligner que les réactions de la communauté internationale devant les écarts antidémocratiques suscitent des réactions internationales dans des contextes assez précis. La légalité institutionnelle obéit aux exigences de realpolitik qui induisent des préoccupations régionales, sous-régionales et même internationales. Le coup d'Etat militaire est perçu unanimement comme une anomie politique en Afrique noire, mais les réactions contre les auteurs sont loin d'être à la mesure du discrédit. En fait, d'actes de coups d'Etat, ils sont plus fréquents en Afrique subsaharienne puisqu'ils ne sont décriés qu'en prenant des formes violentes ou militaires. Or, le coup d'Etat trouve son essence dans son caractère anticonstitutionnel. Prendre le pouvoir en piétinant les dispositions constitutionnelles revient à perpétrer un coup d'Etat. De fait, ces violations passent pour devenir des règles dans de nombreux pays, surtout dans l'espace francophone. De cet ordre, sont aussi les modifications constitutionnelles qui défont les garde-fous institutionnels limitant la durée des fonctions exécutives.

Les mascarades électorales

La libéralisation du jeu politique et surtout la primauté de la volonté populaire dans la dévolution du pouvoir place la quête du suffrage au premier plan de la lutte pour le pouvoir. Or, cette quête dérive directement des bilans réalisés dans les magistratures antérieures, entendu que la modernité politique place des instruments de sanction entre les mains des masses populaires. Celles-ci peuvent se servir de leur voix pour sanctionner des personnalités dont l'exercice du pouvoir n'a pas répondu à leurs attentes. Dans ces conditions, les acteurs politiques conscients de leur bilan désastreux cherchent des moyens de contourner la souveraineté populaire en évitant de se rendre coupable d'une violation flagrante des dispositions constitutionnelles. Ces élites politiques, redoutant le discrédit international ou sous-régional tiennent à organiser des scrutins tout en sapant les mécanismes et en garantissant l'objectivité et la transparence. Du moment où les scrutins sont tenus dans les délais constitutionnels, les éventuels vices y relevant sont vite mis dans le compte de l'inexpérience ou d'une fatalité qui empêcherait les Etats africains de tenir des élections libres de toute contestation.

Depuis l'avènement des ouvertures démocratiques, de nombreux pays n'ont pas pu réaliser un seul scrutin présidentiel répondant aux critères minimaux de transparence. Ainsi depuis 1993, les élections présidentielles organisées au Togo n'ont jamais fédéré l'avis des participants autour de l'objectivité et de la transparence des opérations de vote, du dépouillement, de la centralisation des résultats et de leur proclamation définitive. C'est à croire que les élections sont devenues un sauf-conduit pour des régimes autocratiques dissimulés sous la forme de démocratie. De là, s'expliquent les tensions politiques qui accompagnent les élections présidentielles en Afrique. Il en résulte que les nombreuses contestations de résultats électoraux en Afrique noire ne sont nullement le signe d'une mauvaise foi des candidats perdants, mais de manœuvres tendancieuses ayant accompagné le processus. En 2011, le pouvoir de Yayi Boni au Bénin persista dans l'organisation d'un scrutin présidentiel, alors que des centaines de milliers d'électeurs manquaient sur les listes électorales. Au cours de l'année précédente, le Général Bozizé de la Centrafrique se fit réélire à la suite d'un scrutin peu enclin aux conditions de transparence et d'équité. La Mauritanie a réalisé une expérience analogue en 2010. Le scrutin présidentiel tenu au Togo en 2010 ne dérogea pas à la règle, même si la communauté internationale se félicita du climat de paix et de sécurité qui caractérisa le processus. Le Nigéria aussi se distingua par le déficit de transparence électorale lors de la succession d'Olosegun Obasanjo. Les dernières élections présidentielles au Congo Brazzaville sont loin de démentir l'avènement de nouvelles méthodes antidémocratiques qui sapent l'expression de la volonté populaire. Loin d'être le résultat d'une inexpérience inhérente à l'immaturité des instances d'organisation, les problèmes électoraux relèvent de pratiques expressément mises en place par les autorités gouvernementales. Ces pratiques se traduisent souvent par la sélectivité dans l'enrôlement des électeurs, une distribution inéquitable des matériels électoraux, la réduction des instruments de transparence, la limitation de la marge d'efficacité des organes de contrôle des élections, et enfin le détournement des voix exprimées en faveur du parti au pouvoir. Certes, on ne peut nier la victoire effective de certains chefs d'Etat sortants qui respectent scrupuleusement les lois électorales de leurs pays comme le Malien Amadou Toumani Touré, le Béninois Mathieu Kérékou. Mais dans leur grande majorité, la fraude électorale est en train de passer pour une donnée intrinsèque des processus de démocratisation en Afrique subsaharienne. Ces processus se focalisent actuellement sur les périodes électorales, puisque la succession de fraudes électorales a fini par éveiller la méfiance des masses populaires en face des gouvernements sortants. Abdoulaye Wade, ancien chef de l'opposition sénégalaise décrit son expérience de la fraude électorale au Sénégal (Wade 2008: 223-224) :

« Pour la présidentielle, le contentieux était de la compétence de la cour d'appel. D'abord, élargie aux représentants des partis, donc en formation de commission administrative, la cour d'appel devait faire le recensement des votes sur la base des procès-verbaux, non pas des bureaux de vote, mais des commissions départementales de recensement présidées par le président du tribunal départemental en présence des représentants des partis. A l'époque, la cour d'appel était dirigée par Mme Andrésia Vaz, sénégalaise d'origine capverdienne [...] Donc dans un premier temps, en cette formation de commission administrative, elle devait proclamer les résultats provisoires le mercredi suivant le jour du scrutin.

Après l'inventaire fait contradictoirement en présence des partis, les magistrats devaient se retirer entre eux, donc cette fois en formation contentieuse, pour délibérer et revenir proclamer en public les résultats provisoires. En cas de recours déposé par un candidat au greffe du Conseil constitutionnel dans le délai légal, la cour d'appel devait alors transmettre le dossier au Conseil, qui statuait en dernier ressort.

Et voilà que des choses incroyables se passent.

Mme Andrésia Vaz, au lieu de proclamer les résultats provisoires, transmet le dossier en l'état à M. Kéba M'baye, président du Conseil constitutionnel. A noter qu'à ce stade il n'y avait pas de recours. Il est bon de rappeler qu'à ce stade la cour d'appel devait d'abord proclamer les résultats provisoires et, s'il n'y avait pas de recours, dans un délai déterminé, proclamer les résultats définitifs.

Mais les choses ne se sont pas déroulées de cette façon. Mme Vaz, sans proclamer les résultats provisoires, envoie le dossier au Conseil constitutionnel, je l'ai dit. Le président du Conseil constitutionnel, M. Kéba Mbaye, le lui renvoie à son tour en lui demandant de proclamer les résultats provisoires. Mme Vaz le lui renvoie à nouveau et là, coup de théâtre, le président Kéba Mbaye laisse le dossier sur sa table avec une lettre de démission et rentre tranquillement chez lui. Plus de juge pour proclamer les résultats. Que s'est-il passé ? Mme Vaz et Kéba Mbaye n'ont jamais fait de déclaration. Il ne reste donc que des supputations ».

Dans les jeunes démocraties d'Afrique noire, ce scénario n'est pas exceptionnel. Et la suite de ce jeu vicieux est connue à l'avance. Le président sortant s'empresse de nommer d'autres personnalités à la place des démissionnaires. Celles-ci s'empressent de proclamer les résultats. Tel fut le cas de Youssou N'diaye que le président Diouf nomma de manière illégale à la tête du Conseil Constitutionnel. Arrivé à son nouveau poste, Youssou N'diaye déclara Diouf vainqueur du scrutin. De telles acrobaties institutionnelles ne sont pas rares en Afrique noire lorsque les régimes sortants se trouvent en difficulté pendant les élections. Ce fut le cas du Togo en 1998 où, la présidente de la Commission Electorale Indépendante Awa Nana démissionna de son poste pour laisser le Ministre de l'Intérieur, le Colonel Séyi Mèméne proclamer la victoire de Gnassingbé Eyadéma.

La récurrence des problèmes liés aux élections surtout présidentielles relève en grande partie d'une culture politique conférant à l'exécutif une large ascendance sur les autres organes institutionnels. Comme la présidence de la République a acquis, même en dépit de la mise en place d'organes de contrôle de l'action gouvernementale, une position intouchable, tous les enjeux de la vie politique ont tendance à s'y rapporter. De ce point de vue, les mascarades électorales sont inévitables. D'une part, les privilèges associés aux fonctions présidentielles font objet de tous les appétits à tel point que les personnalités en charge de contrebalancer cette influence cèdent aux tentations. Les chefs d'Etat affichent une hostilité manifeste à céder une position qui leur confère autant de privilèges plus ou moins légaux. D'autre part, ces privilèges constituent justement entre leurs mains des atouts mobilisables pour modifier l'équilibre des forces électorales par rapport aux adversaires politiques. En un mot, le système d'élection directe du chef de l'exécutif est à l'origine de nombreuses dérives pendant les périodes électorales. Les organes mobilisés pour le contrôle des élections ont si bien intériorisé les inconséquences électorales qu'elles passent souvent pour normales aux yeux des observateurs. Des détournements flagrants de résultats sont décrits comme des irrégularités qui ne sont pas de nature à entacher la crédibilité du scrutin. D'autres observateurs évoquent la jeunesse des démocraties africaines pour justifier l'institutionnalisation des fraudes électorales. Il n'est même pas exclu de voir des accointances se nouer entre les gouvernements sortants et les observateurs. Ceci peut dériver de motivations financières ou stratégiques. Pour des raisons de commodité, les observateurs internationaux préfèrent opter pour la stabilité régionale ou sous-régionale plutôt que de plaider pour une reprise des opérations électorales. Mais plus que des questions de stabilité géostratégique, les mascarades électorales vicient les principes essentiels de la souveraineté du peuple. Le détournement des procédures destinées à choisir les représentants du peuple vicie les fondements de la démocratie telle qu'elle est inspirée de l'archétype occidental (Quermonne : 81) :

« L'unique forme prise initialement par la démocratie occidentale fut celle de la démocratie représentative. Faute de pouvoir se gouverner lui-même, le peuple devait élire périodiquement des représentants. Et à l'opposé des agents chargés de l'administration, ceux-ci étaient censés disposer pendant la durée de leur mandat du monopole de l'expression de sa volonté.

Cette conception de la démocratie représentative a succédé, sans solution de continuité, aux régimes représentatifs de type oligarchique fondés sur la souveraineté nationale. Mais alors que ces derniers ne reconnaissaient aux citoyens actifs, plus ou moins actifs, plus ou moins nombreux, qu'un « électorat-fonction », la démocratie représentative a reconnu, avec le suffrage universel, « l'électorat-droit ». Elle a admis par conséquent, au même temps la souveraineté populaire et l'incapacité des électeurs à se gouverner directement ».

Les tentatives d'institutionnalisation de la fraude révèlent du mépris des élites dirigeantes et des observateurs pour les citoyens des pays concernés.

De toutes les observations électorales entreprises par l'Union Européenne, rares sont celles qui désavouent les résultats officiellement publiés par les instances électorales. Pour sa part, l'Union Africaine sert beaucoup plus les intérêts des chefs d'Etat sortants, que ceux des populations. En dépit d'une adhésion sans limite au libéralisme politique en Afrique noire, l'Union Africaine tarde à faire de la mise en place d'institutions démocratiques, une des conditions d'une gouvernance acceptable. Tout se passe en Afrique noire comme si les élections pouvaient à elles seules garantir la preuve de la démocratisation des mécanismes politiques. Or, l'élection n'est qu'une partie du jeu démocratique. Pour cerner les ressorts véritables des élections et leurs retombées sur le devenir des démocraties africaines, il convient d'en analyser la problématique.

CHAPITRE 6

Problématique des élections en Afrique noire

La vision de la transcendance politique incarnée dans une personnalité choisie sur la base d'une représentativité produite par certaines catégories sociétales exclut les dérives inhérentes à la démocratie moderne. L'absence d'une élection directe du souverain en Afrique précoloniale se trouve aux antipodes d'une modernité politique dont l'essence réside dans la souveraineté populaire. Or, il est évident que, plus la compétence des personnes impliquées dans l'élection est élargie, plus les mécanismes de cette élection risquent d'être trafiqués. Sans avoir fait l'expérience d'une élection basée sur le suffrage populaire et sans connaître les supports juridiques relatifs à la démocratie moderne, les sociétés africaines précoloniales ont résolu la question des éventuels dérapages susceptibles de fausser les mécanismes de dévolution du pouvoir. En plongeant au cœur d'une intelligence politique exogène et en cherchant à l'affiner dans le contexte de la mondialisation politique où la démocratie libérale est sacralisée, les élites africaines ont accepté de déblayer des sentiers nouveaux. Le continent noir se fraie de nouvelles voies sur des sentiers inexplorés par leur mémoire politico historique. Les difficultés en sont d'autant plus lourdes que la nouvelle approche politique basée sur le libéralisme politique vient se greffer sur une culture exclusive du pouvoir et que les dépositaires ont géré de manière chaotique le destin des nouveaux pays. Les chocs étaient inévitables du moment où la perception d'un pouvoir lié intrinsèquement à la dextérité militaire et aux intrigues se confronte à une approche plutôt participative ouverte aux exigences du citoyen. Ces exigences qui se posent généralement en terme de conditions matérielles n'en sont pas moins cruciales pour consolider ou décroître l'audience des acteurs de la vie politique. Si la conception de la modernité politique s'est résolument écartée de la tradition politique précoloniale, elle s'en rapproche quand les aspirations populaires se portent sur des personnalités en mesure de garantir la protection matérielle des citoyens.

Or, l'Afrique des années 1990 ne voyait pas les exigences citoyennes porter sur les données macroéconomiques, mais sur une redistribution équitable des ressources entre les différentes composantes des populations. Les conditions de cette redistribution se reportent sur l'accès aux zones d'influence socioprofessionnelle et aux infrastructures sociales. Si le libéralisme politique occidental focalise les enjeux des acteurs politiques sur des questions moins cruciales pour la survie, l'ouverture de l'espace africain à la démocratie relève en partie d'une approche de solution aux drames humains s'y déroulant. De ce fait, la nouveauté politique vient se greffer sur l'acuité des problèmes relatifs à la santé, à l'éducation, à l'alimentation. Comme le soulignent les premiers chapitres du présent ouvrage, le bilan des régimes ayant géré la période nationale africaine est largement responsable de la difficulté à voir émerger une conscience politique récusant les approches partisanes ou identitaires du jeu politique. Le caractère superficiel des progrès au niveau de l'éducation rend difficile la gestation d'une élite neutre et responsable en mesure de tenir le rôle d'arbitre entre les protagonistes du jeu politique. L'occasion fut manquée de générer une conscience nationale dont la sacralisation devait servir à mobiliser toutes les composantes ethniques contre les pourfendeurs des intérêts de la nation. La démocratisation vient se greffer sur des fragmentations politiques et identitaires dont la stigmatisation fausse les données politiques. Le lieu d'expression de ce clivage est le scrutin, l'acte par lequel les citoyens désignent les personnes devant assumer un pouvoir donné pendant une magistrature.

Démocratie et vote en Afrique noire

De par la qualité et la longévité des expériences démocratiques, les scrutins africains organisés dans des sociétés situées au seuil de la perfection technologique et ayant évolué dans des cadres politiques peu stables, ne peuvent prétendre des mêmes exigences que ceux des démocraties occidentales. Une des particularités de ce phénomène réside dans le fait que le nouvel ordre politique servant de base aux différents scrutins en Afrique n'est pas suffisamment ancré dans la pensée politique locale pour qu'elle soit abordée dans la perspective de la signification du vote et de ses implications dans les édifices sociétaux d'Afrique noire. Ces sociétés se distinguent encore par une coexistence conflictuelle entre des échelles de valeurs axées sur deux types de modernité : une modernité universelle très tournée vers l'extérieur et largement ouverte et ses influences, et une modernité locale dont le pôle évolutif procède d'une introversion culturelle et ethnologique.

Ce dualisme ne cesse d'imprégner les expériences des nations africaines depuis les ouvertures démocratiques dont le pendant le plus probant se rapporte aux modes de transmission et de dévolution du pouvoir, en dépit de la forte implication du pouvoir populaire dans les mécanismes du pouvoir, et les conditions d'accessibilité au moyen du suffrage universel qui restent soumises à de grands aléas. En dehors de rares cas d'alternance découlant d'une élection libre et crédible, la problématique du vote demeure tributaire d'une fragilité consubstantielle du caractère superficiel des démocraties de l'Afrique subsaharienne.

Les premières années des tentatives de démocratisation ont pu voir des velléités de dominance d'une pensée politique basée sur la cession du pouvoir au sortir des urnes. Mais très vite, des stratégies qui permettent de résoudre les conflits entre les protagonistes de la lutte politique ont été mises en place, tout en préservant la pérennité du pouvoir. Il s'agit de scrutins qui excluent toute possibilité de cession du pouvoir en affaiblissant les fondements de l'équité et de la transparence. Dans ces conditions, la violence tend à occuper à nouveau le devant des mécanismes de conquête du pouvoir. La violence entre à nouveau en jeu comme unique moyen de conquête du pouvoir, lorsque les moyens institutionnels n'en garantissent plus la possibilité. D'un tout autre point de vue, les pouvoirs sortants aussi se maintiennent au moyen de cette violence. Car les mascarades électorales sont presque toutes suivies de contestations populaires généralement étouffées par la répression.

Il est inévitable que le décalage entre la violence et la souveraineté populaire soit symptomatique d'un fossé grandissant entre les sources historiques et géographiques de la modernité politique libérale et la pratique en cours dans les sociétés contemporaines d'Afrique noire. Aussi l'importance des élections semble-t-elle reléguée à un degré inférieur de la lutte politique qui réside non dans la conquête du suffrage populaire, mais plutôt dans la mise en place de méthodes à la limite de l'orthodoxie électorale pour triompher. Pour les fossoyeurs du libéralisme politique en Afrique noire, a vu le jour, une rhétorique qui légitime les approximations électorales par l'inexpérience des organisateurs ou la jeunesse des démocraties africaines. Et cette inexpérience ne facilite presque jamais les adversaires du pouvoir sortant. Plus loin, la rhétorique antidémocratique a inventé d'une démocratie prétendument africaine, comme si une fatalité essentielle donnait au continent noir le rôle de produire des modèles négatifs des idéaux universels. Mais l'objectivité intellectuelle n'autorise pas à occulter le fait que le détournement du verdict des urnes est négateur des idéaux de l'humanisme auxquels souscrivent la plupart des gouvernements d'Afrique noire. L'essence du libéralisme repose en effet sur des fondements séculaires (Pierre Nzinzi 2000 : 79) :

« La réévaluation de l'homme comme fin semble favoriser la structuration du concept moderne de dignité de la personne humaine, dans la mesure où, en tant que absolus, tous les hommes, en raison de leur égale participation à l'essence humaine, deviennent également respectables, y compris contre leur propre gré.

Sur le terrain politique en particulier, ce respect dû désormais à la personne humaine construite formellement entraîne matériellement le respect des actes qu'elle pose, notamment l'acte électif. L'individualisme juridique compose alors organiquement avec le rationalisme politique, c'est-à-dire avec la conviction que la légitimité du pouvoir doit être fondée exclusivement sur la volonté populaire ».

Loin de cet atavisme négateur d'une démocratie universelle, des expériences électorales africaines antérieures aux années 1990 existent du fait qu'elles assument pleinement les principes d'équité, de transparence et de liberté. Les déviances électorales observées dans les cadres sociétaux sous-développés sont autant le symptôme d'une anomie intentionnelle que d'une psychologie politique en gestation au contact de données politiques novatrices. A l'aune de cette psychologie politique, se trouve la dominance des scrutins essentiellement compétitifs. Ces scrutins sont caractérisés par la concentration de tous les enjeux de la lutte pour le pouvoir autour du vote. Ces enjeux s'opposent aux scrutins non compétitifs qui placent la lutte pour le pouvoir en dehors des urnes. La limite entre ces deux modes d'élections tend à disparaître en Afrique subsaharienne où des scrutins compétitifs prennent des allures non compétitives lorsque des régimes sortants placent les modalités de la victoire électorale entre les mains de la machine administrative et institutionnelle acquise à leur cause.

Il n'est pas exclu qu'une société vivant dans le monolithisme politique rompe brusquement avec l'archaïsme pour générer une démocratie pluraliste. Mais, l'institutionnalisme historique de Steinmo, (1992) offre une lisibilité historique aux expériences démocratiques africaines.

Les strates successives d'expériences de participation et de compétition politiques, depuis les pratiques ''précoloniales'' jusqu'aux situations actuelles en passant par les expériences de démocratie ''coloniale'' et de partis uniques plus ou moins ouverts à l'expression populaire, ont tracé une voie qui délimite les trajectoires potentielles de la démocratie électorale.

La dimension historique a ici son importance. Dès lors, le problème de comparaison qui est posé intéresse non seulement les sociétés au Sud du Sahara mais aussi la problématique générale de la démocratie.

L'historique du vote en Afrique noire

Même si la démocratie libérale dans sa forme moderne est étrangère à la culture politique africaine, les systèmes politiques précoloniaux connaissaient le vote comme moyen de dévolution du pouvoir. Certes, le vote n'existait avec tous ses pendants techniques et modernes qui le sacralisent dans le cadre politique occidental. Justement la forme moderniste du vote correspond à la forme plus ou moins achevée des nations européennes. Par contre, avant l'introduction du continent dans les mécanismes de la mondialisation politique, les organigrammes des sociétés africaines avaient assimilé la notion de légitimité populaire ou démocratique. L'absence d'une participation citoyenne directe par le truchement du suffrage universel est compensée par l'existence d'une panoplie d'organes de contrôles largement représentatifs des différentes composantes de la société. En tout état de cause, les dérives inhérentes au vote étaient à l'avance endiguées par une dévolution des rôles politiques en fonction des attributions héréditaires de chaque groupe. Il existait des groupes ethniques spécialisés dans le processus d'élection, d'autres devaient canaliser l'action du souverain en le conseillant, d'autres encore pouvaient fournir des électeurs selon une tradition séculaire inamovible. Le vote comme expression du choix personnel était certes restreint à des catégories bien fixes de la société, mais ces limitations étaient compensées par des mécanismes de contrôle du pouvoir ou de prise de décision collective. Il existait ainsi des collèges électoraux chargés de la nomination d'un chef ou d'un roi. Autant les collèges électoraux se limitaient dans de nombreux cas à certaines sphères de l'édifice sociétal, autant la perception du pouvoir comme émanant du peuple était ancrée dans les esprits. Ainsi, les Akan du Ghana comprenaient l'autorité politique suprême comme dérivant de la volonté populaire qui le délègue au souverain (Gluckman, 1966). Il existait la conception du vote en tant que compétition entre des protagonistes. Mais ceux-ci provenaient, dans de nombreux cas, d'une certaine sphère politico sociale et limitaient ainsi l'ampleur des déchirements pouvant découler de la lutte politique. Il est donc manifeste que le concept de compétition politique inhérente au modèle typique de la démocratie électorale adhère donc à l'essence originale des sociétés africaines qui en usent dans des cadres sociétaux fixant les limites du jeu politique. Autant dire que le continent est armé pour assumer toutes les retombées des ouvertures démocratiques, notamment la compétition politique sur des bases institutionnelles et constitutionnelles bien déterminées.

Dans la mosaïque ethnologique qui caractérise les différents pays de l'Afrique subsaharienne, il est aléatoire de s'appuyer sur un idéal-type qui serait le point commun de toutes les expériences. La constellation de mécanismes de contrôle et de dévolution du pouvoir dans de nombreuses sociétés précoloniales plaide pour une assimilation du vote par les ressorts culturels africains dans un cadre institutionnel gouverné par la distribution des rôles entre les différentes composantes nationales. L'existence d'une ''démocratie à l'africaine'' ancrée dans les pratiques politiques des sociétés locales ne rapportaient pas les principes de l'accession aux perceptions individuelles. Les concepteurs des différents mécanismes de dévolution du pouvoir dans les espaces politiques précoloniaux avaient gardé en vue la dominance des imaginaires religieux et des structures de lignages et entendaient répondre à ce type sociétal dominé par la transcendance collective sur les perceptions individuelles. Ces données ethnologiques consubstantielles des sociétés précoloniales ne confirment pas les thèses favorables à une incompatibilité de la démocratie libérale avec les configurations ethnographiques et anthropologiques des édifices sociétaux d'Afrique noire. Ces configurations multiformes sont mises à l'épreuve avec l'émergence de nouveaux modes de dévolution du pouvoir comme le vote. Le vote, en dépit de sa relation intrinsèque avec le libéralisme moderne, fut un des ressorts de la dévolution du pouvoir en Afrique subsaharienne. Les sociétés d'Afrique sans structure étatique se distinguaient dans la palette des systèmes politiques précoloniaux, par des mécanismes égalitaires assimilables à des formes primitives de libéralisme. Ce qui tend à occulter cette réalité, c'est que les grands ensembles monarchiques ayant marqué l'histoire moyenâgeuse de l'Afrique noire avaient vu se succéder à leur tête des personnalités empreintes d'un charisme frisant l'autoritarisme. Les épopées de Soundjata Kéita, de Askia Mohamed en Afrique sahélienne et de Chaka en Afrique australe semblent conforter que les démocraties locales d'Afrique précoloniale sont submergées par des formes autocratiques de l'Etat dont l'héritage se répercute sur les données contemporaines et compromet l'assimilation des différentes formes du libéralisme moderne. Mais à y voir de près, la centralisation excessive du pouvoir dans les royaumes et empires noirs ne se trouve pas forcément aux antipodes d'une approche participative dans la gestion de la société. La présence d'un souverain doté d'une personnalité et d'un charisme débordants est conciliable avec l'implication de l'édifice sociétal dont la stratification aboutit aux organes décisionnels. Les tendances libéralisatrices sont plus manifestes au sein des espaces politiques dépourvus d'Etat, à la seule différence que la participation citoyenne, loin d'être individuelle, est plutôt transférée sur des instances plus collectives. Même si on ne saurait parler au sens strict du terme de démocratie au sein des constructions étatiques précoloniales, un certain nombre de paramètres garantit l'implication populaire dans le choix des chefs, comme des discussions et des consultations incluant des entités claniques et des considérations religieuses. En fonction de la structuration des institutions, le niveau de la participation citoyenne répond à des critères de l'âge, de la strate sociale, du clan et de l'envergure politique. (Eboussi-Boulaga, 1993).

En dépit du caractère non élaboré de ces mécanismes institutionnels garantissant la participation populaire, les consultations collectives procèdent d'une logique consensuelle et élargissent ainsi la base des personnes et surtout des communautés impliquées dans les décisions politiques. Ces implications des communautés ne procèdent pas forcément des mécanismes majoritaires constituant le support de la démocratie occidentale. Il faut reconnaître que ces pratiques politiques dans les construits sociétaux n'étaient pas perçues comme une modernité politique, mais adhéraient à la nature intrinsèque des institutions précoloniales. La liberté d'expression était exercée par les membres d'une communauté sur des bases plus judiciaires que politiques. Une telle forme de participation citoyenne fonctionnait comme des palabres et allait au-delà de la prédominance du point de vue de la majorité. Bien plus que la dictature de la majorité, la logique de la palabre aspire à accorder les opinions divergentes au sein de la communauté après des négociations cordiales. Les membres de la communauté dont les positions divergentes de ce large consensus, acceptent de s'y soumettre ou peuvent décider de se détacher du groupe. Une approche aussi consensuelle et large de la gestion des intérêts collectifs ne laisse pas de place à une opposition politique, les vues divergentes étant appelées à se concilier dans un consensus ou à se séparer lorsqu'une position minoritaire n'entend pas s'assujettir aux décisions du groupe. Cette approche du débat politique semble se trouver à l'origine des systèmes de parti unique où des scrutins totalement formels permettent de conférer une légitimation aux responsables du parti unique. Mais ce schéma uniforme de la vie politique n'a pas cours dans certaines sociétés précoloniales comme le souligne (Dahl, 1971). Les Luo du Kenya inscrivent dans leurs institutions sociétales l'adversité politique qui permet de voir se succéder au pouvoir des acteurs ayant différentes perspectives politiques, anticipant ainsi l'expansion de la démocratie pluripartite à l'Afrique subsaharienne. A un degré inférieur, le vote prend la forme d'un choix comme mode de décision politique dans plusieurs sociétés par des mécanismes institutionnels qui permettent de révoquer des dirigeants, suite à des discussions et à des consultations très voisines de la logique de la responsabilité dans la tradition parlementaire des nations occidentales.

Au-delà de cette proximité méthodique entre des modèles de participation citoyenne, l'extension des perspectives politiques occidentales aux sociétés d'Afrique noire a contribué à une cohabitation entre des formes de décisions politiques endogènes et des modes européens incrustés au sein des sociétés coloniales. La convergence entre une psychologie politique locale et une expression de la décision par le vote remonte ainsi à la période coloniale.

Georg signale que des élections furent tenues à Freetown dans l'actuelle Sierra Léone déjà dès 1787 (Goerg, 1996). De même, le statut des habitants des quatre communes du Sénégal leur permettait d'exercer un droit de vote dès 1848. Ce droit de vote était exprimé dans le choix des fonctionnaires ou des magistrats locaux, mais aussi dans le choix du représentant qui devait être envoyé au parlement de la métropole. En dépit du fait que ces dispositions concernaient au plus haut point certaines catégories de la société coloniale ou des territoires, elles ne manquaient pas d'imprégner la mentalité politico-culturelle des élites locales en y intériorisant la politique électorale. A cela s'ajoutaient aussi les domaines de la participation politique dont l'exercice impliquait uniquement les Blancs dans les colonies de peuplement comme l'Afrique du Sud ou la Rhodésie. Progressivement, la pratique du suffrage s'étendit aux indigènes au lendemain de la première guerre mondiale dans les colonies britanniques comme le Kenya et le Nigéria. Ceux-ci devaient se prononcer par le suffrage pour choisir les conseils législatifs. Les choses s'accélérèrent après la deuxième guerre mondiale avec une vulgarisation rapide du vote dans les territoires de l'Union Française. La marche vers la décolonisation mit les populations africaines dans une grande familiarité avec le droit de vote quand elles devaient élire les représentants au sein des instances locales du pouvoir. A la même période, les indigènes jouissant d'une plus grande marge de manœuvre avec les administrations plus flexibles, firent émerger des politiciens locaux qui prirent les rennes du pouvoir au lendemain des indépendances. Ainsi en fut-il du Ghana et du Nigéria (Schachter-Morgenthau, 1998, Bernault, 1997).

Les expériences électorales de cette période se déroulent dans un cadre sécuritaire garanti par l'administration coloniale. Celle-ci ne se privait certes pas de promouvoir les candidats moins virulents contre le système colonial et de favoriser leur victoire électorale. Mais de manière globale, la présence coloniale permettait de limiter les éventuels débordements, et d'observer les règles formelles de déroulement du vote. Les différentes formations politiques peuvent aller aisément vers les masses populaires sans s'embarrasser des différenciations ethno régionales. Comme les discours politiques de cette période étaient formulés contre les ressorts de l'assujettissement colonial, la plupart des pôles identitaires faisaient converger leurs visions vers la nécessité de la libération politique de leur territoire. L'expansion du suffrage électoral à toutes les composantes de la structure sociétale des territoires coloniaux dans les années 1950, coïncida avec une assimilation de la démocratie électorale. En dépit du faible taux d'alphabétisation, l'intérêt soudain pour la chose politique a vite répandu la nécessité du vote et des mécanismes électoraux. La diversification des pôles idéologiques a fait naître des identités politiques qui marquent leur territoire et acquièrent une certaine autorité dès les débuts de la période nationale. Surgissent très vite des mots d'ordre mobilisateurs dont l'ancrage émotionnel dans les partis politiques nationalistes de l'époque se prolongea lors du retour de l'exercice des libertés électorales. Certes, l'élément identitaire ne pouvait être éliminé de cet âge d'or du vote en Afrique subsaharienne, mais le contexte de stabilité institutionnelle générée par l'autorité coloniale bridait largement les expressions des préférences identitaires dans les scrutins.

Du vote formaliste au vote sanction

Après la ruine des empires coloniaux, la stabilité institutionnelle fut démise dans la plupart des pays au Sud du Sahara. Dès la première décennie des indépendances, la tradition des coups d'Etat ou de mutations internes, empêche la perpétuation de la compétition politique par le moyen du vote. Ce procédé de choix reste confiné à des pratiques formalistes qui limitent le choix du corps électoral à un candidat. Certains analystes politiques associent cette forme d'Etat à une manœuvre d'adaptation des structures gouvernementales à l'immaturité des électeurs africains de l'époque, dont la majorité est analphabète. Les différentes formes du monopartisme en Afrique subsaharienne ont cependant étalé à la face des citoyens des dérives énormes qui justifiaient leur liquidation dès les débuts des années 1990. Le passage de la période nationaliste à celle du pluralisme remet le vote au cœur des pratiques institutionnelles avec des mécanismes d'objectivation et de transparence modernes. Mais la généralisation de ces mécanismes se heurte à des tentatives de reproduction des anciens modes d'acquisition du pouvoir. Les obstacles survenant lors des processus d'institutionnalisation des modes de dévolution du pouvoir se rapportent souvent à la tradition du vote non compétitif ancrée dans l'esprit de certains dirigeants. On pourrait voir même dans les élections non compétitives de la période nationale un désir de ne pas frustrer les populations africaines d'un droit de vote arraché de haute lutte des mains du pouvoir colonial. Son universalisme au sein des indigènes ne résultait pas d'une maturation endogène des processus de désignation des responsables politiques, mais d'une nécessité dictée par les aspirations à la liberté. Acquis avant l'accession à la souveraineté internationale, le droit de vote constituait une des armes de lutte contre la domination coloniale. L'acquisition de ce droit dans sa forme la plus libre fut une parenthèse historique dans l'espace subsaharien, contrairement aux sociétés occidentales où le vote fut affiné au fil de la maturation de la conscience politique des différentes catégories des populations.

En Afrique subsaharienne par contre, le départ du colon mit les populations locales en face de nouveaux appareils de régulation politique dont la force et la fulgurance ont vite écrasé les capacités décisionnelles des populations. Désormais, la lutte pour le pouvoir se déroule de manière sournoise dans un cadre fermé avec des instruments de l'archaïsme politique. Confiné au sein d'un organe central désigné sous le vocable de parti unique, les luttes sont internes et se situent largement au-delà des intérêts et des aspirations de la nation. La confrontation politique fit place à des visions totalitaires excluant toute possibilité d'opposition et forçant les composantes de la nation à une approche uniforme. La conviction n'est plus politique, mais l'adhésion est le fruit d'une coercition subtile ou manifeste. Du point de vue d'un schéma temporel, les périodes électorales africaines amorcées dès le début du XXème siècle en Afrique noire vont évoluer jusqu'à la moitié du siècle avant de s'estomper à partir de 1960. Les expériences du vote prirent un nouvel essor dans les décennies 1990 à la faveur des révolutions démocratiques. Cette distribution des expériences du vote dans le temps mérite des nuances, puisqu'on note parfois des parenthèses de compétition électorale dans l'espace du parti unique avec des candidatures différentes. A cet effet, les circonstances de ces pratiques électorales méritent d'être élucidées pour évaluer quels impacts elles peuvent exercer sur l'assimilation du vote. A cause de la singularité des différents contextes politiques ayant présidé aux partis uniques dans chaque pays, il n'est pas aisé de trouver un créneau uniforme concernant l'histoire du vote. Des pays comme le Congo Kinshasa laisse voir facilement la rigidité du parti unique et de la pratique politique au travers de l'absence de toute expérience électorale avant la décennie 1990. Cette décennie marque aussi une césure, entendu qu'aucune alternance politique dérivant du vote ne fut réalisée avant 1990. Le gigantisme institutionnel des partis uniques limitait les horizons de la liberté électorale et la légitimité des pouvoirs y découlant ne pouvait être totale. A l'opposé, des expériences démocratiques ont pu être réalisées dans certains pays de la région avant même les ouvertures politiques de 1990, comme au Nigéria, au Sénégal, au Burkina Faso ou encore au Ghana. La démocratie africaine de cette époque partait du multipartisme véritable (Ghana, Burkina Faso, Nigéria) à un multipartisme minimal avec la limitation du nombre de partis politiques (Sénégal) en passant par le monopartisme pluraliste autorisant une compétition partisane au sein du parti unique (Côte d'Ivoire, Kenya, Tanzanie). Voici comment se présente le multipartisme minimal sous le regard de Wade (Wade 158 :2008) : « *La démocratie de Senghor est donc toute relative. Certes, pour ceux qui croient qu'un pays sous-développé est condamné à un pouvoir autoritaire, la démocratie limitée et balisée de Senghor peut apparaître comme un paradis. En ce qui me concerne, comme je m'attache à des normes universelles, je pense que si le système Senghor comporte bien des aspects positifs, ce n'est quand même pas encore la démocratie intégrale* ».

Cette ouverture minimale s'exprime parfois de façon plus contrôlée lorsque la compétition est confinée dans le cercle fermé du parti unique. On observe alors des modes de compétition au niveau des élites locales et l'opportunité est donnée aux membres de faire émerger des responsables politiques dont ils deviennent automatiquement des appuis. Ces concessions ne sont pas une constance dans les mécanismes des partis uniques en Afrique noire. Par nature, les régimes issus de partis uniques prennent l'habitude de restreindre le droit de l'électorat. L'expansion des idéaux progressistes de l'époque avait inspiré les élites africaines qui préféraient établir des organes politiques d'inspiration stalinienne. Les enjeux du vote se déplacent donc du pôle de la dévolution du pouvoir vers celui de la consolidation du régime sortant. En effet, les votes ayant des allures de plébiscite et surtout les campagnes électorales menées de façon non compétitive donnent l'occasion d'accentuer le culte de la personnalité du président. La dépréciation de la portée véritable du vote pousse les citoyens les plus éclairés à s'en soustraire.

Les ouvertures démocratiques des années 1990 se greffent sur des expériences variables qui constitueront l'essentiel de la conscience politique d'une génération en grande partie exclue des événements politiques ayant présidé à la libération politique de leur pays dans les années 1950. C'est dire que les acquis électoraux des périodes de la lutte pour la liberté ont en grande partie été occultés par de nouvelles expériences politiques qui ne se situaient dans des perspectives différentes du vote compétitif en tant que support du libéralisme politique. Il n'est pas exclu que la pratique du vote dans la phase nationale imprime sa marque sur les formes institutionnelles de dévolution du pouvoir et soit une tare pour la consolidation de la démocratie, principalement du vote. Cette fragilité structurelle de la mentalité politique combinée avec la précarité administrative, politique et socioéconomique des Etats africains va se complexifier avec la résurgence de l'élément ethnique. Or, la déconfiture des pays d'Afrique subsaharienne n'est pas de nature à faciliter la transition politique. Les difficultés relevaient aussi des coûts exorbitants induits par les bouleversements sociopolitiques comme les grèves, les journées villes mortes et les protestations syndicales ayant accompagné le processus en Afrique subsaharienne. Par ailleurs, la mise en place des institutions de régulation de la vie politique exigeait une certaine distance vis-à-vis des passions politiques. Toutes ces exigences ont contribué à limiter l'ampleur des démocratisations, surtout que les révolutions ont été viciées par le flux des calculs identitaires. Les divergences ethniques ont empêché que l'unanimité établie autour de la lutte contre le colonisateur se répète pour l'instauration de la démocratie. Le vote est dénaturé lorsque les motivations de l'électeur acquièrent une résonance purement subjective avec la pensée d'un combat pour la survie de son groupe d'appartenance. Les replis identitaires ont été favorisés par les dérives autocratiques de l'Etat postcolonial et se répercutent dans l'inconscient collectif des populations qui ne font plus confiance à l'Etat.

Les décennies d'autoritarisme ont contribué à miner la confiance des populations vis-à-vis de leurs responsables. La constitution de l'Etat s'est faite à l'encontre des masses populaires qui se retrouvent en face de classes politiques nationales, fermées, vieillies et enrichies. S'est donc constituée une bourgeoisie qui se posta à l'avant-garde de la résistance contre les nouvelles approches politiques. Les grands défis des indépendances n'étaient plus de même nature que ceux des années 1990 où les échecs successifs avaient altéré l'euphorie du combat collectif pour le décollage économique. Les options endogènes avaient été compromises par l'implication grandissante des partenaires qui exercent un contrôle strict sur les orientations économiques et sociales des gouvernements africains.

Vote universel et vote africain

Le vote des populations est beaucoup plus focalisé sur des canaux de mobilisations ethno régionales associées à des mécanismes clientélistes. La manipulation des identités locales et claniques stigmatise l'adversité politique et les confrontations électorales dégénèrent souvent en affrontements violents comme au Kenya en 2008 ou encore au Congo Brazzaville. Une analyse intelligente des conflits relatifs aux ouvertures démocratiques révèle que les origines véritables de ces crises remontent à des périodes largement antérieures aux révolutions démocratiques et à la restauration du vote. Imputer les causes des conflits internes et contemporains d'Afrique subsaharien à la démocratie électorale, revient à ignorer les faiblesses structurelles des mécanismes politiques conçus par les responsables du parti unique. Le détournement des résultats du vote ou la dénaturation des résultats n'est que la résultante des méthodes de réadaptation des anciens régimes aux nouvelles donnes. S'ensuivent des actions de contestation qui mobilisent des stratégies de contestation induisant encore une fois des déchirements sociaux alimentés par des frictions locales et ethniques. Les réseaux affiliés au pouvoir sentent bien que la démocratie électorale est préjudiciable à la pérennisation de leur hégémonie par une installation durable de la règle de majorité. Le vote censé conférer au peuple une autorité électorale aboutit à des frustrations lorsque les moyens de sanction dont il dispose se trouvent contrecarrés par le détournement de l'expression de la volonté populaire.

Les promesses de liberté et de participation citoyenne restèrent à l'état de discours dans les pays où le droit de vote fut très rapidement contrebalancé par des transitions démocratiques non accomplies. L'euphorie des libéralisations de 1990-1991 et la résurgence de la participation citoyenne qui retombèrent rapidement devant les imperfections évidentes du nouvel ordre politique et surtout les inconséquences de certaines personnalités nouvellement élues, ont vite mis des citoyens devant l'évidence que les anciennes méthodes refaisaient surface même après le renouvellement des équipes dirigeantes. Alors que les mécanismes de dévolution du pouvoir référaient la suprématie politique à l'aura populaire des candidats, les groupes ethnico-régionaux avaient quant à eux commencé par marquer leur champ de domination dans la distribution des zones d'influence politique. Ils tenaient à concéder ces zones d'influence à des personnalités politiques liées au milieu par des affinités identitaires et familiales. Ces zones d'influence traduisent par avance les préférences électorales des habitants qui usent aussi de toutes sortes de pression sur les dissidences dans leur communauté.

C'est la preuve que la tournure désagréable des expériences multipartites ne relève pas d'une fatalité, puisque des processus de démocratisation ont échappé à ces travers. Le diagnostic de Pierre Nzinzi garde toute sa pertinence (Nzinzi 2000: 84) :

« La crise de la démocratie africaine est donc une crise de souveraineté, parce que crise d'une expérience qui voudrait simplement faire éclater la clôture platonicienne dans laquelle certains ont décidé d'enfermer la représentation politique [...]. Paradoxalement, la crise de l'expérience démocratique procède donc de l'infaillibilité des régimes ainsi le nombre et même la valeur des essais électifs de destitutions. Elle affecte ainsi les fondements épistémologiques de l'expérience démocratique en général. La crise est donc logique [...] ».

Le Mozambique et le Burundi se sont distingués par la conversion des mouvements de sédition militaire en partis politiques ayant reconnu l'exercice du droit de vote comme moyen d'expression de la volonté du peuple. Certains tenants de régimes de parti unique ont accepté de répondre aux exigences de la volonté populaire en rompant avec l'autoritarisme. Parfois, les sorties de l'autoritarisme politique ont fait l'objet de négociations superficielles faisant conserver à l'ancienne classe dirigeante ses positions et ses habitudes. Toutefois, la concurrence politique a donné lieu à un retour aux affaires de dirigeants évincés par le suffrage universel dès les premières années du multipartisme. Loin de se présenter comme un déficit démocratique, la reconquête du pouvoir par des anciens dictateurs est le symptôme d'une certaine maturité politique comme au Bénin.

Les analyses politiques s'accordent après des décennies de pratiques électorales en Afrique noire que le vote se distingue par des imperfections et des clivages. Toutefois, le vote ne peut être considéré comme une donnée garantissant a priori une transition apaisée vers la démocratie. Le vote, quel que le soit le contexte où il est pratiqué n'est pas exempt de problèmes comme le montrent par exemple les présidentielles américaines de 2004. Plus encore dans les édifices africains encore non accomplis, le vote ne saurait résoudre les énormes décalages structurels caractéristiques des systèmes politiques africains en cours de perfectionnement. Les deux principales vagues d'institutionnalisation réparties entre les années 1950 et les années 1990 donnent à observer de manière palpable des déviances et des dysfonctionnements de nature variable.

Les déviances observées sont de plusieurs ordres. Elles résultent de carences relatives au manque d'assimilation d'une morale électorale dont le soubassement demeure franc respect des règles institutionnelles régissant le vote. A un niveau plus élémentaire, les électeurs se rendent coupables d'actions minant les conditions de transparence et d'équité du vote au point que les observateurs politiques ont du mal à déterminer si les défaillances électorales étaient purement organisationnelles ou bien si elles relevaient d'une obturation intentionnelle des procédures d'alternance. En outre, les représentations individuelles du pouvoir relèvent plus de contreparties matérielles que d'une consolidation de la démocratie grâce à l'ascension au pouvoir de personnalités imprégnées d'une culture politique plus moderniste. Les représentations des électeurs sur la signification et les implications du vote ont de fortes accointances avec l'individualisation des préférences édictées généralement par des approches communautaires. Ceci est d'autant plus prononcé dans des cadres sociétaux dont une part importante des membres est analphabète. On ne saurait toutefois présager d'une inadéquation fonctionnelle entre le vote et la mémoire politique des nations africaines. Incontestablement, les conditions d'organisation diffèrent des systèmes politiques ancrés dans le libéralisme et où l'élection est intériorisée dans les méthodes institutionnelles. Les démocraties où l'expérience électorale est solidement établie, avaient connu aussi au départ de grands flottements. La maturation de la conscience politique et la fluidité dans les échanges entre les élites et les masses populaires ont été soumises à des crises et des impasses dont la résolution a permis de capitaliser de nouvelles expériences mobilisables pour des situations ultérieures. Au cours de ces périodes, les différents arsenaux régissant la dévolution du pouvoir subissaient des affinements afin de mettre les structures, les acteurs en adéquation avec les principes gouvernant des élections pluralistes, libres et équitables. Au demeurant, les marasmes inhérents au vote en Afrique noire révèlent que les défaillances des pratiques institutionnelles sont parfois corrélationnelles de la nature des démocraties électorales inspirées de l'archétype occidental. Au fil de l'histoire et même à des périodes encore récentes, les expériences du libéralisme anglais, français et américain ne sont pas exemptes de situations déviantes par rapport aux principes de la loyauté politique.

L'institutionnalisation de types politiques fondés sur la démocratie électorale en Afrique alimente des déviances dont les trajectoires sont alignées sur les tergiversations et les régressions dans les sociétés ayant porté l'archétype de la démocratie électorale. Si l'implication citoyenne se trouve au cœur des mécanismes d'acquisition du pouvoir dans de nombreuses sociétés précoloniales d'Afrique noire, le vote constituait une nouvelle approche de la participation populaire qui est plus ou moins étrangère à l'intelligence politique locale. Or, la pluralité des composantes sociétales du continent noir ne permet de poser le problème de l'adéquation en termes de données structurelles en conflit avec la culture du pouvoir. Cette adéquation ne peut, en aucun cas, faire l'impasse sur la singularité des expériences politiques antérieures à la colonisation et plus tard à la démocratisation de l'Etat. Ne peuvent être non plus passées sous silence, les injonctions de la politique internationale où la Banque Mondiale, la France, les Etats-Unis et la Communauté Européenne posent des critères de bonne gouvernance relevant de conditionnalités démocratiques. Au fil du temps, la rigueur des acteurs externes de la démocratisation des pays africains a faibli et la focalisation des enjeux sur les circuits politiques essentiellement internes a offert l'occasion de jauger du point de vue interne les enjeux de la transition devant aboutir à l'instauration et à l'affinement de la démocratie électorale. De ce point de vue, l'analyse politique trouve l'opportunité d'évaluer les mécanismes favorables ou négateurs des mutations des systèmes politiques. Dans le cadre des processus démocratiques, le vote vient se greffer sur des mécanismes endogènes de la gouvernabilité des sociétés. Cette gouvernabilité induit aussi des convergences sociales et culturelles des nations. Or le degré d'éducation, le niveau économique et l'envergure technique des édifices sociétaux déterminent le niveau d'ancrage du vote dans la pensée collective. A cela, s'ajoute la disponibilité des acteurs à garantir la franchise du vote et à promouvoir les valeurs morales dans le cadre de la lutte pour le pouvoir. C'est à ce prix que le vote peut participer de la consolidation des nations africaines plutôt que de leur dislocation.

CHAPITRE 7

Le régionalisme dans les démocraties africaines

Le moteur des révolutions démocratiques en Afrique noire s'articulait autour du rejet de la polarisation du débat politique au sein d'une instance unique. Aux heures les plus fastes du parti unique, les discussions autour du devenir de la nation se tenaient parmi des personnalités dont les décisions avaient une valeur sacrale pour les populations. La motivation essentielle des mouvements de démocratisation résidait dans l'éclatement des pôles décisionnels et leur canalisation par des organes de représentation populaire. Après la réalisation du consensus sur la nécessité des réformes politiques, l'extension des acteurs de la scène politique aux citoyens autrefois écartés de la gestion des affaires nationales exigeait la mise en place de cadres formels d'action. Mobilisateur des masses populaires, le combat pour l'équité politique s'était cristallisé dans la lutte pour le multipartisme permettant de différencier les modules de la participation citoyenne. L'action citoyenne dans cette optique avait vu l'éclatement des pôles de la contestation et le paysage politique national enregistrait au fil des jours l'irruption des segments idéologiques nouveaux. Il convenait de circonscrire ces segments du débat politique à une ligne idéelle et idéologique et en assurer la lisibilité et la pertinence par une formulation concrète. La loi sur la liberté d'association fut déterminante à cet effet, car elle permit la gestation des partis politiques dont la visée fondamentale est la conquête du pouvoir. En ce sens, ces partis rencontraient une large adhésion auprès des masses populaires qui aspiraient avant tout à l'alternance politique. Mais la redistribution des segments de la contestation prit rapidement la trajectoire des identités dominantes. Lorsque la pression des mouvements populaires mit le régime de parti unique dans l'incapacité d'empêcher la création de nouveaux partis politiques, l'audience de ces nouveaux partis au sein des populations ne se construisit pas sur une base objective. La multiplication des circuits de la lutte contre le monopartisme aboutit à la floraison de partis politiques dont les relents idéologiques impliquent des éléments affectifs ou ethnocentriques. Du point de vue idéologique, divers arguments permettaient de réunir des milliers de personnes autour des leaders de partis politiques, notamment les promesses et le charisme des membres fondateurs. Mais, à mesure que les arguments purement discursifs sur le bilan de l'équipe sortante faisaient place à des enjeux plus électoralistes axés sur la conquête du pouvoir, les appartenances identitaires surgissaient au devant de la scène. Alors que les partis de l'opposition s'accordaient sur la rupture avec le parti unique, les enjeux électoraux remettaient en cause leur union sacrée contre le parti unique.

Pour rallier à leur cause l'électorat, les leaders de partis politiques utilisent le ressort identitaire et ce n'est pas un hasard si leurs partis semblent implantés dans leurs régions d'origine. Puisque l'accession au pouvoir garantissait l'accès à des ressources matérielles conséquentes, ils mobilisaient alors leurs groupes ethniques par des discours partisans promettant l'accaparement des richesses nationales en leur faveur en cas de victoire électorale. En Afrique subsaharienne, s'est établie dans le multipartisme une règle tacite qui confie entre les mains des groupes tribaux et identitaires affiliés aux chefs de l'Etat une part importante du pouvoir économique. Cette corrélation entre domination ethnique et pouvoir économique n'échappe pas aux populations qui se laissent séduire par l'idée d'accéder aux zones d'influence économiques au niveau national. L'appât économique finit par corrompre le sens de la participation citoyenne et l'évaluation des motivations ou des actions des différents acteurs politiques ne se fait pas sur des bases rationnelles, mais de la perspective de l'appartenance ethnique. On observe donc une fragmentation du paysage politique calqué sur les différentes régions des leaders de partis politiques. Le programme politique du parti n'a aucune valeur, tout est placé sur son identité qui permet de lui garantir une large audience populaire au sein de son ethnie. Il existe certes, des programmes politiques et des projets de société, mais ceux-ci sont valables juste pour la décence politique au niveau des médias. A côté du positionnement officiel des instances faîtières du parti, se tient dans les coulisses une rhétorique partisane destinée à créer une base ethnique comme noyau du parti. Prenant exemple sur la nature marginale du parti unique qui distribuait les prérogatives en partant de l'ethnie du chef de l'Etat, les nouveaux partis politiques privilégient aussi le vecteur identitaire. C'est inévitablement une réponse aux manœuvres du pouvoir en place sur les réseaux identitaires favorisés par le parti unique ; mais les nouvelles formations politiques sombrent dans les dérives régionalistes de leurs adversaires dont ils vilipendent la gestion de l'appareil national.

La polarisation ethnique des formations politiques.

Aux premières heures de la restauration du multipartisme, la composition des organisations politiques éveille souvent la catégorisation ethnique. L'émancipation politique induite par le renouveau démocratique a alimenté dans les pays d'Afrique subsaharienne la naissance des partis politiques. Mais très vite, ces structures, creusets des aspirations citoyennes ont plutôt construit leur essence idéologique sur la personnalité de leur leader qui est soumis aux transcendances communautaristes de son milieu.

Devant la distribution des tendances politiques, chaque groupe ethnique cherche à générer son propre foyer de réflexion politique afin d'y articuler sa participation au débat politique. Il en ressort que la constellation du paysage politique obéit strictement à la distribution des différents groupes identitaires dans l'espace occupé par l'Etat. Le vote est une transposition directe de cet argumentaire régionaliste qui s'est établi au sein même des cadres des formations politiques. L'axe de la réflexion politique autour des questions nationales suit également cette trajectoire.

Après des décennies de monopartisme, la démocratisation de la vie politique en Afrique subsaharienne offrait les moyens d'endiguer ce fléau. Au lendemain du déclenchement du processus démocratique, la nouvelle donne a entraîné la création de plusieurs partis politiques qui se sont employés à se tailler des forteresses électorales. De l'Afrique centrale à l'Afrique australe en passant par les régions occidentales du sous-continent, la gestation des partis politiques et leur consolidation privilégient la dominance ethnique. Observant la configuration de l'espace politique au Congo Brazzaville, Philippe Franck souligne (Franck 1997 : 5) :

« Il est clair en effet au Congo que le lancement d'un parti passe par l'édification d'un bastion autour d'une communauté ethnique. Cette logique s'impose même à ceux des responsables politiques qui entendent rester fidèles à une conception unitaire de la nation congolaise ».

L'exemple congolais décrit par Philippe Franck est largement transposable à la plupart des pays du sous-continent noir. Les partis politiques disposent de liens étroits avec des collectivités homogènes qui en constituent le noyau dur avant que d'autres groupes ne viennent rester à la périphérie des instances dirigeantes. Cette périphérie échoit généralement à une base militante largement hétérogène. Certes, le chef du parti peut édulcorer l'équipe dirigeante de personnalités étrangères à son ethnie ; mais les dominances ethnorégionales déterminent en grande partie l'enrôlement des militants. Malgré les imbrications apparentes des partis au niveau de l'espace territorial, ils disposent chacun d'un domaine géographique occupé par des militants les plus irréductibles. La mentalité politique est dominée par le sentiment d'appartenance à un groupe tribal ou ethnique. L'expression du suffrage suit directement cette configuration ethnique de la carte politique nationale et l'organisation des fraudes électorales est ainsi facilitée par l'identification des préférences politiques des populations occupant les zones géographiques.

Certes, certains pays connaissent un léger relâchement de la question ethnique. Il s'agit surtout des États où l'approfondissement du processus démocratique et les dissonances résultant de la mise en place des nouvelles institutions ont abouti à une restructuration des formations politiques. L'enrôlement des militants et la composition des élites dirigeantes se profilent de moins en moins sur les réalités ethniques, culturelles ou traditionnelles. On peut voir dans les pays ayant réussi la transition démocratique, des partis politiques disposant d'un fonds électoral dépassant largement l'indice identitaire. La rupture du référentiel tribal dans l'enrôlement et la structuration des organes du parti se traduit par un désir d'ouverture à toutes les communautés nationales manifesté par des textes constitutifs des différentes formations politiques. En référence à la loi sur la création des partis politiques qui exclut toute discrimination identitaire, les formations politiques montrent une réceptivité à l'adhésion de tous les citoyens de toutes origines. Toutefois, ces dispositions demeurent formelles surtout dans les pays où les processus de démocratisation ont plutôt fortifié les relais identitaires dans la lutte pour la conquête du pouvoir. La force du lien identitaire s'est surtout maintenue lorsque les autorités gouvernementales ne s'emploient pas à l'endiguer par des mesures idoines. Ainsi, alors que le Rwanda, tirant la leçon de la douloureuse expérience du génocide, a suspendu la présence des références identitaires sur les pièces d'identités, de nombreuses administrations persistent à exiger ces informations dans les formalités administratives. Ce sont des informations qui, en soi, ne stigmatisent pas les différences ethniques. Mais l'étiquetage politique des citoyens en fonction de leur appartenance ethnique contribue à créer un malaise perceptible. En effet, la liberté d'association concédée par l'ouverture du jeu politique a permis la création de multiples mouvements à caractère tribal, visant à créer une synergie entre les ressortissants d'une région donnée. Cette synergie qui vise le développement régional prend vite l'allure d'un lobby qui exerce des pressions sur les hommes politiques en faveur de leur groupe ethnique. Leur envergure dans le débat politique national est renforcée par leur rôle de substitution aux services administratifs. En raison des orientations sociales de leurs prestations auprès des populations, ces mouvements à caractère tribal disposent auprès des masses citoyennes d'un lourd crédit qu'ils investissent en faveur des leaders politiques avec qui ils disposent d'affinités très prononcées.

Or, la construction des nations africaines pour la plupart était non encore accomplie avant les processus de démocratisation. Elles avaient besoin d'assimiler puis de surpasser les particularismes tribaux pour faciliter la constitution d'une conscience nationale. La problématique s'avère donc le comportement des associations à caractère tribal dont le positionnement politique accentue le profilement identitaire du débat politique. Ce n'est pas un hasard si, dans de nombreuses universités africaines, les associations estudiantines régionales sont une antichambre pour le recrutement des cadres des partis bien implantés dans les zones concernées. Dès lors, la portée de l'inconscient identitaire devient dominant dans la vie politique. Il n'est pas étonnant que tout comme le monopartisme des années 60, les mouvements de démocratisation aient peiné à asseoir une unanimité nationale dans la conscience collective des peuples. Jouant parfois le rôle de courroie de transmission entre le monde purement associatif et les sphères politiques, les associations à caractère régionaliste étendent rapidement leur action vers l'horizon des mouvements politiques, exhortant les entités ethniques et tribales à constituer un front unique autour d'un candidat souvent originaire de la région. Au plan administratif aussi, la pression de tels mouvements associatifs acquiert une grande importance dans la nomination à des postes divers. Les pouvoirs sortants sont mis devant la nécessité de placer à la tête des structures départementales ou préfectorales des autochtones pour éviter de frustrer leur base électorale dans la région.

L'entretien de l'habitus régionaliste compromet la gestation des nations africaines qui peut aisément trouver un équilibre psycho-politique dans le respect et la défense des institutions républicaines. Le régionalisme se pose d'ailleurs comme un nouvel obstacle plus diffus à l'exercice des libertés acquises de haute lutte. Car la transcendance communautaire détourne le choix libre du citoyen dont la conscience politique est assujettie aux injonctions des segments communautaires. La liberté d'expression est confisquée par la nécessité d'une union sacrée autour des intérêts de l'ethnie, même si ceux-ci divergent des aspirations de la population globale. Le détournement de la liberté de choix du citoyen interfère sur les relations interethniques lors des consultations électorales.

L'impact du phénomène ethnique sur le vote

L'expérience électorale qui garantit l'accession au pouvoir par la volonté populaire n'est pas solidement ancrée dans la mémoire historique des peuples africains. Les mécanismes d'expression populaire ouverts lors des processus de décolonisation étaient une parenthèse historique qui fut fermée après les indépendances. Dans certains pays, ces courts épisodes électoraux ont donné lieu à des déchirements entre diverses entités du futur Etat indépendant. La pratique du vote fut adaptée au système du parti unique sous une forme moins compétitive avec les plébiscites populaires plus tard. Si la divergence ethnique existait même sous les régimes de parti unique, elle ne pouvait s'exprimer devant l'omnipotence administrative de l'Etat qui concentrait les prérogatives au niveau des ethnies affiliées au Chef de l'Etat. Elle put par contre trouver un exutoire lorsque la libre expression fut concédée aux citoyens après les révolutions démocratiques. Très vite, le débat politique fut désaxé vers une rhétorique régionaliste qui projette aux devants des pratiques du vote les connexions tribales. Au gré des orientations de la pensée politique, l'ethnie a pris l'allure d'un atout électoral aux yeux des différents candidats aux élections.

Dans la plupart des pays d'Afrique subsaharienne, l'empreinte ethnique biaise le processus électoral qui connaît souvent des dérapages difficilement surmontables. Dans le cadre de la démocratie représentative, les organes constitués par des personnalités choisies par le peuple présentent parfois des structures mono-ethniques, surtout si des ethnies numériquement importantes dominent le jeu politique. Pour Gonidec, « *malgré les attaques dirigées par les hommes politiques africains contre le tribalisme, il n'est pas douteux que ce phénomène joue un rôle important en matière électorale dans tous les Etats où les ethnies demeurent bien vivantes* » (1978 : 225).

Ainsi les antagonismes régionaux trouvent leur plus patent champ d'expression dans le processus électoral, car les liens ethno-régionaux recèlent d'énormes potentiels de suffrages pour des candidats aspirant à des postes institutionnels.

Mais si la plupart des pays d'Afrique noire traînent dans leur histoire le lourd héritage d'une forte ethnicisation, les antagonismes ethniques ne se cristallisent pas toujours dans des violences. Ils surgissent plutôt lorsque le pouvoir est devenu l'enjeu d'une lutte électorale impliquant toutes les entités de la nation. Mais en fait de nations, les espaces territoriaux, théâtres des développements politiques libéraux étaient composés de groupes identitaires reliés entre eux par des relations tant cordiales que conflictuelles. La distinction identitaire entre les entités ethniques se transpose facilement sur les régions d'origine des leaders des formations politiques. Au lieu que le débat politique s'articule sur le bien-être de toutes les catégories nationales, les intérêts parcellaires des groupes identitaires occultent les aspirations véritables et les enjeux authentiques des processus de démocratisation. La compétition électorale est le lieu d'expression du profilage ethnique ou tribal de la mentalité politique. Viennent s'y greffer souvent, les fixations psychoculturelles des différents groupes ethniques que des tribus antagonistes utilisent pour légitimer le refus de leur ascendance politique. Cela modèle le comportement du citoyen dans les situations électorales et peut même motiver son implication dans des violences électorales. Même si le sentiment politique est largement présent dans le choix électoral des populations, ce choix agit sur son comportement électoral, uniquement si sa rationalité politique n'entre pas en conflit avec l'expression de son identité.

L'affinité ethnorégionale se traduit généralement en Afrique noire par le noyautage des perceptions individuelles par une foule de liens affectifs, substituant à sa capacité de jugement le lien naturel qui l'attache à la personnalité d'un candidat. Ce lien occulte les jugements que le citoyen peut porter sur le projet de société d'un candidat avant de lui accorder son suffrage. Cette donnée inhérente à l'habitus électoral dans les sociétés d'Afrique noire est intelligemment exploitée par les candidats qui préparent les compétitions électorales en se positionnant selon les affinités des ressortissants de sa région. Les incertitudes de son audience au niveau national devront être compensées dans son milieu où la force du lien identitaire peut même aller jusqu'au détournement des suffrages en sa faveur.

Les processus électoraux subséquents des révolutions démocratiques des années 1990 en Afrique subsaharienne ont mis en lumière la pertinence des affinités ethnorégionales dans le choix électoral des citoyens. Et c'est à juste titre que Gonidec fait remarquer que : « *dans tous les cas, le problème ethnique revêt une importance capitale dans les Etats où le polyethnisme continue de caractériser les structures sociales car même dans les grands centres urbains, les solidarités ethniques demeurent solides et informent la participation à la vie sociale* » (Gonidec 1978 : 173).

Aux yeux des candidats et des électeurs, il est totalement normal que leur parti enregistre des scores surréalistes dans les espaces occupés par leur groupe d'appartenance ethnique. L'expression du suffrage est déterminée par le ressort sentimental qui se renforce par une identification avec la personnalité du candidat, sans aucun égard pour ses idéaux ou son programme de gouvernement. Les élites politiques modèlent leur campagne électorale en conséquence et prennent soin de mettre en évidence leur identité afin d'acquérir une prépondérance élective dans leur région. Les rassemblements ne donnent lieu à aucun message politique ; mais plutôt à un rappel intempestif des liens unissant le candidat au terroir. Celui-ci se présente à la foule comme le porte-parole des fils du terroir et s'arroge le droit de se poser en défenseur de sa communauté ethnique, de sa région afin de faire l'écho des doléances de sa communauté au sein des instances nationales. Il n'est pas rare qu'une telle rhétorique convainque les électeurs séduits par la focalisation de son projet politique sur des affinités ethniques ou régionales. Les classes politiques de nombreux pays d'Afrique noire s'accordent sur cette règle tacite et veillent dans le cadre des élections législatives ou locales à présenter les candidats originaires des villes ou de villages situés dans leur circonscription électorale d'origine.

Le candidat y est présenté comme représentatif de sa région ou de son ethnie au sein des instances gouvernementales ou institutionnelles. L'électorat adhère aussi à cette règle totalement subjective en votant le candidat issu de son ethnie ou de sa région. Bien plus, il cède à un désir malsain de s'approprier le parti affilié aux élites politiques originaires de sa région. Pour Milandou Bikindou, (1996) :

« La cristallisation des électeurs sur « leurs » partis respectifs développe en même temps une hostilité quasi-agressive envers les « partis adverses » et les groupes de population qu'ils représentent. Tout se passe comme si les

populations protègent « leur parti » contre les autres formations politiques et n'admettent pas qu'elles s'en rapprochent ».

Il peut en découler que le vote dégénère en une explosion des rancœurs accumulées des années durant. Au Kenya en 2008, le vote fut le détonateur d'une série de massacres et d'affrontements opposant des ethnies cohabitant longtemps au sein d'un espace territorial assez bien contrôlé par l'appareil d'Etat. La problématique du syndrome ethnorégionaliste dans le processus de démocratisation ne pointe pas la diversité de l'élément ethnique comme ressort essentiel. Le problème découle de l'instrumentalisation des affections identitaires pour accroître le crédit électoral des formations politiques. Aussi les premières élections multipartites des années 1990 ont-elles permis de jauger l'acuité des problèmes ethniques en Afrique subsaharienne. La conjonction de ces problèmes avec la non maturation du vote donne à la lutte politique parfois des caractères dramatiques. Pour des populations comportant un taux important d'analphabètes, la réceptivité aux discours partisans des politiciens est large, surtout que ces discours impliquent parfois l'amélioration des conditions matérielles de leurs entités ethniques aux dépens des autres groupes. Le facteur éducatif est relatif puisque, les orientations identitaires de la rationalité politique se retrouvent aussi chez des élites africaines. Peut-être serait-il judicieux d'interroger le contexte sociohistorique des cultures africaines où la définition des identités s'appuie sur des inimitiés ou des affinités séculaires entre des groupes ethniques et tribaux. Cet environnement constitue en soi un obstacle à la consolidation des expériences démocratiques, surtout lorsque les erreurs antérieures ne peuvent pas être corrigées en raison de l'alignement des ethnies sur les approximations électorales ou institutionnelles favorisant leurs candidats. Le prolongement de l'approche identitaire du combat politique influence même l'objectivité des appréciations citoyennes sur la franchise des membres du gouvernement. La compétition politique se perd dans des enjeux sans consistance, lorsque les formations politiques et leurs bases militantes sombrent dans des perceptions ethnocentriques. De ce point de vue, le caractère superficiel des expériences démocratiques dans de nombreux pays d'Afrique noire ne résulte pas d'une fatalité ethnique ou institutionnelle, mais d'une défaillance morale des élites qui profitent de l'immaturité de certaines catégories de la population pour forger leurs assises électorales.

Au demeurant, le régionalisme se pose comme une des pesanteurs fondamentales des dynamiques démocratiques en Afrique subsaharienne. Leur expression a quitté le champ des stéréotypes psychoculturels pour s'ancrer dans le vote. Le régionalisme régente de façon dramatique le choix des instances de représentation populaire, surtout dans le cadre des scrutins présidentiels. Loin de se positionner contre une manifestation aussi subjective et superficielle de la conscience politique, les hommes politiques se plaisent à légitimer les résultats plébiscitaires obtenus dans leurs régions d'origine. Le régionalisme est une donnée intrinsèque des édifices sociétaux d'Afrique noire, mais prend l'allure d'une déviance lorsqu'il s'introduit dans le champ de la compétition politique. Ses ressorts affectifs faussent a priori l'expression des aspirations véritables des populations. La vision personnelle du citoyen se trouve confisquée par les exigences communautaires qui supplantent la souveraineté de l'individu. Et si l'on garde à l'esprit la forte pesanteur des communautés sur les préférences individuelles, on se rend compte des ravages qu'occasionne le régionalisme dans l'expression franche des libertés démocratiques. Mais l'arrimage du vote aux identités de l'électeur et du candidat est le symptôme de l'inculture politique qui réduit la visibilité nationale à des segments de groupes accrochés à des intérêts parcellaires.

Dans ce processus réfractaire à l'expansion de la culture démocratique, les élites politiques tiennent un rôle essentiel. Or, il est manifeste que la résurgence des identités dominantes milite contre la gestation d'un sentiment national dont l'échec fut à l'origine de graves désordres sociopolitiques en Afrique noire. Pour créer une nouvelle symbiose nationale, les hommes politiques du sous-continent noir se doivent de dépasser les circuits fragmentaires des enjeux politiques pour les inscrire dans une globalité nationale. De cette manière pourraient être fédérées les aspirations des diverses entités ethniques de l'Etat autour de la gestation d'une culture basée non sur des normes subjectives, mais sur des perspectives pragmatiques. Les formations politiques sont appelées à tenir pleinement leur rôle d'éducation des masses populaires en faveur de réflexes politiques sains. Par ce moyen, l'habitus démocratique pourrait dépasser le cadre strictement politique pour imprégner les perspectives psychoculturelles des masses populaires. De cela, dépend son enracinement effectif.

CHAPITRE 8

Crises démocratiques et héritage identitaire en Afrique subsaharienne

Après deux décennies d'expériences démocratiques, les observateurs politiques s'accordent sur le fait que cette expérience a accentué la faillite sociopolitique sur un continent déjà fragilisé par les dérives imputables aux monopartismes. La déconfiture est surtout accentuée par les résistances de régimes sortants qui se servirent souvent d'armes économiques pour sanctionner les catégories sociétales mobilisées dans le mouvement contestataire. Certes, l'histoire offre de multiples exemples qui témoignent que le passage d'un mode politique à un autre est sujet à des chocs dont la violence risque de déstabiliser entièrement le tissu social. Les révolutions démocratiques d'Afrique subsaharienne ne dérogèrent pas à cette règle, surtout qu'elles portent pour enjeux une plus grande implication citoyenne dans les décisions affectant les destinées de leur pays. Dans un contexte de monopartisme où la dislocation de l'édifice national fut accentuée par une prédominance des préférences subjectives, il n'est pas étonnant que l'apprentissage de la démocratie moderne se heurte à des perceptions du pouvoir directement ancrées sur l'accès aux zones d'influence économique. De fait, l'avènement du libéralisme politique trouva au départ un large consensus au sein des sociétés africaines lassées par l'immobilisme et la stagnation économiques. Toutes les composantes des nations africaines adhérèrent immédiatement au point de vue selon lequel les élites à la tête des partis uniques avaient conduit leur pays au déclin politique, économique et social. Très vite, les populations encore peu préparées aux délicatesses du multipartisme politique cédèrent à la tentation d'imputer les responsabilités du marasme économique non pas aux élites politiques, mais à leurs ethnies de provenance. En effet, les ethnies d'origine des timoniers nationaux d'Afrique subsaharienne semblaient avoir tiré les meilleurs avantages des déséquilibres observés dans la répartition des ressources et servirent de bouc émissaire aux revendications populaires en faveur des réformes libérales. Plus que sur les autorités sortantes, les griefs des populations se portèrent sur les ethnies ayant tiré le meilleur parti du monopartisme politique. C'est pourquoi les années 1990 furent aussi marquées par une résurgence des affrontements ethniques en Afrique noire. Le Nigéria avec des luttes communautaires récurrentes, le Togo, le Ghana, le Rwanda, le Burundi, la Mauritanie et bien d'autres nations africaines furent déchirées par la stigmatisation des antagonismes entre les tribus voisines ou lointaines. L'immaturité politique des premiers acteurs de la démocratie fit dégénérer les revendications libérales en une tentative de marginalisation des ethnies privilégiées au sein du système de parti unique. Ces groupes tribaux sont perçus en outre comme des éventuels contempteurs du nouvel ordre économique qui devait interrompre le clientélisme et le népotisme. Or, devant la perte croissante de l'audience du parti unique auprès des différentes composantes de la population, les responsables du parti unique vont se tourner vers leurs bases ethniques. Bien avant les ouvertures libérales, les entités tribales s'étaient réfugiées dans des solidarités de base puisque les structures étatiques ne garantissaient plus la sécurité politique, économique et sociale des citoyens. Ces solidarités de base qui agissent comme des structures supplétives des prestations étatiques envers les citoyens confortent une fragmentation des espaces politiques nationaux. La démocratisation intervint donc dans ce contexte. Ce phénomène s'aggrave du fait que les résistances des régimes sortants à la tourmente libérale prirent largement appui sur les accointances tribales. L'hostilité des populations face aux pouvoirs sortants est rapidement transposée sur les appartenances ethniques. Or, la plupart des sociétés africaines contemporaines demeurent marquées par la prépondérance de la collectivité sur les expériences individuelles. La transposition est donc inévitable lorsque les attaques visant les responsables politiques sont répercutées par ceux-ci au sein de leurs cellules ethniques pour en consolider les liens.

Dans ces conditions, le ressort ethnique prend une place importante dans les calculs des protagonistes engagés dans la lutte pour la conquête du pouvoir. Cette lutte se déplace du pôle politique vers le pôle ethnique avec comme enjeux, l'accès aux mécanismes de promotion sociale et économique. Ces mécanismes qui constituent des atouts entre les mains des pouvoirs sortants servent à consolider matériellement les loyautés imbriquées dans des accointances à la fois tribales, économiques et familiales. Bref, les tentatives ratées de construction de la nation ont été réduites à la mise en place de structures miniatures centrées sur la nation. Plus que la question du bilan des régimes sortants, les débats se rapportent plutôt aux relations ethniques et les intentions de vote suivent les concordances identitaires. Dans cette logique, la démocratie moderne centrée sur la loi de la majorité s'embrouille dans des données mathématiciennes simplistes puisque les ethnies numériquement dominantes prétendent à une certaine légitimité de domination politique. Même si cette légitimité n'est pas automatique, elle se pose comme une donnée automatique avec les « a priori » identitaires. S'ensuit une configuration régionaliste du paysage politique favorable à toutes les manœuvres électoralistes. La délimitation régionaliste des zones de forte audience des différentes formations politiques facilite les méthodes de dénaturation de la volonté populaire. Il était facile de prévoir les intentions de vote des populations d'une région donnée et d'y retarder consécutivement le début des opérations électorales. L'administration peut y apporter aussi du matériel électoral en deçà des besoins réels des populations ou encore faire annuler les votes d'une région traditionnellement acquise à l'opposition politique. La dénaturation peut commencer même à l'amont du processus électoral avec des enrôlements incomplets des électeurs dans les zones hostiles au pouvoir. Ces scénarios se répètent souvent dans de nombreux pays d'Afrique noire où une large partie de l'électorat est privée de son droit de vote en raison de sa supposée appartenance ethnique. Aux élections présidentielles de mars 2011 au Bénin, la trop grande visibilité des dominances identitaires se solda par la suppression sur le fichier électoral de millions de citoyens dont l'enrôlement pourrait annihiler le poids électoral du président sortant. Dans de nombreux pays africains, les plaintes se multiplient sur la négligence intentionnelle des autorités administratives dans la révision du fichier électoral. De même, les conditions de délivrance des cartes d'électeurs dépendent en grande partie des régions et de l'identité des électeurs. Ces conditions sont durcies dans les zones occupées par des populations supposées hostiles à l'administration sortante. Même des électeurs mineurs peuvent être enrôlés, et des cartes d'électeurs délivrées à des défunts dans les zones où l'affinité tribale garantit une large audience aux élites politiques encore aux affaires. Ainsi, la différenciation des espaces politiques nationaux en fonction des ressorts identitaires permet de faire des projections préjudiciables à l'objectivité et à la transparence des opérations électorales. Au demeurant, le jeu électoral et par conséquent la pratique de la démocratie libérale est largement viciée par la distribution ethnique des cartes. Or, le vote participe de la manifestation des libertés individuelles comme le stipule la Déclaration universelle des droits de l'homme dans son article 21 à l'alinéa 3 : « *La volonté du peuple est le fondement de l'autorité des pouvoirs publics ; cette volonté doit s'exprimer par des élections honnêtes qui doivent avoir lieu périodiquement, au suffrage universel et au vote secret ou selon une procédure équivalente assurant la liberté du vote* ».

Toutefois, la manipulation des identités à des fins électoralistes n'est pas le seul apanage des partis au pouvoir. Les oppositions aux régimes sortants aussi répondent aux stratégies mobilisées par leurs adversaires en utilisant des atouts impliquant des différences ethniques. Elles comptent utiliser aussi ces divergences pour faire miroiter à leurs bases tribales les avantages qu'elles pourraient tirer d'un éventuel changement au sommet de l'Etat. C'est ainsi que la lutte politique s'inscrit très rapidement dans une logique de domination politique au niveau national. Si les oppositions politiques et les partis au pouvoir utilisent invariablement les leviers tribaux, les seconds disposent des moyens administratifs et techniques pour convertir l'audience tribale en victoire électorale. Les partis au pouvoir portent en grande partie la responsabilité des dérapages politiques induits par la tribalisation, car leurs prérogatives leur confèrent un droit de représentation de toutes les composantes de la nation. Dans ces conditions, ils font la preuve d'une lourde inconséquence lorsqu'ils s'appuient sur des accointances identitaires, alors qu'ils sont tenus de porter les aspirations de toutes les composantes de la nation. Les nouvelles évolutions politiques aboutissent à une présence sélective de l'Etat auprès des populations. Les personnalités élues au sommet de l'Etat affichent clairement leur propension à manifester plus d'intérêt aux doléances des populations favorables à leur cause. Ainsi, les travers du monopartisme refont rapidement surface et le pouvoir sert à nouveau de rétribution aux loyautés de tout genre. Le clientélisme et le népotisme reviennent au devant des pratiques institutionnelles et les organes de contrôle du pouvoir sont systématiquement laminés par la corruption ou leur prise en otage par les réseaux ethniques et familiaux. Le point de jonction du politique et de l'ethnique se trouve justement dans le contrôle des mécanismes à la fois politiques, économiques et socioprofessionnels qui servent aussi à fédérer les différents lobbies identitaires autour du pouvoir en place. Ceux-ci entendent utiliser tous les moyens, y compris les atouts anomiques pour assurer à leurs groupes identitaires la mainmise sur tous les pouvoirs économiques et politiques. Les espaces cédés à des personnes d'autres groupes ethniques procèdent soit d'une stratégie politique ou de la rétribution de l'allégeance des complices d'autres clans. Il serait toutefois aléatoire de panser cette nouvelle forme politique en pensant que l'ethnicisation du débat démocratique puisse être radicalement exclusive. Quels que virulents que soient les griefs portés contre les autres ethnies, certains de leurs membres se retrouvent à des niveaux plus ou moins avancés de l'appareil administratif public ou même des organes du parti au pouvoir. Ces membres peuvent même être dotés de prérogatives importantes selon la confiance que leur témoigne le parti au pouvoir. Mais leur différence ethnique aussi peut limiter l'exercice de ces prérogatives dans les contextes où leur domaine de compétence se recoupe avec les enjeux politiques et électoraux. Ainsi à la tête des organes impliqués dans l'organisation des élections et de leur validation, on trouve souvent des personnalités dont les communautés d'origine sont culturellement et historiquement affiliées aux groupes d'origine du président sortant. Ces postes peuvent aussi bien être dévolus à des élites totalement étrangères aux lobbies régionalistes mais dont l'objectivité est compromise par des avantages ou pressions économiques, physiques et professionnelles.

Quelles que soient les origines des personnes impliquées dans la dénaturation de la démocratie par la manipulation des jeux identitaires, elles constituent des atouts de choix pour la confiscation de la démocratie en Afrique. Leurs actions sont motivées à la fois par l'allégeance à une cause purement subjective comme la suprématie de leurs ethnies ou le maintien d'une position importante au sein des mécanismes de dévolution du pouvoir. Ces positions peuvent en cas de besoin être converties en des atouts exploitables dans tous les domaines possibles. De là, réside la complexité des mécanismes identitaires induisant le noyautage des institutions démocratiques. En déjouant les résultats des confrontations en faveur des élites politiques, celles-ci offrent en contrepartie des avantages de toute nature. Loin de constituer des actes isolés ou occasionnels, ces nouvelles pratiques se sont constituées en modes politiques en Afrique subsaharienne qui a vu en deux décennies surgir des formes atypiques de démocratie. Il ne s'agit pas de régimes ayant adopté une forme de libéralisme répondant aux réalités anthropologiques et culturelles de leur composition structurelle, mais plutôt de forces politiques qui posent des actes négateurs de la démocratie moderne. La modernité politique qui a dépassé la pensée nationale est incompatible avec leur approche d'un pouvoir total et illimité. Ces régimes s'efforcent aussi de mettre en place un type politique superficiellement démocratique déguisé sous un archaïsme politique. Ils peuvent prétendre intégrer leur pays au jeu global du libéralisme politique sans toutefois en respecter les idéaux fondamentaux. Ceci aboutit à la multiplication des formes atypiques de démocratie.

Démocraties atypiques d'Afrique subsaharienne

Alors que la période nationale européenne fut le symptôme d'une modernité politique dominée par la convergence des identités parcellaires vers une pensée macroscopique, les relents identitaires stigmatisés pendant la période de parti unique ont contribué à installer un déchirement politique dans la plupart des pays d'Afrique noire. C'est dans ce contexte d'édifice politique non achevé que surgissent les ouvertures politiques qui accentuèrent la fragilité de l'Etat. Fortement centrés sur l'appartenance ethnique, les régimes de parti unique recourent à des méthodes subjectives pour consolider des pouvoirs dont la légitimité est contestée au regard des bilans antérieurs. En dépit de leur hostilité contre toute évolution vers une plus grande flexibilité au niveau des décisions nationales, les élites de la période nationale se trouvent confrontées à un mouvement de globalisation politique, qui après avoir introduit la forme de l'Etat sur le continent noir, pose les jalons d'un libéralisme uniforme. Certes, le caractère exogène des dynamiques ayant mu les sociétés africaines pendant les deux derniers siècles pose des problèmes de confrontation de deux échelles de valeurs axées sur des perspectives différenciées de l'individu et de ses rapports avec la communauté. Mais la transposition en Afrique noire se fit à un niveau macroscopique si bien que le sujet, sans être fortement imprégné des idéaux du moderne comme la sacralisation de l'individu et sa souveraineté, se retrouve en face d'une pieuvre géante qui compresse des visions divergentes du monde dans une machine administrative et politique. Mais l'aliénation de la mémoire politique ne justifie nullement les déviances de la démocratie observées en Afrique noire. Au commencement était le pouvoir et à cela se résume la perception de nombreuses élites africaines, même les plus érudites. La perception du pouvoir joue pour beaucoup dans la dénaturation du multipartisme vers des pôles plus subjectifs. La démocratisation des Etats ne s'est pas accompagnée d'une maturation psychologique des élites politiques, qui restent encore attachées à l'archaïsme politique. Pour cette vision encore arriérée de la politique, la personnalité du sujet ne peut s'exprimer que lorsque celle-ci détient le pouvoir. Dès lors, celui-ci passe pour un instrument de domination aux yeux de nombreuses personnes. La crise des démocraties africaines est symptomatique d'une perception réductrice du pouvoir associée généralement avec le désir d'une domination matérielle, psychologique et économique. Or, lorsque l'obéissance à la loi qui se veut le ressort fondamental de la démocratie moderne se trouve remise en cause par des personnalités dont le pouvoir est censé émaner du peuple, survient une perte de repère qui pousse les populations à chercher d'autres refuges. Pierre Nzinzi (Nzinzi 2000 : 72-73) parle de « démocratisme » dont il expose les traits distinctifs :

« Ainsi dégradée en « démocratisme », la démocratie a perdu tout son potentiel révolutionnaire hérité des Lumières. Instrumentalisée, elle n'est plus qu'une idéologie devant permettre la conservation des positions dominantes acquises, dans un contexte nouveau, marqué par la dénaturation des pressions internationales en faveur de l'ouverture démocratique. Revêtu sur commande à l'intention du reste du monde, le nouvel habit d'apparat du « démocrate » suffit à s'attirer la sympathie des soutiens intérieurs et extérieurs, ainsi que les faveurs des puissances de l'argent (institutions de Bretton Woods et autres divers clubs). Pour saisir les enjeux de cette falsification du pluralisme, nous avançons l'hypothèse que la démocratie, en Afrique, se construit sous le signe du platonisme, ou plus exactement d'un « néoplatonisme » politique qui privilégie la forme sur le contenu, se méfie de la souveraineté du peuple, et redoute autant l'altérité que le pouvoir de l'opinion ».

En soi, la maturation des consciences politiques en Afrique poursuit sa route et le ressort ethnique n'est qu'une donnée de la mémoire historique. L'identité en soi n'est pas un blocage, sauf si la politique l'instrumentalise. L'histoire récente du continent montre des Etats à composante multiethnique réussir la transition démocratique. Ceci est d'autant plus marquant que des pays voisins ayant des configurations ethniques similaires peinent encore à sortir des tensions engendrées par les différences identitaires et qui se cristallisent dans le combat politique. Lorsque les projections identitaires sont directement transposées sur le champ politique, la référence tribale introduit des considérations purement subjectives dans l'appréciation des bilans, des programmes et des motivations des candidats. Ceux-ci ne tardent pas à recourir à des procédés de victimisation pour soutenir leurs bases politiques. Au lieu d'aspirer à la gestation d'un Etat moderne dont les structures sont orientées vers le progrès, de nombreux acteurs politiques du continent noir puisent les sources de leur engagement dans des inimitiés historiques. Or, l'ancrage de la mémoire collective sur les expériences négatives réalisées avec des tribus voisines ruine la conscience nationale. Aujourd'hui encore, certains Etats sont constitués d'un ensemble de peuples entretenant entre eux des liens diffus. Ces liens continuent de se détériorer lorsque l'identité est projetée au devant de la pensée politique pour en faire un équilibre dans la lutte pour la suprématie ethnique. A ce mécanisme répond très souvent la configuration de certains Etats qui entrent dans la constellation libérale de la globalisation politique avec des formes institutionnelles atypiques.

Le pluralisme monolithique

L'avènement de la modernité politique en Afrique noire s'est accompagné d'une crise sémantique au niveau de la rhétorique politique. Puisque la construction globale tendait vers une uniformisation des structures étatiques sous la forme du libéralisme politique, les Etats du continent noir très dépendants de leurs partenaires du Nord embrassent les nouvelles orientations en les vidant de leurs contenus. Cette stratégie a produit sur le continent des types démocratiques nouveaux à qui l'histoire se chargera de trouver des désignations exactes. Le pluralisme monolithique s'entend ici comme un édifice politique doté d'institutions libérales prégnantes qui ne jouent pas le rôle de régulation des pratiques politiques. Dans ces Républiques, toutes les libertés démocratiques sont garanties seulement dans la mesure où elles n'empiètent pas sur les atouts dont dispose le dirigeant sortant pour se pérenniser au pouvoir. Il s'agit d'une conjonction du libéralisme politique avec le monopartisme. La compétition politique perd de sa substance puisque les espaces politiques concédés par la machine étatique ne suffisent pas pour garantir la victoire de l'adversaire. Dans la réalité, la vie de l'Etat est régie par une seule personnalité juchée au sommet du pouvoir et agissant comme des nostalgiques de la période nationale. Et de fait, ces types de régimes se rencontrent souvent dans les pays privés d'alternances au pouvoir même après la démocratisation. Cette caractéristique n'est pas réductrice, car le pluralisme monolithique peut être le résultat des dérives d'une personnalité ayant acquis le pouvoir par des voies démocratiques. Cette forme atypique de démocratie se caractérise par un réseau de personnalités imbriquées les unes dans les autres et mobilisant leurs atouts pour la conservation du pouvoir. Au sein de ce réseau, les rôles sont rationnellement distribués. Au sommet du pouvoir, se trouve une personnalité entourée par des réseaux familiaux et économiques qui usent de leur influence pour maintenir le pouvoir sur place. En contrepartie, les clés du pouvoir économique sont placées entre leurs mains alors que l'Etat apparaît de plus en plus comme la propriété d'un clan ou d'un groupe de personnes. Celles-ci gèrent à leur guise les entreprises publiques et les sociétés paraétatiques ; elles ne dépendent pas de leur ministre de tutelle mais directement du Chef de l'Etat qui leur cède les bénéfices de ces entreprises comme en contrepartie de leurs loyautés. Confortablement installés au sein de la machine sociale les réseaux de parenté étendent leur zone d'influence tribale par des recrutements et des placements de personnes redevables à l'appui du parti au pouvoir. De cette façon s'élargit progressivement la palette des soutiens inconditionnels du pouvoir en place. Partant d'affinités identitaires et familiales, les accointances du pouvoir se prolongent dans les sphères économiques et socioprofessionnelles dont les bénéficiaires acquièrent la certitude que la fin du régime signifierait pour eux et leurs proches une chute vertigineuse. Se crée donc une chaîne d'interdépendances qui lient le sommet de l'Etat à des milieux sociaux et professionnels moins dominants. Ceux-ci constituent les relais du pouvoir au sein des couches les plus vulnérables dont ils instrumentalisent la misère pour les engager à des basses besognes.

Dans la réalité socioéconomique des pays soumis à ce système anomique, la médiocrité intellectuelle est mise au service de la bêtise humaine. Le détournement des richesses nationales par des réseaux affiliés au pouvoir crée une paupérisation économique qui permet d'acheter les citoyens. Aussi cynique que cela puisse paraître, s'installe une stratégie plus ou moins intentionnelle de paupérisation des populations qui cèdent facilement à la manipulation. Les énormes ressources détournées sont en partie mobilisées comme atouts lors des périodes électorales pour garantir la victoire du parti au pouvoir. Dans cette optique, les campagnes électorales sont utilisées pour rendre crédible la prétendue audience du parti au pouvoir en mobilisant des masses affamées attirées par des liasses de billets, des bidons d'huile, des emplois subalternes autour de leur personne. Ces élites sont conscientes du fait que les populations mobilisées autour d'elles ne viennent que pour leurs besoins matériels. Mais elles savent aussi que leur victoire n'est pas du ressort de la légitimité populaire, mais d'un travestissement des résultats électoraux. A mesure que l'euphorie des processus de revendications s'estompe, de nouvelles méthodes sont mises en place pour altérer l'intégrité du suffrage populaire. La validité de ces méthodes ne peut être possible sans la complicité d'une certaine tranche de la population. Les fondements de cette complicité se prolongent au sein des relais ethniques de la transcendance politique. L'identité est devenue un instrument de prédilection pour les contempteurs du nouvel ordre politique. Elle est donc investie pour limiter les mécanismes institutionnels de contrôle de l'action gouvernementale. Or, ces mécanismes constituent le premier garant de la pérennité de l'ordre démocratique dans le contexte des démocraties africaines essentiellement fondées sur le régime présidentiel. L'instrumentalisation de l'identité ne constitue qu'un des atouts laissés aux acteurs politiques. Ceux d'entre eux qui détiennent les rennes du pouvoir disposent aussi de moyens administratifs et matériels pour exploiter ces atouts. Au demeurant, le jeu ethnique intervient dans la dénaturation de la démocratie parce que les régimes présidentiels qui inspirèrent la plupart des Constitutions d'Afrique subsaharienne ne composaient pas avec des contrepoids assez sophistiqués comme dans la démocratie américaine. Même si certaines constitutions africaines s'en inspirent comme celle de nombreux pays anglophones d'Afrique, les élites politiques n'eurent pas la finesse de créer un lien complexe d'interpénétration qui fait de la démocratie américaine une forteresse contre les dérives autocratiques. Cette interpénétration est présentée de la manière suivante (Chantebout 2004 : 106) :

« Si les organes constitutionnels sont dotés d'un statut qui tend à garantir leur indépendance, les fonctions qu'ils tendent à assumer ont été conçues de telle sorte par les Pères fondateurs qu'elles s'interpénètrent constamment. C'est par une signification abusive qui conduit à une interpénétration tout à fait erronée qu'on décrit la constitution américaine comme conférant au président la fonction exécutive, au Congrès la fonction législative et à la Cour la fonction judiciaire. Dans le système de freins et de contrepoids qu'elle a mis en place, la Constitution s'est au contraire efforcée d'éviter une spécialisation de ce type, et elle a défini le rôle de chacun des organes de manière à ce que, empiétant sur le domaine privilégié des autres, il puisse les paralyser dans leurs initiatives dangereuses pour la liberté des citoyens ».

Les imbrications des différents instruments institutionnels sont totalement ignorées dans les lois fondamentales élaborées pendant le libéralisme en Afrique noire. Les chefs d'Etat se retrouvent devant un certain vide qui leur donne la possibilité de se servir de leviers parfois légaux mais amoraux pour surmonter les restrictions de leurs prérogatives. Un de ces leviers se rapporte au domaine judiciaire où les instances gardent un silence coupable lorsque la classe dirigeante accorde des traitements préférentiels aux ressortissants de régions reconnues pour leur allégeance au pouvoir sortant. C'est d'ailleurs le point de départ du recul des pratiques libérales, puisque les ethnies favorables au pouvoir font dissidence lorsque le peuple fait usage de son droit de protestation pour vilipender les pratiques empiétant sur sa souveraineté. Les perspectives subjectives comme l'identité et les réseaux politico-économiques entretiennent l'illusion que les forfaitures institutionnelles rencontrent l'adhésion des populations. Pourtant, de toute l'histoire, il n'est de peuple qui ait librement accepté de se démettre de ses attributions de souveraineté arrachées de haute lutte pour les céder à des classes dirigeantes aspirant à une domination pérenne. Car la prolongation multiple d'une magistrature se pose du point de vue de la morale politique comme restrictive pour l'exercice de la souveraineté nationale. Le pouvoir use et altère les capacités de l'individu, quelle que soit sa probité morale et intellectuelle. Cette réalité semble échapper encore à plusieurs hommes d'Etats africains qui restent encore accrochés à des styles de gouvernance archaïques tout en professant leur foi dans le libéralisme politique dont ils violentent systématiquement les règles. Le type du pluralisme monolithisme est illustré en Afrique subsaharienne par de nombreux pays. Pour en explorer les ressorts, il importe de toucher du doigt la réalité politique de certains pays. Le Cameroun nous en semble un exemple typique.

Comme la majorité des pays de l'Afrique subsaharienne, ce pays n'échappa pas aux retombées du vent de l'Est sur les systèmes politiques locaux. Confronté aux exigences des partenaires occidentaux qui conditionnaient leurs aides au développement à une libéralisation du champ politique, le gouvernement de Paul Biya consentit des concessions à l'opposition politique. Les pressions s'étaient en effet accentuées dans les années 1990 avec des manifestations populaires et des opérations ville morte menées par l'opposition politique qui mobilisa les camerounais autour de la nécessité de réformes institutionnelles. Arrivé au pouvoir en 1982, le président camerounais n'avait pas encore fait la preuve de son approche de la gouvernance. Ceci pourrait expliquer le répit dont put jouir le régime alors que les premières vagues de contestation agitèrent les régimes de parti unique. Mais très vite, les orientations politiques et économiques prises par le régime de Paul Biya montrèrent vite leurs limites. La corruption s'installa très vite au sommet de l'Etat alors que les indicateurs économiques régressaient très rapidement. La déconfiture sociale s'accentue et autour de la classe dirigeante, gravitent des personnalités expertes dans le pillage et le détournement des biens publics. Pour de nombreuses élites, le régime de Paul Biya constitue une sorte de garantie pour leur enrichissement illicite. Et ce n'est pas le fruit du hasard si le Cameroun a longtemps occupé les premiers rangs dans le classement des pays selon l'indice de la corruption. Les dérives des systèmes de gouvernance autocratique ont fait naître la nécessité de réformes institutionnelles pour restreindre le pillage des ressources nationales et limiter la marge de manœuvre des membres de l'exécutif.

La révolution démocratique au Cameroun culmina dans les années 1990 avec l'instauration d'une loi fondamentale consacrant la mise en place d'un système politique donnant au peuple les moyens de contrôler l'exécutif par des organes institutionnels. La Constitution avait posé les fondements d'un régime présidentiel avec un mandat de sept années renouvelable une fois. Or, les expériences de ce type en Afrique se soldèrent dans de nombreux cas par le retour à des pratiques autocratiques. Dans son essence même, le régime présidentiel ne garantit pas la pérennité des édifices démocratiques. Pour Cathérine Clessis, « *l'histoire enseigne également qu'à part le cas américain les régimes présidentiels n'ont guère connu de succès durables. Dans le cas d'un régime présidentiel, les conflits de souveraineté sont encore plus difficiles à régler que dans un régime parlementaire* ». Pour un régime dont la subsistance est entretenue par la distribution des richesses nationales à des loyautés souvent obscures, la cession du pouvoir dépasse le cadre de la morale politique. La conjonction des réseaux clientélistes, politiques et ethniques entraîne une farouche résistance à toute velléité d'alternance. Dans ces conditions, la gouvernance ne se focalise plus sur les aspirations citoyennes, mais sur les moyens de conservation du pouvoir. Les mécanismes de canalisation de l'action gouvernementale sont pris systématiquement dans le jeu des intérêts autour desquels s'articulent les membres de la classe dirigeante.

Les Républiques dynastiques

Ces formes de l'Etat existent encore potentiellement dans les pays soumis au pluralisme monolithique. Ce type politique qui voit le pouvoir échoir constamment à une même personne en dépit d'élections présidentielles multiples se concrétise lors du décès du président dictateur qui se fait succéder au pouvoir par son fils. Elément central de la pérennisation d'un régime arbitraire, les Républiques dynastiques permettent d'assurer la continuité d'un pouvoir inique lorsque celui-ci est confronté à une contingence existentielle : l'incapacité du président sortant de vivre éternellement afin d'assurer son pouvoir. Un membre de sa descendance accède directement au pouvoir et l'assume après s'être fait légitimé par des élections non démocratiques. Cette approche constitue une solution de choix pour les réseaux d'appui au régime sortant qui transposent sur le fils les attributions du père. Le nouveau successeur qui est simplement le fils de son prédécesseur à la manière des régimes monarchiques maintient les engagements du père envers ses anciens lobbies qui lui renouvellent les soutiens témoignés au père. Les anciennes dérives peuvent aisément reprendre et les interconnexions se réactualisent pour garantir le fonctionnement des mécanismes de domination ethnique, politique et économique. Pour comprendre le fonctionnement de ce modèle, il convient d'analyser les motivations des différentes sphères agissant autour de la classe dirigeante. Le chef de l'Etat sortant est avant tout garant d'un ordre politique protecteur des intérêts de ses différents alliés. Il est généralement un ancien produit du parti unique dont le règne a pu survivre aux révolutions démocratiques par des stratégies largement déviantes des normes institutionnelles de la démocratie. La survivance de son pouvoir face à l'hostilité irréductible des populations est généralement le fruit d'une politique de terreur culminant avec l'élimination physique des adversaires politiques et des groupes frondeurs. Fondé sur le non-droit, leur pouvoir est constamment placé sous la menace du droit et subit des pressions fortes appelant des méthodes d'adaptation. Ces méthodes situées généralement à la limite des principes juridiques vont jusqu'à des assassinats massifs qui ébranlent l'émoi de la communauté internationale. Mais la conservation du pouvoir permet de contourner les pressions des organisations de défense des droits de l'homme. Elle permet aussi de disposer d'un certain crédit auprès des puissances mondiales appâtées par l'exploitation des richesses nationales. Toute cette toile savamment tissée offre à toutes les parties impliquées les moyens d'en tirer les avantages : le chef de l'Etat détient en plus du détournement des richesses nationales l'honneur d'un règne sans partage et jouit d'une large impunité tant qu'il reste au pouvoir. Ses proches ont aussi le contrôle des ressources matérielles qu'ils distribuent à leur tour selon les filiations parentales et ethniques. Les partenaires internationaux sont affiliés généralement à des multinationales dont les responsables disposent de liens étroits avec les anciennes métropoles, en l'occurrence la France qui assure encore la survie des dictatures africaines. Tout cet édifice élaboré des décennies durant risque de tomber à l'eau si on ne trouve pas une personne pouvant assumer le lourd héritage légué par le père. En effet, la disparition du chef de l'Etat ne lui pose pas de problème, puisque son décès clôt toute poursuite judiciaire contre sa personne. Par contre, ses proches et sa famille restent sous la menace de poursuites judiciaires dès que le pouvoir change de main.

Par ailleurs, ce type étatique se distingue par une inanition du régime du point de vue idéologique. En effet, l'idéologie du pouvoir est réduite à une forme archaïque de pensée politique qui consiste à ne jamais céder le pouvoir. La conséquence est que le décès du dictateur laisse un vide politique dû à l'absence de toute idéologie. La conception politique se résume aux exigences matérialistes et une succession dynastique permet de mettre le successeur dans la moule de l'inculture politique en déphasage avec la modernité politique. Dans ces types de République, il n'est pas rare de voir le fils successeur être pris en otage par les anciens compagnons de son père défunt qui lui dictent sa conduite. Si son père avait une mainmise totale sur les intrigues se déroulant dans les coulisses du pouvoir, le fils successeur est généralement l'élément d'une machine politique qui se sert de sa personne pour protéger les intérêts des membres et fédérer encore l'adhésion de la base ethnique du régime.

De ce fait, la trajectoire organisationnelle des Républiques émergentes implique une dense constellation idéologique dans laquelle sont investis les atouts de tout genre pour l'affiliation du pouvoir. Si les Républiques dynastiques peuvent, dans une certaine mesure, s'apparenter aux Etats monarchiques, caractéristiques du Moyen Age en Afrique subsaharienne, elles s'en écartent résolument par leur perspective moderniste. Mais leur approche de la modernité est réfractaire à la vision nationale. Le pouvoir ne participe plus de la protection du sujet. Il l'écrase impitoyablement et le dépouille de ses attributions politiques conquises de haute lutte pendant les révoltes démocratiques. En tout état de cause, les attributions du sujet en tant qu'entité de la constellation citoyenne sont annihilées par l'omnipotence du chef de l'Etat. Et comme il en réduit les prérogatives, les Républiques dynastiques sont érigées contre le citoyen qui finit par ne plus se reconnaître dans l'Etat. Comme dans le type du pluralisme monolithique, le rôle du peuple dans la dévolution du pouvoir est superficiel. La classe dirigeante organise les élections pour respecter un certain formalisme idéologique indispensable à la bonne image du régime en place. Le pouvoir sortant et une large partie de la population connaissent à l'avance les suites des confrontations électorales. Celles-ci sont suivies de contestation des résultats et l'appareil politico-militaire anticipe en prenant des mesures destinées à en réduire la portée. Tout comme dans le type politique précédent, l'ethnie tient un rôle très important dans la conservation du pouvoir. Le nouveau chef de l'exécutif, descendant naturel du dictateur décédé appartient donc au groupe identitaire bénéficiaire des retombées du pouvoir. Il lui incombe juste d'actualiser les anciennes loyautés générées par son prédécesseur pour acquérir l'appui indéfectible de son ethnie. Celle-ci trouve en lui l'héritier naturel appelé à pérenniser la suprématie de leur ethnie sur les autres composantes de la nation. Au mieux, sa personne est mise au service de l'élargissement de la base ethnique appuyant le pouvoir. En effet, du côté de la parenté maternelle, il peut créer de nouvelles interconnexions identitaires renforçant l'emprise des identités dominantes sur le jeu politique national. La lutte politique se trouve réduite à des périodes électorales où la tension atteint son paroxysme. Les instances institutionnelles cèdent la plus grande partie de leurs prérogatives au nouveau chef de l'exécutif qui hérite de toutes les compétences de son père. Au niveau international, ces élections sont rapidement avalisées par les organismes internationaux empressés de prévenir les déséquilibres géostratégiques sous-régionaux que d'exiger la vérité des urnes. Tous les acquis des leaders des Républiques dynastiques découlent des voies de l'illégalité tracée par le président défunt. Les obstacles constitutionnels devant prévenir contre une présidence à vie ont été déjà défaits et le fils marche sur une voie toute royale. De même, les mécanismes de détournement des suffrages ou de travestissement des résultats ont été affinés au fil des multiples magistratures du père. La fraude électorale devient un mode de dévolution du pouvoir devant le désaveu criard du peuple. De ce fait, le modèle des Républiques dynastiques dément la souveraineté du peuple auquel est substituée la primauté de l'arbitraire. C'est une forme déguisée de l'autocratie qui se prolonge au fil des générations. Toutefois, la jeunesse des démocraties africaines autorise seulement à appréhender le phénomène en tenant compte d'une seule succession. Ce mode de dévolution du pouvoir intergénérationnel n'est pas élaboré mais résulte plutôt de solutions hâtives pour répondre au vide créé par la disparition des autocrates. Le Togo qui servit de pilote à ce type politique le mit en place avec des flottements institutionnels surréalistes, alors que le Gabon put le faire en douceur. Aujourd'hui, ces deux pays offrent l'image typique de Républiques dynastiques où les libertés citoyennes sont rapportées de manière drastique à la conservation du pouvoir.

Certes, les partenaires internationaux ferment les yeux sur les anomies démocratiques inhérentes aux Républiques dynastiques en prétextant la nécessité de préserver la stabilité sous-régionale. En effet, la démocratisation en Afrique noire a abouti parfois à des confrontations politico-militaires qui ont installé un lourd potentiel d'instabilité dans les régions occidentales et centrales du continent. Le potentiel déstabilisateur des processus démocratiques en crise a conduit de nombreuses puissances mondiales à faire l'impasse sur les exigences démocratiques. Ainsi, les Républiques dynastiques peuvent jouir d'une crédibilité aux yeux d'acteurs internationaux totalement conscients de leur essence antidémocratique. Il n'est toutefois pas exclu que la nature même des Républiques dynastiques milite contre la pérennité de la stabilité car les dictateurs d'Afrique subsaharienne ont pris l'habitude de disposer parfois d'un véritable harem dont les différentes femmes affichent des ambitions pour leur descendance. L'ascension du fils d'une coépouse suscite immédiatement des intrigues de toute nature qui se prolongent même jusqu'aux racines ethniques des différentes épouses. Les rivalités entre ces différentes entités constituent une bombe à retardement qui peut exploser à tout moment et remettre en cause l'équilibre politique construit sur l'arbitraire. L'exemple est donné dans la politique togolaise après le décès du Général Gnassingbé Eyadéma. La situation politique se complique du fait que des clivages surviennent au sein même de la classe dirigeante. Les familles et groupes ethniques alliés au chef de l'Etat par mariage affichent aussi des ambitions politiques afin de se frayer des chemins d'accès aux sphères du pouvoir.

Au demeurant, les Républiques dynastiques constituent le refuge des anciennes dictatures africaines ayant survécu aux tumultes des revendications démocratiques. Elles offrent une porte de sortie à l'archaïsme politique qui adapte le monolithisme aux exigences de la souveraineté populaire. Mais les Républiques dynastiques en Afrique subsaharienne sont d'apparition récente et se posent moins comme une forme organisationnelle de l'Etat que comme l'invention d'une stratégie visant à garantir la pérennité d'un pouvoir détenu par une clique de partisans. Cette forme d'Etat est encore peu répandue puisque l'instabilité des régimes autocratiques concède rarement les honneurs d'un pouvoir à vie aux dictateurs de l'Afrique noire. En dépit d'une volonté évidente d'afficher une certaine image libérale, l'histoire ne connaît pas d'exemple de successions dynastiques réalisées dans le respect de la souveraineté populaire. C'est dire donc que les rhétoriques démocratiques liées à ce régime relèvent d'une imposture politique et idéelle qui se corrompt avec des préoccupations de realpolitik. Le Cameroun, la Guinée Equatoriale, le Tchad et le Sénégal risquent malheureusement de prendre la même voie.

Les démocraties à variables

La dénomination des régimes de ce modèle politique relève des difficultés à garantir la continuité des institutions démocratiques. Celles-ci ont pu être établies dès les premières années des révolutions démocratiques à l'instar du Bénin en 1990. Le renouveau démocratique a beau se consolider au fil des alternances au pouvoir, il existe presque toujours des risques de régression de la modernisation politique liée aux ambitions des classes dirigeantes. Ces ambitions peuvent se manifester par la tentation d'un pouvoir à vie débouchant sur des modifications constitutionnelles. Le Niger en donne un exemple lorsque le président Mamadou Tandja se prit à rêver d'un pouvoir à vie en remettant en cause l'ordre institutionnel existant dans le courant de l'année 2009. Deux années plus tôt, le président nigérian Olosegun Obasanjo essaya de démettre le verrou constitutionnel qui faisait obstacle à un troisième mandat. A défaut, il organisa des élections en prenant soin que les résultats soient favorables à la personne de son choix. Ces manœuvres sont à l'image des régressions démocratiques observées dans de nombreux pays d'Afrique noire. De nombreux chefs d'Etat ayant épuisé le nombre de mandats autorisés par les dispositions constitutionnelles font surgir la question de réformes politiques devant les autoriser à briguer une nouvelle fois la magistrature suprême de leur pays. A quelques nuances près, les démocraties à variables s'inscrivent dans une logique analogue. Elles procèdent plutôt des atouts investis par le pouvoir sortant en vue de restreindre l'exercice des libertés démocratiques. Toutefois, la mainmise de la classe dirigeante sur les instruments institutionnels se situe dans une temporalité réduite, puisque les assises d'un tel régime ne sont pas suffisamment fortes pour prétendre à une réappropriation systématique de tous les leviers institutionnels. Ceux-ci gardent une autonomie plus ou moins grande en face de l'exécutif qui use alors de stratégies pour en vicier le fonctionnement. Les démocraties à variables constituent des parenthèses politiques où un responsable politique parvenu au pouvoir défait les institutions afin de détourner en sa faveur le jeu démocratique. Dans cette optique, l'exercice des libertés est sélectif : les manifestations de l'opposition sont interdites par les autorités alors que les sympathisants du parti au pouvoir jouissent d'une large marge d'action. Les mécanismes institutionnels qui ont rendu possible l'alternance au pouvoir subissent une prévarication de la part des instances exécutives. Ce mode politique est généralement le fait d'anciens opposants politiques qui ont conquis le pouvoir à la faveur des révolutions démocratiques. Enivrés par les délices du pouvoir, ils reproduisent les dérives qu'ils avaient passées des années à décrier. Leur approche de la gestion du pouvoir dérive d'une approche revancharde. L'élément ethnique est rapidement projeté dans le jeu politique où le nouveau régime reprend systématiquement les travers de ses prédécesseurs. L'appareil administratif échoit au niveau des plus hautes sphères au groupe identitaire du président sortant, alors que des mouvements graduels à la tête de l'armée y font émerger des personnalités ayant des affinités ethniques et parentales avec le président sortant. Il s'agit d'une entreprise habile de construction d'un réseau de loyautés autour de la personne du chef de l'Etat et mobilisable pour faire violence aux organes régulateurs du jeu politique. Loin d'œuvrer dans une logique d'équilibration des différentes entités de la nation, les présidents initiateurs des démocraties à variables s'emploient à stigmatiser les différences et à réorienter les avantages économiques et politiques vers leurs propres groupes ethniques. De telles discriminations sont le symptôme d'une quête du soutien inconditionnel de dominances communautaires mobilisables pour le bradage des acquis démocratiques. La configuration des différents organes autour de l'exécutif lui rappelle sans cesse les dangers qui le guettent. Il est entièrement conscient que son ambition d'un pouvoir sans partage peut faire déferler sur son régime des tempêtes incontrôlables. Des lois scélérates sont votées afin de restreindre la marge d'action des différents protagonistes de la lutte politique. Ceci concerne surtout les autres pouvoirs qui subissent des pressions croissantes de l'exécutif. La corruption reprend ses droits sur fond de réactualisation du clientélisme. Cette réorientation de l'action gouvernementale est largement préjudiciable à l'assimilation des idéaux démocratiques. Les anciens tenants du pouvoir y voient la justification de leur refus du multipartisme aux premières heures de la contestation. Les démocraties à variables ne sont pas un mode fixe. Leur ampleur dépend du niveau des ambitions du nouveau président de la République. Ces ambitions peuvent se limiter à la volonté de briguer deux mandats présidentiels. Dans ce cas, la violence faite aux institutions dure le temps de la magistrature du Chef de l'Etat qui quitte le pouvoir selon les dispositions constitutionnelles.

Les formes les plus radicales de ce modèle apparaissent avec la propension d'un pouvoir à vie. Quel que soit l'horizon des ambitions du régime en place, il exerce une forte ascendance sur la vie politique au point de se retrouver comme seul acteur lors des élections. Ceci se produit lors des élections présidentielles boycottées par l'opposition ou de scrutins législatifs aboutissant à la mise en place de parlements monocolores. La frontière entre le monolithisme politique et les démocraties à variables réside dans le fait que le second mode politique est le résultat d'une alternance politique. Dans ce sens, on peut le percevoir comme une régression des acquis de la démocratisation. Ici par contre, il s'agit d'une réaction à la démocratie qui ne provient pas des membres de l'ancien parti unique. C'est plutôt le résultat d'une gourmandise politique qui fait dériver les anciens responsables de l'opposition parvenus au pouvoir dans l'univers obscur de l'autoritarisme. Il existe de nombreux exemples de ces pratiques politiques où les alternances au pouvoir dégénèrent parfois en dérives antidémocratiques. S'ensuit une lassitude des populations devant les événements politiques, lorsque les changements auxquels ils ont aspiré des années durant accouchent d'un genre politique plus ou moins abject que le précédent. D'un genre plus nuancé, les démocraties à variables constituent des stations possibles vers l'enracinement du multipartisme si ses effets destructeurs sur les institutions sont annihilés par les mobilisations nationales ou internationales. Ce type de politique est d'une nature instable puisqu'il constitue une transition entre la démocratisation effective et la dégénérescence vers le pluralisme monolithique. A ce niveau, le processus de démocratisation se trouve à la croisée des chemins. La démocratisation peut être encore sauvée si un des acteurs de la scène politique parvient à faire obstacle au brigandage orchestré par la classe dirigeante. Dans le cas des nations d'Afrique noire, la dénaturation des instruments de démocratisation s'appuie généralement sur la force physique. Les décisions coupables du gouvernement s'imposent seulement dans la mesure où l'armée et la police se mobilisent volontiers pour réprimer les protestations devant en découler. Les forces de l'ordre décident généralement de l'issue des expériences démocratiques. En effet, les armées peuvent décider de laisser le pouvoir exécutif brader les acquis démocratiques ou interrompre la déliquescence programmée des institutions. En cela, l'armée nigérienne s'est souvent distinguée en interrompant systématiquement les dérives autocratiques des chefs d'Etat désireux de remettre en cause le libéralisme politique. C'est ici que les sanctions prises par les partenaires internationaux montrent une certaine efficacité. Leurs retombées financières limitent les marges de manœuvre des gouvernements qui ne sont pas en mesure de satisfaire les différentes loyautés. De même, le refus des investisseurs internationaux de traiter avec un régime peu respectueux des principes démocratiques installe un marasme économique qui rejaillit sur le climat social. En fonction de la force de la société civile et des autres acteurs de la vie politique, le régime peut faire face à des contestations populaires aboutissant à sa chute. Ou encore, la fermeture de tous les moyens légaux d'accès au pouvoir peut déboucher sur la recherche d'alternatives non conventionnelles. Elles ne le sont peut-être pas du point de vue de la morale politique, car les différentes constitutions basées sur la pluralité politique concèdent au peuple le droit de se rebeller lorsque les dispositions de la loi fondamentale sont violentées. C'est dire que les démocraties à variables recèlent un lourd potentiel de déstabilisation puisque le retour à un nouvel ordre se réalise par des confrontations souvent violentes. Celles-ci peuvent consister à démettre le régime sortant par un coup d'Etat civil ou militaire, ou par une révolte armée. La nature des démocraties à variables réside dans une tendance marquée vers l'instabilité politique. En réfutant les mécanismes normaux de dévolution du pouvoir, la classe dirigeante légitime l'utilisation de moyens déviants pour s'éterniser au pouvoir. En cela réside l'essence d'instabilité des démocraties à variables. En Côte d'Ivoire, le président sortant Laurent Gbagbo qui regimbait contre le verdict des urnes ne put tenir au pouvoir lorsque son adversaire aussi choisit l'option militaire. La même situation se passa plus tôt au Niger avec le président Mamadou Tandja dont les dérives furent interrompues par un coup d'Etat militaire. Il en fut de même en Centrafrique lorsque le président Ange Félix Patassé dut céder le pouvoir devant la supériorité militaire de son adversaire, le Général Bozizé. Ce dernier ne mit nullement en place les conditions d'un pluralisme franc. Comme on peut le noter, les démocraties à variables procèdent simplement d'une volonté de restreindre le champ des libertés démocratiques qui favorisent des critiques assez acerbes contre le pouvoir sortant. Mais au-delà d'une parade contre les critiques des adversaires politiques, les mesures prises concourent souvent au musellement des organes de contrôle du pouvoir comme la presse et la société civile. Pourtant, la loi du silence et le blocage des informations empêchent les citoyens de disposer des moyens nécessaires en vue d'évaluer la portée et les motivations des membres du gouvernement. Le silence ou l'obturation des outils d'information fait partie d'une stratégie de black out imposée sciemment par l'Etat pour dissimuler ou limiter la résonance des membres du gouvernement. Il serait superflu de préciser que ces types de démocratie assoient leur stratégie sur le contournement des contraintes imposées au pouvoir exécutif par la nouvelle donne politique.

En définitive, les déviances démocratiques en Afrique subsaharienne ne constituent pas une opposition idéologique au pluralisme. La plupart des régimes à essence antidémocratique professent une rhétorique libérale pour occulter leur refus du multipartisme. Les différentes formes de déviance et plus encore les démocraties à variables ne constituent pas a priori une fatalité établissant l'incapacité des pays d'Afrique noire à assimiler les principes du libéralisme politique. Elles sont au contraire des stations obligatoires pour la construction d'une culture démocratique solide sur le continent. Pour autant, l'archaïsme politique ne peut légitimer les discours politiques qui prétextent la jeunesse des expériences démocratiques pour en justifier les anomies. Au cœur de la problématique de la démocratisation de l'Afrique subsaharienne, se trouvent aujourd'hui encore les pouvoirs exécutifs. Autant les succès des dynamiques démocratiques ont été conditionnés par la réceptivité des élites au pouvoir dans les années 1990, autant les classes dirigeantes successives ont eu entre leurs mains le destin des démocraties africaines. Elles peuvent le conforter comme le président Malien Amadou Toumani Touré qui, pour trancher le débat sur l'éventualité d'un troisième mandat à la tête du Mali, prit une option salutaire. En 2010, il renforça la constitution, écartant du coup l'idée de toute modification allant dans le sens d'un pouvoir à vie. De même au Bénin, le président Mathieu Kérékou, ancien chef de l'Etat sous le monopartisme et revenu au pouvoir refusa de modifier la constitution et céda le pouvoir à la suite de son second mandat. Il ne fait aucun doute que l'essor des démocraties d'Afrique subsaharienne dépend en grande partie de la probité des hommes politiques, essentiellement ceux qui accèdent au pouvoir. Comme le constitutionnalisme en Afrique a accordé une place prépondérante au pouvoir exécutif, la réussite et la consolidation des acquis échoit directement aux responsables de l'exécutif. De leur allégeance sans limite aux principes démocratiques dépend l'essor de la transition politique encore en cours dans de nombreux pays. Le drame des démocraties africaines, c'est que les personnalités prennent le pouvoir comme une fin et non comme un moyen d'inscrire leur nom dans l'histoire. Leur maintien au pouvoir compte à leurs yeux plus que le témoignage de l'histoire sur leur exercice du pouvoir. Les dérives de la démocratie électorale en Afrique subsaharienne ne sont pas le symptôme d'une immaturité politique, mais de données à la fois structurelles et morales. Le caractère inachevé des constructions nationales avant les ouvertures démocratiques pose un problème de structuration de l'espace politique sur des bases objectives. La présence de zones de dominances ethniques vicie le débat politique et empêche la réalisation d'une unanimité nationale autour des idéaux de la morale politique. L'Afrique noire, en ce sens, n'est pas sous le coup d'une fatalité, puisque sa démocratie traverse des crises analogues à celles des pays européens où la maturité politique fut acquise à la suite de crises politiques plus ou moins violentes. L'histoire contemporaine de l'Espagne et du Portugal offre des exemples assez récents de dictatures non moins liberticides que les autocraties d'Afrique subsaharienne. L'évaluation des actions politiques ne se fait pas sur la base des principes relevant des intérêts nationaux, mais plutôt de la suprématie ethnique. Participent à cette carence les échecs des politiques éducatives qui n'ont pas permis la constitution de masses citoyennes suffisamment éclairées et alphabétisées pour faire unanimement front contre l'inculture politique. On se retrouve en présence d'une élite comprenant les rouages de la vie politique, mais qui en tolère les travers afin de tirer des avantages matériels ou ethniques de la dénégation des valeurs citoyennes. Les élites appelées à éclairer les masses non alphabétisées assument mal leur rôle. Les échecs des démocraties en Afrique subsaharienne sont plus le symptôme du matérialisme politique que d'une incapacité des élites à canaliser les énergies citoyennes vers la pérennité des principes de l'Etat de droit. Plus que l'incompétence des élites, les considérations ethniques réductrices de la lisibilité du paysage politique exercent de fortes influences sur les motivations des politiciens, qui à leur tour, les répercutent sur leurs bases régionales. Le vote qui est le terrain d'expression par excellence de l'adversité politique dégénère souvent en confrontations violentes, se cristallisant autour de l'appartenance ethnique. Il n'est pas étonnant de voir la forte pesanteur des identités dominantes orienter le combat politique vers le champ militaire. La conjonction de tous ces facteurs a favorisé des explosions de violence dans de nombreux pays du continent noir à la suite des révolutions démocratiques. Ces dégénérescences et leurs retombées au niveau régional et international ont fait voir aux organisations internationales des drames humanitaires sans précédent. Ces guerres s'inscrivant dans une manœuvre de reconstitution des grands équilibres nationaux mettent en jeu pour la première fois les orientations internes des nations africaines. Les ficelles n'étaient pas tirées entièrement par des puissances ou des multinationales occidentales avides de protéger leurs intérêts économiques. Les ressorts économiques, géostratégiques, politiques et identitaires de ces conflits apparaissent plus nettement dans les conflits des années 1990.

Violences dans les révolutions démocratiques

Le contexte global des années 1990 était marqué par la suprématie des USA sur le plan international. Ce positionnement comme unique superpuissance se traduit par la reprise de l'occidentalisation des autres parties du monde enclenchée avant les deux guerres mondiales. Les anciens alliés occidentaux rassemblés autour d'une lutte idéologique contre le communisme soviétique voient dans les pays anciennement colonisés, des enjeux de la nouvelle lutte d'influence. Occupés par les conflits centrés sur des espaces géostratégiques, les Etats-Unis avaient laissé à leurs alliés occidentaux comme la France et la Grande-Bretagne les soins de structurer le continent noir et de le protéger contre l'expansion du communisme. Mais la fin de la guerre froide laissait les Etats-Unis en face de nouveaux enjeux stratégiques induisant la globalisation croissante des échanges entre les nations. La dislocation du bloc soviétique laissait poindre de nouvelles opportunités dans des espaces restés en marge du conflit latent entre les deux blocs. Les préoccupations idéologiques cédaient le champ aux projections économiques basées sur l'accès aux ressources naturelles des pays de l'Afrique noire. Le pétrole et bien d'autres ressources tant minérales qu'agricoles ont commencé par susciter l'appétit des nations européennes obligées de coopérer entre eux devant l'adversité soviétique. C'est dans ce contexte que les Etats-Unis firent leur entrée en compétition dans les pays d'Afrique subsaharienne. Les dynamiques de démocratisation survinrent dans ce contexte et la mainmise des anciennes puissances coloniales subit désormais la concurrence américaine. La démocratie offrait par ailleurs la possibilité d'alternance politique qui devait aboutir à l'accession au pouvoir de personnalités en rupture avec les anciennes loyautés. Cela laissait espérer que des compagnies américaines puissent conquérir des marchés sur le continent lorsque les anciens réseaux clientélistes seraient défaits par les révolutions démocratiques. Les régimes monolithiques cédaient du terrain à leur opposition politique pendant que de nouveaux acteurs économiques s'empressaient de s'intégrer dans les réseaux de corruption. A la même période, certains régimes opposaient de vives résistances au pluralisme politique alors que les manifestations citoyennes poussaient les pouvoirs sortants à céder de l'espace pour l'exercice des libertés citoyennes. Ceci aboutissait à un affaiblissement de l'Etat, surtout quand les armées nationales ne s'alignaient pas derrière les autorités gouvernementales pour réprimer les aspirations citoyennes. Sur un autre plan, le volet sécuritaire est devenu très volatile en raison de la dislocation du bloc soviétique. Les conflits de la guerre froide ont répandu aux quatre coins du monde des milliers d'armes légères qui seront utilisées par des vendeurs d'armes et des compagnies internationales pour appuyer l'accession de leurs partenaires au pouvoir. Les mutations intervenues dans la culture politique en Afrique surviennent dans des Etats dépourvus de nation, mais dont la structure organique se compose d'ethnies éparses liées entre elles par des relations parfois conflictuelles. Ces animosités d'abord instrumentalisées par le colonisateur pour asseoir sa domination et générer une adversité locale aux nationalistes locaux, prirent rapidement des tournures historiques, s'insérant directement dans la mémoire collective des Etats africains. Les revendications indépendantistes étaient portées par les groupes ethniques entrés premièrement en contact avec le colonisateur. En conséquence, les administrations coloniales suscitèrent des adversités contre leurs anciens alliés en se rapprochant des groupes tribaux marginalisés par la politique coloniale. La politique du divide impera ne manqua pas de laisser des traces sur le devenir politique des jeunes Etats. Les déboires de la phase nationaliste ont généré un malaise supplémentaire entre les entités identitaires constitutives des pays d'Afrique noire. L'acuité des problèmes allait se mesurer à l'aune des réactions des différents protagonistes impliqués dans la gestation du nouvel ordre politique.

Il convient de signaler que la démocratisation de l'Afrique noire n'est nullement porteuse de heurts politico-militaires en soi. L'évolution dramatique des révolutions dramatiques vers des confrontations militaires relève de dynamiques caractéristiques des contextes nationaux, sous-régionaux et économiques. Les pays situés au voisinage de régions instables verront leur démocratisation basculer rapidement dans la violence militaire. De même les pays nantis par la nature de gisements miniers seront aussi la proie de déstabilisation induite par la démocratisation. Tel fut le cas de la République Démocratique du Congo qui en plus de ses richesses minérales partage ses frontières avec le Burundi, le Rwanda et l'Angola très instables pendant la décennie 1990. N'est pas non plus à négliger la pesanteur identitaire : les guerres de Sierra Léone, de la République Démocratique du Congo, du Darfour ne sont que les prolongements de discordances identitaires entretenues par des divergences d'intérêt politiques et économiques. Il convient cependant de nuancer la corrélation entre les conflits internes des années 1990 et les processus de démocratisation de l'Afrique noire. Dès les années 1960, des divergences identitaires idéologiques ou politiques avaient fragilisé la vie politique de certains pays notamment le Nigéria, l'Ouganda, le Sénégal, l'actuelle République Démocratique du Congo (ancien Zaïre). Cette tradition d'instabilité politique connut une ampleur soudaine dans le contexte de mondialisation où la flexibilité des mécanismes militaro économiques internationaux convergeait vers la privatisation de la violence. Alors que des sociétés privées de défense et de sécurité germaient dans les pays du Nord, que les armes légères massivement produites pendant la guerre froide échouaient entre les mains des trafiquants de tout genre, les révolutions démocratiques et la faiblesse des appareils d'Etat postcolonial conduisaient à une remise en cause de l'Etat comme détenteur exclusif du droit à la violence. Disloqués en espaces fragmentaires occupés par des groupes revendiquant avec véhémence, le droit aux zones d'influence politique, économique et militaire, les espaces territoriaux des Etats d'Afrique noire voient surgir une décentralisation militaire qui met les forces armées régulières souvent en face de milices privées alliées généralement à des groupes ethniques. On ne saurait perdre de vue que l'avènement des formes violentes de contestation du pouvoir central procèdent de contingences identitaires stigmatisées par la constellation tribale du paysage politique. Au départ, la mise en place d'une milice obéit étroitement à l'identité des formations politiques dont elle dépend. Les recrutements se feront en conséquence dans les groupes identitaires liés à la personne des politiciens. Mais très vite, la lutte pour le pouvoir prend l'allure d'un cycle infernal de représailles et d'exactions. En clair, la lutte militaire quitte le champ des hostilités pour se focaliser sur les populations civiles. Et ce n'est nullement le fait du hasard si dès les années 1990, il fut établi que les guerres faisaient plus de victimes civiles que militaires. Les drames humains occasionnés par ces conflits sont pour une large part, responsables d'une plus grande flexibilité des puissances occidentales face aux exigences de la démocratisation. Occupées à résoudre les désastres causés par les dérives des groupes rebelles, les grandes puissances ont affiché leurs préférences pour des démocraties fantoches capables de préserver la stabilité des pays. A y voir de près, ces conflits ont eu des effets de dominos : du Libéria à la Sierra Léone, de la Sierre Leone à la Côte d'Ivoire, du Burundi au Rwanda, du Rwanda à la République Démocratique du Congo, ou encore de l'Ouganda au Soudan. C'est dire donc que la dynamique démocratique ne suffit pas à elle seule pour justifier les désastres intra étatiques de l'époque. D'autres facteurs entrent en jeu et cela explique le fait que des transitions démocratiques réussies sont interrompues par la résurgence d'une sédition militaire. A partir de ce point, on peut essayer une taxinomie des guerres civiles africaines concomitantes des processus démocratiques. De fait, les guerres internes peuvent être perçues comme des stations permettant de forger la conscience nationale et de l'articuler autour du refus d'une nouvelle guerre civile. Par leur temporalité par rapport aux processus démocratiques, les conflits intra étatiques présentent deux mécanismes : les guerres comme instruments de revendication démocratique, et ceux survenus après l'alternance au pouvoir.

Les guerres de revendication démocratique

Les guerres civiles africaines des années 1990 se déroulent dans presque tous les cas dans un contexte de contestation du régime sortant. En fonction de l'attitude du pouvoir sortant en face de la révolution démocratique, les adversaires politiques orientent leurs stratégies. La guerre dans son essence même, se trouve aux antipodes du libéralisme politique et Kant pose le républicanisme comme garantie essentielle de la paix universelle. Mais l'antinomie entre la révolte armée et le républicanisme s'efface lorsque le gouvernement pose des actes contraires aux principes constitutionnels régissant la vie de la nation. La révolte populaire devient légitime et les citoyens acquièrent la liberté de se défendre contre la répression policière. Cette disposition contenue dans les constitutions républicaines ne s'accorde cependant pas avec le scénario des Etat africains des années 1990. Certes, les révolutions démocratiques et les contestations du régime de parti unique disposaient d'une base populaire, mais on n'a pu voir à cette période aucun mouvement politico-militaire construit sur un socle rassemblant toutes les composantes de la nation contre les pratiques autoritaires du régime. Ceci relève en partie de la polarisation ethnique du combat politique. La conversion de la lutte politique en lutte armée se déroule dans un schéma analogue et la plupart des armées rebelles ne pouvaient se prévaloir d'une audience unanime auprès des populations. Bien au contraire, les conflits internes comme revendication démocratique étaient généralement la transposition et l'expansion de l'inimitié entre des personnalités politiques. La guerre civile du Libéria déclenchée en 1989 était le fruit de l'antagonisme entre le président sortant Samuel Doe et le futur chef rebelle Charles Taylor. L'antagonisme se mua en une action de déstabilisation du pouvoir sortant et se répandit à mesure que le camp contestataire se fragmentait en factions rebelles multiples. Et ce à quoi aspirait le rebelle Charles Taylor, ce n'était pas la démocratie. Bien au contraire, sa sédition militaire était motivée par la conquête du pouvoir et son instrumentalisation pour l'acquisition de richesse. Son action au sommet de l'Etat libérien et son implication ultérieure dans les drames de la Sierra Léone en témoignent. Au demeurant, la victoire des mouvements politico-militaires sur les troupes régulières aboutit invariablement à l'instauration d'une nouvelle dictature. La logique du pouvoir par la loi de la force imprègne désormais la vision des anciens rebelles qui créent une démocratie d'apparat. Les exemples de ce type foisonnent en Afrique subsaharienne. En 1994, après la victoire des troupes du Front Patriotique Rwandais sur les troupes régulières, le président Paul Kagamé mit en place un Etat fort centralisé réfractaire à toute alternance au sommet de l'Etat. L'opposition est littéralement muselée par des pressions administratives et policières. De même, en République Démocratique du Congo, la démocratie peine à s'installer après la longue marche de Laurent Désiré Kabila depuis les régions septentrionales jusqu'à la défaite de la dictature mobutiste. Il installa à son tour un régime antidémocratique avant son assassinat. Son fils qui lui succéda ne put faire passer le pays à travers une transition démocratique effective. Par conséquent, les conflits utilisés en réponse aux résistances des pouvoirs en place ont abouti à des processus de déstabilisation sans que les avantages du libéralisme en découlent. Au contraire, la dislocation des organismes sociétaux due à la contestation de l'autorité de l'Etat s'est répercutée sur le tissu social. Les mécanismes éducatifs de même que ceux d'intégration sociale effondrés pendant la guerre laissent le pouvoir devant un délabrement qui pose des obstacles insurmontables à la nouvelle administration. Si ces guerres civiles paraissaient pour de nombreuses populations comme le prix à payer pour défaire les autocrates accrochés au pouvoir et refusant d'accepter les réformes démocratiques, elles ont vite déchanté devant l'ampleur des ravages et surtout l'incapacité de la nouvelle classe dirigeante à réaliser les idéaux démocratiques qui avaient motivé leur révolte.

Le point de départ de ces guerres répond à un schéma classique. Le régime de parti unique en place avant les processus de démocratisation fait systématiquement obstacle à l'application des principes constitutionnels et recourt à la violence policière pour réprimer les aspirations populaires. Il faut noter que dans de nombreux pays d'Afrique noire, les classes dirigeantes réfractaires au multipartisme ont organisé un terrorisme d'Etat dont l'instrument fut les militaires. Ceux-ci devaient, par des atrocités, dissuader les citoyens de contrarier la volonté du pouvoir sortant. Cette stratégie de terreur fut à l'origine de l'inanition de certaines masses populaires terrorisées par les expériences vécues si bien qu'elles restent passives devant le piétinement de leurs droits les plus élémentaires. A l'opposé, les oppositions politiques favorisées par le contexte géopolitique sous-régional mettent sur pied des armées basées sur leurs communautés d'appartenance. Celles-ci répondent systématiquement aux exactions commises par des forces régulières en s'en prenant aussi aux ethnies affiliées à la classe dirigeante. Ces armées opèrent sous la forme de guérilla héritée de l'histoire latino-américaine et profitent de la porosité des frontières de leurs pays pour établir des bases arrière dans des Etats voisins. Les liens unissant des groupes ethniques éparpillés de part et d'autre des frontières jouèrent un grand rôle. Les liens séculaires furent exploités pour jouir du soutien matériel et technique des pays voisins. La guerre aboutissant à la chute du maréchal Mobutu en 1996 n'aurait pu connaître une telle évolution sans la présence des Tutsi au Rwanda et en République Démocratique du Congo. La rébellion tchadienne aussi put exploiter les liens séculaires existant avec des ethnies de l'autre côté de la frontière soudanaise. Quel que soit le scénario politique ayant présidé à l'éclatement de la guerre civile, le pôle identitaire jouait un rôle de premier plan. Car la réponse violente aux répressions exercées par l'appareil gouvernemental requiert d'abord une stratégie d'appui sur les liens tribaux. Les premières actions de révolte militaire se déroulaient dans les zones éloignées du siège du gouvernement central où le bras de l'administration pouvait difficilement s'imposer. Au même moment, ces zones étaient le domaine des groupes identitaires hostiles au chef de l'Etat et permettaient de s'assurer le soutien des populations à la rébellion qui y disposait des affinités parentales étroites. L'unanimité des tribus acquises à l'opposition politique autour de la lutte armée s'appuie autant sur le repli de la classe dirigeante, sur les socles ethniques que sur le monopole des ressources entre les mains de groupes de dominance politique, économique, militaire et identitaire. Les discours fédérateurs des chefs militaires des armées irrégulières portaient sur la conquête du pouvoir politique et économique confisqué au fil des décennies par la classe dirigeante. Le déficit démocratique a pu servir de prétexte à des hommes politiques désireux de conquérir le pouvoir par les armes. Le contexte global servait à légitimer leur recours à la violence militaire, puisque la plus grande partie de ces conflits éclatèrent après que le pouvoir sortant eut fait échec au renouveau démocratique et bloqué toutes les voies légales d'alternance. La guerre civile libérienne éclata après que le président Samuel Doe donna un revêtement démocratique à son régime tout en conservant le pouvoir par des élections fantoches. En République Démocratique du Congo (ex Zaïre), l'insurrection militaire diligentée par Laurent Désiré Kabila parvint rapidement à conquérir la sympathie des populations après que le maréchal Mobutu eut annihilé toutes les négociations devant aboutir à de nouveaux modes de dévolution du pouvoir basés sur la souveraineté du peuple. La légitimité morale des révoltes militaires orchestrée par les oppositions politiques réside dans le refus des régimes sortants de concéder des espaces indispensables à l'exercice des libertés démocratiques. Le refus du renouveau consacrant la participation citoyenne s'accompagne d'un déchaînement de la violence contre l'hostilité des populations civiles. La mise sur pied d'armées irrégulières répondait à une stratégie de dissuasion de l'Etat central contre les mouvements contestataires. Ces armées s'inscrivaient parfaitement dans la dynamique globale de mondialisation où surgissaient des asymétries militaires aux côtés des forces conventionnelles. Si les victoires militaires furent longues à se dessiner, l'entrée en lice de forces militaires aux côtés des forces armées nationales mobilise l'attention de la communauté internationale devant les désastres humanitaires. Des pressions extérieures étaient alors exercées sur le gouvernement sortant pour la réalisation des réformes démocratiques effectives. S'ouvraient dans cette optique des négociations qui aboutissaient à la fixation des règles du jeu dans l'exercice des libertés démocratiques. A ce schéma, répond dans une certaine mesure le scénario burundais des années 1990.

En définitive, la progression des expériences démocratiques vers la militarisation de l'antagonisme politique procède des atouts et de stratégies à propensions révolutionnaires. Dans les cas de l'Afrique subsaharienne, les mouvements de révolte armée prennent leur source dans l'accumulation des frustrations subies par les adversaires du régime sortant. Mais la portée identitaire de ces luttes désaxe leur potentiel de démocratisation vers le renforcement d'une suprématie ethnique. Tout se déroule dans un cycle répétitif avec un inversement des rôles. Et les parties sorties victorieuses de la lutte politique mettent à leur tour en place un pouvoir exclusif qui rejette à sa périphérie les groupes affiliés à l'ancien régime. La démocratisation par les armes traduit un malaise politique dont les symptômes marquent les pratiques politiques ultérieures. Au-delà de leur légitimation par les résistances antidémocratiques, les confrontations militaires subséquentes des dynamiques de la réforme politique interrompent parfois le mandat de chefs d'Etat issus des urnes. Ce deuxième aspect des révoltes militaires présente des caractéristiques particulières.

La déstabilisation militaire de la gestation démocratique

Les expériences des grandes nations occidentales montrent que l'instauration de la démocratie obéit à une dialectique construite autour d'un cycle d'erreurs et de corrections se combinant pour le perfectionnement des pratiques. La culture démocratique française actuelle est la résultante d'une suite de révolutions et de rechutes concourant à la maturation de l'esprit politique des différents acteurs de la vie sociétale. Les erreurs et les obstacles appellent à la conception de nouvelles stratégies politiques devant garantir une circulation fluide des perceptions libérales au travers de la dense toile des mécanismes, des institutions et des protagonistes de la vie politique. Les rechutes et les errements ne sont ni négateurs des idéaux démocratiques, ni des excuses pour des approximations observées en Afrique noire. Au contraire, le parcours historique des grandes démocraties occidentales comme la France, l'Angleterre, les Etats-Unis présentent des périodes de régression instructive pour les jeunes démocraties africaines. On ne devrait se presser d'excuser les échecs successifs observés dans les processus de démocratisation en Afrique. En effet, la densité des expériences antérieures, même en faisant économie des contextes et des particularités culturelles, politico-historiques et sociétales offre aux nations africaines des voies à suivre pour éviter les erreurs commises par leurs prédécesseurs. On peut aisément en déduire que les difficultés d'instauration de la démocratie concernent plus un refus expressif qu'un problème d'adaptation. C'est ainsi qu'il faut comprendre aussi la contestation de pouvoirs démocratiquement élus par des mouvements politico-militaires. Cet aspect des conflits liés à la démocratisation en Afrique subsaharienne peut être appréhendé sous le signe d'une réaction, même si les séditions militaires peuvent résulter d'une confiscation des espaces de liberté par un pouvoir démocratiquement élu. Bien souvent, les difficultés naissent de l'incapacité des pouvoirs démocratiquement élus à mettre en confiance toutes les entités de l'organisme national après la réussite plus ou moins effective de la transition démocratique. Par ailleurs, ces types de conflit sont parfois le prolongement de situations problématiques laissées en suspens après l'alternance au pouvoir. Quelles que soient les motivations de ces types de conflits internes, elles induisent presque toujours le facteur tribal ou ethnique. Elles divergent des conflits de revendication démocratique par le fait qu'elles procèdent d'une certaine remise en cause des mécanismes récemment mis en place dans le cadre du renouveau démocratique. En outre, leur effectivité découle directement du fait que la classe dirigeante précédente dispose encore de larges sympathies au sein des organes de l'Etat et que leurs loyautés conservées au sein de l'armée nationale leur donnent la facilité d'assumer les exigences matérielles, techniques et stratégiques d'une rébellion armée.

Alors que les actions militaires pour la défense de la démocratie se situaient dans la décennie 1990, les guerres civiles nées du refus de l'autorité d'un pouvoir démocratiquement élu, éclatèrent surtout dans la décennie suivante après que l'habitus démocratique se soit ancré dans la mémoire de la plupart des protagonistes de la vie nationale. Ces guerres trouvent parfois un terreau fertile dans une culture de constitution de milices intervenue dans le contexte de la privatisation de la violence. La faiblesse croissante de l'Etat aux plans économiques et administratifs s'aggrave avec la montée des contestations diligentées contre le parti unique. Survient généralement une période de flottement où des entités de la société civile naissante occupent le champ sécuritaire en constituant des groupes d'autodéfense des quartiers ou de villages. Dotés d'une mission sécuritaire, ces groupes essaient de protéger leurs communautés contre le désengagement des appareils sécuritaires entretenu par la terreur générée sciemment par le gouvernement sortant. A mesure que les exactions ou la terreur de l'Etat s'abat sur les communautés hostiles au pouvoir, se précise la nécessité de constituer des milices locales et de les doter de moyens matériels pour se défendre contre les agressions. Du côté du gouvernement, on observe aussi une duplication de l'appareil de répression avec la création de groupes informels armés et menant des actions criminelles contre l'opposition politique. Constitué en groupes paramilitaires, le champ de compétence des milices créées par le pouvoir se confond à un certain niveau avec celles des forces de sécurité et des militaires qui en font parfois partie. Ces milices sont affectées aux besognes les plus basses et leur positionnement officiel en marge des forces régulières permet d'innocenter la classe dirigeante face à l'ampleur des atrocités. Le désagrégement du terrain sécuritaire et politique au Congo Brazzaville dans les années 1990 se déroule sous le signe d'une constellation de milices affiliées directement aux différents pôles du débat politique. Le découpage du pays en compartiments militaires régis par des factions rivales aboutit à une explosion de violence qui remet en question les acquis démocratiques. L'échec du processus de démocratisation au Congo est résumé de la façon suivante (KITSIMBOU 2001 : 192) :

« Censée solutionner la question ethnique et ses rapports avec la société et le pouvoir, la démocratisation a en quelque sorte perpétué l'existence, car en cinq ans, le Congo a connu deux affrontements qui politiques au départ sont devenus ethniques (1993-1997). Ces deux conflits ajoutés à l'exacerbation du fait ethnique née de la compétition électorale, ont fini par « saucissonner » le pays en fiefs avec toutes les conséquences que cela engendre au regard de l'objectif de l'unité nationale. On peut souligner aussi le fait que durant ces cinq années d'expérience démocratique dont les retombées se poursuivent jusqu'à ce jour, cette période s'inscrit comme la plus sombre de l'histoire du pays, car démocratique certes dans le discours, le pays aura connu en cinq années plus d'agitation qu'en trente années d'indépendance ».

Le pouvoir central dirigé par Pascal Lissouba qui avait succédé au chef de l'ancien parti unique se trouva aux prises avec des troupes fidèles à l'ancien président sortant. Le scénario congolais se distingua aussi par l'irruption de vecteurs économico stratégiques : les ressources minières du

Congo Brazzaville, notamment le pétrole n'étaient pas entièrement étrangers à l'explosion du conflit. Au sortir du conflit, l'ancien président Denis Sassou N'guesso solidement ancré dans les rouages de la FrançAfrique parvint à défaire ses adversaires. Il reprit le pouvoir qu'il avait cédé moins de cinq années plus tôt à la suite d'élections démocratiques à l'opposant Pascal Lissouba. Par la suite, il restaura les anciennes méthodes de gouvernance en les accommodant avec des élections périodiques garantissant la victoire de son parti.

Une forme plus complexe de la désintégration de l'Etat après le consensus démocratique a pour théâtre la Côte d'Ivoire. A côté des nouvelles formes d'adaptation de l'intelligence politique imposée par l'avènement du multipartisme, le conflit ivoirien prend sa source dans la trajectoire politique suivie par le pays après les indépendances. Le renouveau démocratique de ce pays ancré dans l'unitarisme politique fut largement asphyxié par le pouvoir à vie du père de l'indépendance, le président Félix Houphouët Boigny. Son décès en 1993 offrit de réelles chances à l'éclosion d'une ouverture politique effective, même si le parti au pouvoir disposait d'une large ascendance sur les autres adversaires. Déchiré en son sein par des ambitions personnelles, le PDCI (Parti Démocratique de Côte d'Ivoire) de Félix Houphouët Boigny put néanmoins conserver le pouvoir qui échut à Henry Conan Bédié. Ce dernier entreprit d'annihiler les ambitions politiques du premier ministre Alassane Dramane Ouattara dont l'expérience au sein de l'appareil exécutif dirigé par Houphouët Boigny constituait un lourd acquis dans la conquête du pouvoir. Pour éliminer son adversaire, la nouvelle équipe dirigeante initia un concept aux relais identitaires exclusifs : l'ivoirité qui réduisait les horizons politiques de son adversaire et rejetait par ce même biais de très larges proportions de la population à la périphérie de la nation. La stratégie d'élimination politique d'Alassane Dramane Ouattara stigmatisait directement les différences identitaires au sein de l'édifice national tout en mutilant la cohésion créée par le régime de parti unique entre populations autochtones et les groupes successifs de migrants. Les atouts mobilisés par le PDCI pour la conservation du pouvoir concouraient vers la dislocation du ciment national avec la résurgence des dominances subjectives comme la religion, la tribu ou l'ethnie articulée autour de la lutte pour l'accès aux ressources économiques et surtout à la propriété foncière. La focalisation du pouvoir sur des enjeux essentiellement politiciens favorise une régression économique qui se cristallise dans un malaise manifeste au niveau socioéconomique. Mettant fin aux errements du pouvoir de Henri Conan Bedié, une junte militaire dirigée par le Général Robert Guéi entreprit de restaurer la nation ivoirienne en réorganisant l'Etat et les institutions. La fin de la transition militaire fut un cuisant échec et le chef de la junte fut contraint de céder le pouvoir devant la bourrasque de la mobilisation populaire. Il ne put mettre à exécution le putsch électoral programmé et dut céder le pouvoir à Laurent Gbagbo, chef d'un parti d'opposition. Ayant conquis le pouvoir dans un contexte de désordre total, le FPI (Front Populaire Ivoirien) de Laurent Gbagbo entreprit de réconcilier les ivoiriens. Mais cette politique fut superficielle, car elle n'abrogeait pas le concept de l'ivoirité foncièrement marginalisant pour les ivoiriens de la partie septentrionale du pays très proches des Malinké et des Senoufos originaires des pays de la bande sahélienne comme le Sénégal, le Mali et le Burkina Faso. Le déchirement du tissu national se poursuivit et atteignit son paroxysme en 2002 avec l'explosion d'une rébellion occupant la partie septentrionale de la Côte d'Ivoire. Se précisa donc le scénario d'une guerre civile qui s'inscrit dans les conflits subséquents des processus de démocratisation.

Mais la genèse de ce conflit interne est la résultante de multiples variables. La fin inopinée de la dictature houphouëtiste avait laissé au sein du parti au pouvoir une adversité phénoménale qui fissura l'union sacrée autour des idéaux du PDCI. Au niveau sous-régional, les conflits internes du Libéria ont généré aux frontières de la Côte d'Ivoire un terreau d'instabilité exploitable pour les révoltes militaires. Par ailleurs, la géopolitique sous-régionale disposait des groupes identitaires affiliés entre la Côte d'Ivoire et ses voisins des frontières septentrionales, ce qui facilita la création de bases de préparation pour des actions de déstabilisation du pays. Directement liée à la géopolitique sous-régionale, l'instrumentalisation de la différence identitaire pour l'exclusion politique avait mis des milliers de personnes dans la situation d'apatrides et stigmatisé les frustrations communautaires. En conséquence, la variable identitaire surgit rapidement au devant de la scène politique. Des citoyens de patronymes à consonance malinké subissent des stigmatisations des autres ethnies, alors que la cohésion entre des communautés ayant cohabité pacifiquement au fil des décennies s'effrite irrémédiablement. L'exemple est ici encore patent, en ce sens qu'il offre une vue objective sur la manipulation des leviers ethniques dans la lutte pour le pouvoir en Afrique noire. A priori, les motivations se situent ailleurs que dans la domination ethnique ou tribale. Celle-ci n'a de sens que si elle garantit la conservation ou la conquête du pouvoir avec les retombées matérielles en découlant pour les communautés concernées. Et le pouvoir de Laurent Gbagbo ne manquera pas d'utiliser ce levier en créant autour du pouvoir des réseaux tribaux liés entre eux par des intérêts politiques et économiques. Aussi, le dénouement de la crise ivoirienne en avril 2011 ne manqua pas de présenter à la face du monde les horreurs des luttes tribales alimentant une sélectivité des victimes des exactions commises par les acteurs du conflit. Il s'impose de préciser que le scénario ivoirien présente une grande complexité dans la classification des révoltes armées contre des pouvoirs issus des urnes, car les conditions de conquête du pouvoir du président Laurent Gbagbo ne répondent pas aux principes de la constitution ivoirienne. En faisant échec aux tentatives de confiscation du pouvoir par la junte militaire, le FPI jouissait des retombées d'un scrutin présidentiel dont le Général Robert Guéi prit soin de restreindre le choix des citoyens en excluant des partis politiques comme le RDR (Rassemblement Démocratique des Républicains) d'Alassane Dramane Ouattara ou encore l'ancien parti au pouvoir, le PDCI.

L'instabilité de l'Afrique centrale dans les années 1990 a fragilisé dans de nombreux pays de la région la transition démocratique. Située dans une zone déchirée par une série d'implosion des gouvernements centraux, la Centrafrique afficha une démocratisation sereine dès 1993 avec la cession du pouvoir par le président sortant à la suite d'un scrutin présidentiel. Son successeur Ange Félix Patassé poursuivit l'expérience démocratique, mais ne put redresser une situation économique qui empirait au fil des années. Le contexte social devint de plus en plus volatile surtout après le début de la deuxième magistrature du président Ange Félix Patassé. Le trésor public peine à satisfaire les engagements de l'Etat envers ses employés alors que la paupérisation des populations s'accrut. Le malaise ambiant ne tarda pas à se traduire dans la vie politique. En 2001, une tentative de coup d'Etat diligentée contre le pouvoir d'Ange Félix Patassé importe l'instabilité politico-militaire des autres pays de la région vers la Centrafrique. Bangui la capitale fut le théâtre d'affrontements violents. Le président Ange Félix Patassé fit appel aux troupes rebelles du MLC de Jean Pierre Bemba qui se rendirent coupables de graves atrocités au sein des populations autochtones. Pour stabiliser le pays et créer des conditions nécessaires à la poursuite de la transition démocratique, des négociations furent engagées, et aboutirent à la mise en place de MINURCA (Mission des Nations Unies en République Centrafricaine). Des tractations furent menées pour la pacification du pays. Mais le pays fut traversé par une série de troubles politico-militaires qui menèrent à la victoire militaire du Général François Bozizé. Ce dernier chassa Ange Félix Patassé du pouvoir. Il assuma une transition politique avant de s'afficher vainqueur des élections présidentielles subséquentes. La transition démocratique venait d'être définitivement réduite en peau de chagrin, puisque la prédominance de la force prit un revêtement démocratique. L'histoire récente de la République Centrafricaine conforte le fait que les révoltes militaires aboutissent rarement à la restauration des instruments du libéralisme politique. Pour la Centrafrique, il ne fallait pas s'illusionner sur les motivations et les mobiles de la révolte armée. Le pays se situe au cœur de l'Afrique dans le voisinage de pays très instables à l'instar de la République Démocratique du Congo, du Tchad, de la République du Congo et du Soudan. La faiblesse structurelle du gouvernement central de la Centrafrique ne lui permet pas de contrôler son espace territorial situé aux confins d'un espace sous-régional soumis à des bouleversements politico-militaires incontrôlés. Dans ces conditions, le contrôle de l'espace territorial national requiert des moyens conséquents et une unanimité citoyenne autour de l'intégrité du territoire. Or, le processus de démocratisation et ses corollaires tribaux ont disloqué la cohésion nationale, pendant que le nouveau pouvoir affichait son incapacité à restaurer la puissance économique et politique de l'Etat par une gestion saine des ressources. Les mouvements des groupes militaires furent facilités par la déliquescence de l'Etat. Les carences du régime de Patassé furent aggravées par la connexion étroite entre des groupes ethniques centrafricains et des mouvements rebelles opérant dans des pays voisins. Ceci est symptomatique de l'implication des troupes du chef rebelle congolais Jean Pierre Bemba dans le conflit interne centrafricain. De cette situation participe aussi la composition des troupes du Général Bozizé qui s'appuya sur des troupes de pays voisins.

En définitive, la résurgence de la logique militariste devant la faiblesse des démocraties africaines pose un problème de rupture de la dialectique d'erreurs et de corrections devant aboutir à l'assimilation des principes démocratiques. Il en est ainsi car l'irruption de l'élément militaire interrompt généralement la dynamique enclenchée pour la remplacer par un pluralisme monolithique que l'intelligence politique qualifie de démocratisme. Si ces logiques peuvent prétendre à une légitimation lorsqu'elles procèdent de revendications démocratiques, elles constituent un vice politique qui perpétue l'inculture d'un droit fondé sur la force. La modernité politique sombre progressivement dans les travers d'un autoritarisme édulcoré de périodes électorales avec la complicité de la communauté internationale. Le drame ne réside pas dans l'incapacité des pouvoirs issus des urnes à satisfaire les aspirations des populations ; il se trouve bien plus dans la mise à l'écart de ces pouvoirs nantis d'une légitimité populaire en dépit de leurs dérives flagrantes. L'apprentissage démocratique abhorre les fraudes électorales et les renversements des régimes indésirables jouissant de la légitimité des urnes. Sa véritable valeur pour l'histoire des civilisations est portée par l'opportunité donnée au peuple à exercer son droit pour sanctionner et corriger les erreurs commises dans la dévolution du pouvoir. En soi, les dérives inhérentes aux transitions démocratiques d'Afrique noire ne sont nullement une crise d'adaptation ou d'incompatibilités structurelles des organismes sociétaux africains avec le libéralisme politique. Elles relèvent plutôt d'une dialectique du progrès articulée autour de la capitalisation des dérives pour un perfectionnisme politique.

CONCLUSION

En définitive, il ressort de ce qui précède que la trajectoire politico-historique du libéralisme en Afrique subsaharienne est tributaire des tares qui ne sont pas forcément intrinsèques à la structure des pays. L'histoire universelle offre des témoignages patents de chocs ayant résulté du passage d'un mode politique à un autre avec des coûts humains, politiques et économiques exorbitants. Le débat sur la compatibilité du libéralisme politique relève d'une hypocrisie intellectuelle visant à donner aux dérives circonstancielles la valeur d'une négation universelle. Or, les révolutions démocratiques ne se présentent plus aujourd'hui comme un nouvel essai politique, mais répondent à une réorientation des politiques africaines qui ont échoué à générer le développement économique et humain par des approches politiques originales. La marche des peuples vers leurs destinées n'est pas uniforme tout comme l'universalité des idéaux démocratiques ne peut relever d'un luxe accessible à une partie de l'humanité. C'est pourquoi le point de départ de la présente étude s'est employé à explorer la mémoire collective des peuples noirs pour en extraire les conceptions du pouvoir articulé autour du concept de la société ouverte cher à Karl Popper. Ce concept dispose d'une équivalence dans les essences disparates de structuration du pouvoir politique dans les sociétés précoloniales d'Afrique. Cette structuration moins élaborée au travers de codes institutionnels consignés sur des supports requiert une lecture constructive de l'appareil sociétal précolonial avant de pouvoir en cerner l'essence. Or, la logique coloniale procédait d'une perspective destructive de l'autre et ne pouvait évaluer objectivement les qualités organisationnelles des espaces à conquérir. De ce fait, les élites locales assimilatrices des perspectives politiques occidentales eurent du mal à s'inspirer de la notion d'ouverture au cœur des circuits du pouvoir prémoderne. L'intelligence politique des premières élites ne fut pas suffisamment fine pour rompre avec la modernité politique introduite par la colonisation et expérimenter un nouveau type de politique situé dans le prolongement du génie organisationnel endogène. Fortement imprégnées d'une suffisance intellectuelle conférée par l'école du Blanc, ces élites refusèrent d'interroger les histoires politiques de leur cadre sociétal avant d'en amorcer la désorganisation. Elles se prirent rapidement comme les maîtres d'un monde peuplé d'individualités majoritairement arriérées et incapables d'assumer le fonctionnement de l'organe étatique.

Dans l'espace subsaharien de l'Afrique, les premières élites se voyaient généralement comme dépositaires des instruments de gestion et d'organisation des masses dépourvues de tout sens politique pour pouvoir intégrer les décisions collectives. Une telle psychologie du pouvoir a contribué à installer un énorme fossé entre les peuples nouvellement libérés et leurs instances gouvernementales. Si les premiers ne se reconnaissaient nullement dans le nouvel appareil politique, les seconds s'étaient arrogé des prérogatives qui leur conféraient la liberté de conduire unilatéralement les affaires de la cité. Le clivage fut au fil du temps si profond que la mémoire collective articulée autour de la lutte pour l'indépendance se fragmenta, compromettant ainsi la gestation d'un appareil fédérateur des aspirations collectives. Isolés au sommet de la machine politique vidée de ses pendants affectifs et psycho politiques indispensables à l'édification de la nation, les premiers responsables politiques d'Afrique subsaharienne s'accrochèrent à des segments de conjonctions des appartenances fragmentaires comme l'ethnie, la tribu ou la religion. Le programme de construction de l'Etat se vit substituer à un autre dessein plus parcellaire axé sur le resserrement des liens identitaires. La projection des entités subjectives au cœur de la pratique politique a contribué à générer un malaise qui, dans de nombreux pays de l'Afrique subsaharienne, place les entités structurelles de l'Etat dans une rude course pour la suprématie politique. Au lieu que la lutte pour la démocratie fédère toutes les catégories de l'Etat autour des principes promoteurs de la bonne gouvernance et de l'Etat de droit, la dislocation de l'Etat a fragilisé la perception du nouvel ordre politique.

Pour revenir à la genèse de la crise de l'Etat dans le sous-continent noir, il est frappant de constater que les élites n'ont su tirer les leçons de l'histoire. Une large part de l'intelligentsia noire africaine a reproduit les drames émaillant la dualité entre l'individu et l'Etat surtout avec les expériences fascistes de la première moitié du XXème siècle. Et en dépit de cette ratée phénoménale, une large partie de cette intelligentsia persiste à encourager l'immobilisme politique en se tenant aux côtés des pouvoirs hostiles au transfert de la souveraineté au peuple. Cette intelligentsia persiste encore à voir dans le peuple des hordes de sauvages incapables d'initiatives. Ayant perdu le sens des valeurs humaines, ces élites sont devenues les serviteurs d'une conspiration contre l'expression du droit des peuples à s'administrer eux-mêmes. Ce droit intrinsèquement lié aux attributions de l'homme moderne fut démenti au fil des décennies en Afrique subsaharienne par une imposture légitimée par des subterfuges idéologiques. Après, l'argumentaire illusoire d'une exigence nationaliste démentant la participation citoyenne, l'exigence de démocratisation semble remise en cause par des préoccupations axées sur la stabilité de la sous région. Au nom de cette stabilité, des démocraties fantoches ont acquis des sceaux de respectabilité aux yeux de la communauté internationale qui s'accommode des démocraties d'apparat construites autour de simulations électorales grossières. En ignorant que la création des équilibres nationaux ou sous-régionaux ne peut se faire contre les intérêts des masses populaires, la communauté internationale ne fait que repousser l'échéance d'une explosion certaine devant l'accumulation des rancœurs. Non pas qu'elle se doit de se substituer à la responsabilité des peuples africains dans la construction de leur démocratie, mais elle a un rôle à tenir, qui consiste à limiter les dérives de l'Etat devant les aspirations citoyennes. La proximité croissante entre les entités nationales du système international des Etats autorise à prévenir la répétition des drames historiques grâce à des mesures audacieuses. Le droit d'ingérence ne doit plus être sélectif et pratiqué selon les intérêts économiques ou politiques des puissances mondiales. En dépit de la solide collusion entre les forces antidémocratiques et les multinationales occidentales, la roue de l'histoire tourne, laquelle porte les peuples noirs vers leurs destinées. Les échecs successifs les préparent à affronter avec l'énergie du désespoir, l'obstination des autocrates réfugiés sous le couvert des anciennes métropoles. En effet, le drame de la démocratie africaine réside d'abord dans le refus des leaders politiques de céder les prérogatives acquises pendant le monopartisme pour devenir des citoyens ordinaires. C'est pourquoi la transcendance des formes embryonnaires d'Etat sur les populations se pose comme un épouvantail à la révolution politique. Les milieux conservateurs ont tôt fait de justifier cette ascendance en créant le concept de « démocratie africaine » pour rendre recevable l'idée d'une démocratie dont le contenu habillerait le déficit institutionnel programmé par les ennemis du progrès. Pierre Nzinzi souligne que (Nzinzi 2000 : 89) :

« Puisque les pressions internationales en faveur de la démocratie en Afrique ne suffisent pas, il revient aux forces de liberté et de progrès de s'aligner sur l'expérience démocratique universelle pour échapper à la fois à un certain relativisme [...] et au formalisme qui travaillent ouvertement, ou à l'insu des regards complaisants, distraits ou assoupis, à la marginalisation progressive du continent. Or, la mondialisation à laquelle l'Afrique ne saurait échapper, sauf à continuer à rester dans les cales de l'Histoire, consiste d'abord en l'association des destins historiques ».

C'est dire que le sous-continent noir se doit de forcer sa propre histoire pour se libérer de la platitude politique. Les expériences récentes dans le monde arabe sont là pour servir d'exemple. Reste à voir si les peuples d'Afrique noire meurtris par des désillusions successives sont encore prêts à consentir les sacrifices nécessaires à la libération des consciences politiques.

BIBLIOGRAPHIE

Amouzou Essè, Gilchrist Olympio et la lutte pour la libération du Togo, L'Harmattan, 2010.

Ayittey G.B.N., La démocratie en Afrique précoloniale, Afrique 2000, juillet 1990, pp.39-75.

Bain, O. « Les systèmes politiques en Afrique noire précoloniale », textes tirés de l'oubli, toilettés et remis en ligne par Jean Marc Liotier.

Banque Mondiale, Togo : sortir de la crise, sortir de la pauvreté, CEDA, novembre 1996.

Bayart (J.-F.), L'Etat en Afrique, Paris, Fayart, 1989.

Bikindou Milandou, « La semaine africaine » N° 1803, 1996

Bikindou Milandou, Le Tribalisme en question, Ed. C.E.I.P Brazzaville Congo 1992.

CEAN-CERI, Aux urnes l'Afrique ! Elections et pouvoirs en Afrique noire, Paris, Pédone, 1978.

Chantebout Bernard, Droit Constitutionnel, Armand Colin, 2004.

Charnay, Jean-Pierre, Les scrutins politiques en France, contestations et invalidations, Paris, Armand Colin, 1962.

Chazan N, African Voters at the Polls: A Re-examination of the Role of Elections in African Politics, The Journal of Commonwealth and Comparative Politics, 1979, n° 17, p. 136-158.

Christian-Tobi K. (1991) : Une fresque du régime Ahidjo. Tome 2 de mon témoignage, Editions Karthala, Paris, 1991.

Crozier, Michel, Huntington, Samuel, Watanaki, Joji, The Crisis of Democracy, New York, New York University Press, 1975.

Daloz J. P. et Quantin P (dir.), Transitions démocratiques africaines ; dynamiques et contraintes, Paris, Karthala, 1997.

Deloye Yves, IHL, Olivier, " La civilité électorale : vote et forclusion de la violence en France " Cultures et Conflits, 9/10, 1993.

Diop Cheik Anta: *Nations Nègres et Culture*, Présence Africaine, Paris 1979.

Diouf (M.), " *L'idée municipale ; une idée neuve en Afrique* ", in Politique africaine n° 74, juin 1999, pp. 12-23.

Doo-Kingue, M. : Quelle démocratie pour l'Afrique ? NEA, Dakar 1999.

Feuillet Claude, *Le Togo en « général »*, la longue marche de Gnassingbé Eyadéma, Editions Afrique Biblio Club, Paris, 1976

Gonidec P. F., « *Les systèmes politiques africains* » L.G.D.J 1978, p 255

Hayward, Fred M., (dir.), *Elections in Independant Africa*, Boulder, Westview Press, 1987.

Hermet, Guy, *Les désenchantements de la liberté : la sortie des dictatures dans les années 90*, Paris, Fayard, 1993.

Hermet, Guy, LINZ, Juan, ROUQUIE, Alain, *Des élections pas comme les autres*, Paris, F.N.S.P., 1978.

Huard, Raymond, *Le suffrage universel en France* : 1848 - 1946, Paris, Aubier, 1991.

Kant Emmanuel, *Vers la paix perpétuelle*, Paris GF- Flammarion, 1991.

Kitsimbou Xavier Bienvenue: *La démocratie et les réalités ethniques au Congo*, Thèse soutenue en octobre 2001 à l'Université de Nancy II.

Nzinzi Pierre: *La Démocratie en Afrique* : l'ascendant platonicien. In : Politique Africaine numéro 77, mars 2000.

Nzouankeu, M. J. : Rapport du Séminaire Régional pour les Secrétaires Généraux de Gouvernement sur la Planification Visionnaire, la Gestion Stratégique et le Suivi de l'Action Gouvernementale à l'aide des Technologies de l'Information et de la Communication (TIC).

Otayek, René, *Démocratie, culture politique et sociétés plurales : une approche comparative à partir de situations africaines*, RFSP, vol. 47, n° 6, décembre 1997, pp. 798822.

Oyugi, Walter, (ed.). *Democratic Theory and Practice in Africa*, London, James Currey, 1988.

Paris Henri: *La démocratie en Afrique subsaharienne.* In Géostratégiques numéro 25, octobre 2009.

Philippe Franck « Ethnies et partis : le cas du Congo », in Afrique contemporaine N° 182 2ème trimestre 1997.

Popper Karl, *Conjonctures et réfutations*, Paris, Payot 1985.

Popper Karl: *La société ouverte et ses ennemis*. Paris, le Seuil 1979

Quantin P., "*La difficile consolidation des transitions démocratiques africaines* ", in J.-C. Jaffrelot, (dir.), Paris, Karthala, 2000, p. 479-508.

Quantin P., Pour une analyse comparative des élections africaines, *Politique africaine*, 1998, n ° 69, p. 12-28.

Quermonne Jean-Louis, *Les régimes politiques occidentaux*, Editions du Seuil.

Schachter-Morgenthau (R.), Le multipartisme en Afrique de l'Ouest francophone jusqu'aux indépendances, paris, L'Harmattan, 1998, (trad. de *Political Parties in French-Speaking West Africa*, Oxford, Clarendon Press, 1964).

Steinmo (S.), Thelen (K.) et Lonstreth (eds.), Structuring Politics: Historical Institutionnalism in Comparative Analysis, Cambridge, Cambridge University Press, 1992.

Van de Walle (N.), " *Partis politiques et systèmes de partis dans les nouvelles démocraties " non libérales " africaines*. Afrique Politique 2000, pp. 41-58.

Wade Abdoulaye : *Une vie pour l'Afrique*. Entretiens avec Jean-Marc Kalflèche et Gilles Delafon. Michel Lafon, 2008.

TABLE DES MATIÈRES

L'Afrique
aux éditions L'Harmattan

Dernières parutions

COOPÉRANTS (LES) FRANÇAIS EN AFRIQUE – Portrait de groupe (années 1950-1990)
Coordonné par Goerg Odile, Raison-Jourde Françoise
La présence d'un grand nombre de Français dans les Etats africains devenus indépendants constitue une des caractéristiques majeures du mode de relations entre la France et son ancien Empire. Quelles sont les motivations concrètes ou idéologiques qui poussèrent à l'expatriation ? Quels rôles jouèrent localement ces coopérants ? Deux générations se distinguent : celle des anciens administrateurs reconvertis, au côté de jeunes venus investir leur énergie au service du tiers-monde.
(Coll. Etudes africaines, 27.00 euros, 262 p.)
ISBN : 978-2-336-00885-1, ISBN EBOOK : 978-2-296-51169-9

VIOLATION (LA) D'UN PAYS ET AUTRES ÉCRITS ANTICOLONIALISTES
Senghor Lamine - Présentation de David Murphy
Après une entrée fracassante sur la scène politique lors du procès Blaise Diagne, l'ancien tirailleur sénégalais Lamine Senghor se lance corps et âme dans le combat anticolonialiste jusqu'à sa mort prématurée en 1927. Ce livre rassemble pour la première fois ses écrits dispersés, dont *La violation d'un pays* (1927), allégorie anticolonialiste d'une violence étonnante.
(Coll. Autrement mêmes, 23.00 euros, 160 p.)
ISBN : 978-2-336-00228-6, ISBN EBOOK : 978-2-296-51045-6

MÉMENTO DES RELATIONS CONSULAIRES
Sidaty Sidi Mohamed
Ce livre est consacré à l'analyse juridique de la convention de Vienne du 24 avril 1963 sur les relations consulaires. Diplomate et juriste, l'auteur est soucieux de mettre en exergue la problématique de l'applicabilité de la convention de Vienne sur les relations consulaires à la lumière de la pratique diplomatique et consulaire.
(Coll. Harmattan Côte-d'Ivoire, 10.00 euros, 60 p.)
ISBN : 978-2-336-00567-6, ISBN EBOOK : 978-2-296-51195-8

DÉFIS (LES) DU DÉVELOPPEMENT DE L'AFRIQUE CONTEMPORAINE
N'Guettia Kouassi René - Préface d'Edem Kodjo
Cet ouvrage tente de décrypter les principaux défis qui caractérisent l'Afrique moderne. Tour à tour, les challenges de la famine et de la malnutrition aiguë, de la sous-industrialisation, de la bonne gouvernance économique et politique, du rattrapage scientifique et technologique, du tribalisme et du confessionnalisme politique, du financement de l'économie sont minutieusement examinés.
(Coll. IREA (Institut de recherche et d'études africaines), 19.00 euros, 190 p.)
ISBN : 978-2-296-96775-5, ISBN EBOOK : 978-2-296-50835-4

ENJEUX DU DÉVELOPPEMENT LOCAL EN AFRIQUE
Ou comment repenser la lutte contre la pauvreté
Matteudi Emmanuel - Préface de Jean-Michel Severino
Ce livre traite de la manière dont la question territoriale est aujourd'hui prise en compte dans les politiques publiques en Afrique, mais aussi les programmes de la coopération internationale. Il en souligne l'intérêt, mais aussi les obstacles, pour proposer une approche du développement local qui soit enfin à la hauteur des besoins et des enjeux de cet indispensable «changement de cap».
(Coll. La Librairie des Humanités, 21.00 euros, 200 p.)
ISBN : 978-2-336-00447-1, ISBN EBOOK : 978-2-296-50904-7

POLITIQUE (LA) MILITAIRE AFRICAINE DE LA FRANCE
Forces sociales et changements récents
Bakong Patrice Emery
La politique militaire africaine de la France est en évolution. Cet ouvrage se propose d'en examiner les causes. Il part des réponses jusqu'ici proposées pour apporter un éclairage nouveau au sujet des forces et dynamiques à la base de cette transformation. Contrairement à la littérature existante qui a beaucoup privilégié les causes matérialistes et utilitaristes, il propose une perspective inspirée des approches cognitives et axée sur le processus d'apprentissage.
(Coll. Points de vue, 28.00 euros, 272 p.)
ISBN : 978-2-336-00476-1, ISBN EBOOK : 978-2-296-50882-8

SYSTÈME BANCAIRE EN AFRIQUE DE L'OUEST
Efficacité et rôle dans le développement financier
Kablan Sandrine
Cet ouvrage se propose de faire le point sur l'évolution du système bancaire en Afrique de l'Ouest et plus précisément dans l'Union Economique et Monétaire Ouest-Africaine (UEMOA). Il présente les différentes réformes qui ont été entreprises et analyse leur pertinence dans le cadre du développement financier. Les banques de l'UEMOA sont comparées à celles d'autres régions d'Afrique subsaharienne et à des banques françaises de taille comparable.
(Coll. Etudes africaines, 25.00 euros, 240 p.)
ISBN : 978-2-336-00681-9, ISBN EBOOK : 978-2-296-50794-4

SPORTS, IDENTITÉS CULTURELLES ET DÉVELOPPEMENT EN AFRIQUE NOIRE FRANCOPHONE
La sociologie des jeux traditionnels et du sport moderne au Congo-Brazzaville
Bouzoungoula Joseph
Galvaudé et parfois mal utilisé, le terme développement reste largement idéologique. L'auteur l'utilise ici comme support analytique pour saisir le poids de la culture traditionnelle et du sport moderne dans le processus du développement et ses interactions avec l'environnement social, à partir de l'observation de la société congolaise en mutation.
(20.00 euros, 200 p.) ISBN : 978-2-336-00439-6, ISBN EBOOK : 978-2-296-50932-0

SÉJOUR ÉDUCATIF DE RUPTURE EN AFRIQUE
Résister et se construire en structure d'accueil non traditionnel
Van Hooland Michelle, Sidibé Younes
Ce livre propose le récit du séjour éducatif de rupture réalisé en Afrique par Younes Sidibé lors de son placement dans une structure d'accueil non traditionnel. A partir d'une méthode psycho-éducative, l'objectif est de développer la capacité à donner forme à son expérience à partir d'un principe essentiel : produire le récit du vécu puis transformer ce récit en fiction/autofiction à partir d'un schéma narratif «Histoires de résiliences».
(Coll. Histoires de résiliences, 10.00 euros, 64 p.)
ISBN : 978-2-336-00501-0, ISBN EBOOK : 978-2-296-51013-5

ARCHIVES D'AFRIQUE ET COMMUNICATION POUR LE DÉVELOPPEMENT
Plaidoyer pour une gestion responsable des archives en Afrique subsaharienne
Gansonre Boubakari
Cet ouvrage traite de la communication archivistique au service du développement de l'Afrique. L'auteur préconise la mise en oeuvre par les gouvernements africains, avec l'aide des partenaires au développement, d'un Programme présidentiel de développement des archives (PPDA), ainsi que la création, à l'échelle continentale africaine, d'une Organisation africaine de développement des archives (OADA).
(Coll. Etudes africaines, 35.00 euros, 424 p.)
ISBN : 978-2-336-00625-3, ISBN EBOOK : 978-2-296-51017-3

FRANÇOIS HOLLANDE ET LA FRANÇAFRIQUE – Le défi de la rupture
Wouako Tchaleu Joseph
Depuis de longues décennies, les réseaux occultes et mafieux de la Françafrique ébranlent l'existence du continent africain jusque dans ses fondements. Le socialiste François Hollande

a, pendant sa campagne électorale, affirmé sa ferme volonté de rompre avec la Françafrique. Y réussira-t-il ? Pourra-t-il débarrasser l'espace franco-africain de cette politique funeste tant décriée par les Français et par les Africains de bonne volonté ?
(Coll. Pensée Africaine, 12.00 euros, 102 p.)

ISBN : 978-2-336-00341-2, ISBN EBOOK : 978-2-296-50663-3

COMMUNAUTÉ INTERNATIONALE ET GOUVERNANCE DÉMOCRATIQUE EN AFRIQUE
Pokam Hilaire de Prince
Depuis les années 1990, la communauté internationale se pose en partenaire incontestable de la gouvernance démocratique en Afrique subsaharienne. Cependant, ce partenariat semble parfois subverti par les enjeux de certains de ses acteurs.
(Coll. Affaires stratégiques, 11.50 euros, 80 p.)

ISBN : 978-2-336-00093-0, ISBN EBOOK : 978-2-296-50661-9

FRANC (LE) CFA INSTRUMENT DU SOUS-DÉVELOPPEMENT
Prao Yao Séraphin
Ce livre aborde les causes du sous-développement des pays africains de la zone franc. Il montre que le franc CFA et ses mécanismes agissent comme un virus qui détruit les structures sociales et productives des pays africains de la zone franc. Le franc CFA a conduit au sous-développement des structures financières de la zone franc et au retard économique. L'abandon du franc CFA et la construction d'un cadre théorique alternatif pour une monnaie décolonisée s'imposent.
(Coll. Défense, Stratégie et Relations Internationales, 46.00 euros, 456 p.)

ISBN : 978-2-336-00278-1, ISBN EBOOK : 978-2-296-50561-2

CINQUANTE ANS D'INDÉPENDANCE EN AFRIQUE SUBSAHARIENNE ET AU TOGO
Sous la direction de Gayibor Théodore Nicoué
1960-2010 : l'heure des bilans ou des interrogations pour l'Afrique indépendante ? Doit-on se réjouir d'une Afrique prétendument sur la bonne voie, avec un taux de croissance supérieur à 5 % ? Ou s'offusquer des images misérabilistes montrant la sécheresse, la faim ou les conflits dans bien des régions du continent ? Il faudrait à l'Afrique plus d'un Mandela pour prétendre renouer avec un espoir raisonnable...
(Coll. Études africaines, 30.00 euros, 296 p.)

ISBN : 978-2-336-00073-2, ISBN EBOOK : 978-2-296-50578-0

RATIONALITÉS ET PROBLÉMATIQUE DU DÉVELOPPEMENT EN AFRIQUE
Minyem Charles - Postface de Pius Ondoua
La rationalité africaine semble avoir disparu tel que le présente l'état des lieux et les causes de cette disparition sont historiques, religieuses, politiques et sociales. Toute recherche de solution au problème de la mort de la culture africaine qui n'intègre pas sa complexité est vouée à l'échec. Pourtant, c'est la rationalité africaine qui constitue la seule base véritable du développement de l'Afrique.
(Coll. Pensée Africaine, 14.00 euros, 134 p.)

ISBN : 978-2-336-00140-1, ISBN EBOOK : 978-2-296-50603-9

ARCHITECTURE MILITAIRE TRADITIONNELLE EN AFRIQUE DE L'OUEST du XVIIe à la fin du XIXe siècle
Bah Thierno Mouctar
Cet ouvrage présente un panorama des différents types d'architecture militaire à caractère défensif de l'Afrique de l'Ouest, avec une description minutieuse des techniques de construction et des dispositifs de défense, qui apparaissent d'une grande ingéniosité, notamment les *tata* (fortifications en *banco*).
(Coll. Défense, Stratégie et Relations Internationales, 29.00 euros, 284 p.)

ISBN : 978-2-336-00086-2, ISBN EBOOK : 978-2-296-50610-7

GÉANT (LE) D'AFRIQUE, LE GÉANT D'ASIE – Histoire d'un combat méconnu
Yabili Marcel
Voici le premier regard direct d'un Africain averti sur le phénomène de la *Sinafrique*. Si, en 1885, à Berlin, plusieurs puissances coloniales s'étaient partagé l'Afrique, c'est la première fois de l'Histoire qu'une seule puissance est tentée de s'emparer de l'ensemble du continent et d'en

accaparer des matières premières et des valeurs ajoutées en échange de biens et de services. La tentation coloniale chinoise se pare d'amitié agressive et ne se prive pas de corruption.
(Coll. Points de vue, 24.00 euros, 232 p.)
ISBN : 978-2-296-96783-0, ISBN EBOOK : 978-2-296-50235-2

ÉCOLE (L') EN SITUATION POSTCOLONIALE
Cahiers Afrique n° 27
Sous la direction de Céline Labrune-Badian, Marie-Albane De Suremain, Pascal Bianchini
En situation coloniale, le rôle de l'école fut un instrument de la «mission civilisatrice» autant qu'un outil de domination politique, sociale et culturelle. Paradoxalement, les indépendances africaines ne constituent pas une rupture fondamentale. L'affirmation de nouvelles identités, par l'africanisation des personnels et surtout des contenus des enseignements, constitue un défi majeur. Ces articles montrent les freins, les difficultés mais aussi les efforts consentis par les institutions et les populations.
(Coédition Laboratoire SEDET-CNRS, Coll. Etudes africaines, 25.00 euros, 252 p.)
ISBN : 978-2-296-99289-4, ISBN EBOOK : 978-2-296-50446-2

CULTURE ET DÉVELOPPEMENT EN AFRIQUE
Mbom Clément - Préface d'Abdou Diouf
L'entrée dans les moeurs en Afrique de l'exploitation idoine de la culture comme l'un des facteurs importants du développement assurerait son existence par une socialisation et une historicisation assumées qui deviendraient une seconde nature. En clair, il revient à l'Afrique d'inventer sa méthode de développement en tenant compte de toutes les données qui sont les siennes.
(Coll. IREA (Institut de recherche et d'études africaines), 20.00 euros, 190 p.)
ISBN : 978-2-296-99294-8, ISBN EBOOK : 978-2-296-50447-9

CONCURRENCE (LA) DES ORGANISATIONS RÉGIONALES EN AFRIQUE
Sous la direction de Fau-Nougaret Matthieu
Le phénomène de régionalisation sur le continent africain est un phénomène qui, tout en étant assez ancien, connaît un réel renouveau. Depuis l'adoption de la charte constitutive de l'Union africaine, la relance de l'intégration régionale africaine emprunte plusieurs chemins dont celui de la rationalisation. Si la finalité est connue, quelles sont les voies pour y parvenir ? Quels sont les enjeux et les risques ?
(46.00 euros, 456 p.) *ISBN : 978-2-296-99476-8, ISBN EBOOK : 978-2-296-50328-1*

HISTOIRE DES RELATIONS ENTRE L'AFRIQUE ET SA DIASPORA
Goma-Thethet Joachim
La diaspora, le panafricanisme, l'unité africaine, les États-Unis d'Afrique sont des concepts intimement liés qui n'ont cessé d'évoluer avec le temps. Cet ouvrage consacré aux relations entre l'Afrique noire et sa diaspora, du XIXe au XXe siècle, indique les rapports qui ont été établis entre les Africains du continent et ceux vivant en Amérique et en Europe. Il examine le rôle que pourraient jouer les Africains de la diaspora pour relever les défis africains en ce début du XXIe siècle.
(Coll. Etudes africaines, 18.00 euros, 184 p.)
ISBN : 978-2-296-99467-6, ISBN EBOOK : 978-2-296-50325-0

DISCRIMINATION (LA) AU TRAVAIL EN AFRIQUE – Analyse des procédés de l'OIT
Dehoumon Mathieu
De nombreuses personnes se retrouvent dans la situation de discrimination au travail lorsqu'elles postulent à un emploi, et d'autres se résignent devant le refus, au sein de l'entreprise, d'accéder à des postes de responsabilité malgré leurs compétences. Au coeur du mandat de l'O.I.T. se trouve l'objectif d'éliminer cette différence de traitement. Comment l'O.I.T. contribue-t-elle à améliorer l'accès au travail des femmes, des hommes et des personnes vulnérables en Afrique ?
(Coll. Etudes africaines, 58.00 euros, 700 p.)
ISBN : 978-2-296-96423-5, ISBN EBOOK : 978-2-296-50141-6

L'HARMATTAN, ITALIA
Via Degli Artisti 15; 10124 Torino

L'HARMATTAN HONGRIE
Könyvesbolt ; Kossuth L. u. 14-16
1053 Budapest

ESPACE L'HARMATTAN KINSHASA
Faculté des Sciences sociales,
politiques et administratives
BP243, KIN XI
Université de Kinshasa

L'HARMATTAN CONGO
67, av. E. P. Lumumba
Bât. – Congo Pharmacie (Bib. Nat.)
BP2874 Brazzaville
harmattan.congo@yahoo.fr

L'HARMATTAN GUINÉE
Almamya Rue KA 028, en face du restaurant Le Cèdre
OKB agency BP 3470 Conakry
(00224) 60 20 85 08
harmattanguinee@yahoo.fr

L'HARMATTAN CAMEROUN
BP 11486
Face à la SNI, immeuble Don Bosco
Yaoundé
(00237) 99 76 61 66
harmattancam@yahoo.fr

L'HARMATTAN CÔTE D'IVOIRE
Résidence Karl / cité des arts
Abidjan-Cocody 03 BP 1588 Abidjan 03
(00225) 05 77 87 31
etien_nda@yahoo.fr

L'HARMATTAN MAURITANIE
Espace El Kettab du livre francophone
N° 472 avenue du Palais des Congrès
BP 316 Nouakchott
(00222) 63 25 980

L'HARMATTAN SÉNÉGAL
« Villa Rose », rue de Diourbel X G, Point E
BP 45034 Dakar FANN
(00221) 33 825 98 58 / 77 242 25 08
senharmattan@gmail.com

L'HARMATTAN TOGO
1771, Bd du 13 janvier
BP 414 Lomé
Tél : 00 228 2201792
gerry@taama.net

645403 - Mars 2016
Achevé d'imprimer par